涌现秩序

技术与文明的演化

陶 勇 著

西南大学出版社
SWUP
国家一级出版社 全国百佳图书出版单位

图书在版编目(CIP)数据

涌现秩序：技术与文明的演化 / 陶勇著. -- 重庆：西南大学出版社，2022.6

ISBN 978-7-5697-1360-2

Ⅰ. ①涌… Ⅱ. ①陶… Ⅲ. ①现代经济学－通俗读物 Ⅳ. ①F091.3-49

中国版本图书馆CIP数据核字(2022)第093333号

涌现秩序

技术与文明的演化

YONGXIAN ZHIXU JISHU YU WENMING DE YANHUA

陶勇　著

责任编辑 | 李炎
责任校对 | 周明琼
封面设计 | 闰江文化
排　　版 | 杜霖森
出版发行 | 西南大学出版社
网上书店 | https://xnsfdxcbs.tmall.com
地　　址 | 重庆市北碚区天生路2号
邮　　编 | 400715
印　　刷 | 重庆亘鑫印务有限公司
幅面尺寸 | 148 mm × 210 mm
印　　张 | 9.75
字　　数 | 216千字
版　　次 | 2022年6月　第1版
印　　次 | 2023年11月　第2次印刷
书　　号 | ISBN 978-7-5697-1360-2

定　　价 | 58.00元

献给父亲、母亲、妻子和女儿

自序

2021年，元宇宙火了。

这既不是信息时代里第一个流行起来的新概念，也绝不会是信息时代最后一个流行的概念。在元宇宙之前，有过区块链的爆火，有过互联网的泡沫。随着信息技术的不断提升，许多尝试窥探人类未来的奋进者都在争相传诵着同一种声音——人类社会将进入一个特殊的时代。这是由信息时代蜕变而成的一个与数字化密切相关的全新时代，我们不妨将之称为“数字化时代”。尽管没有人知晓这个未知时代的具体形象，但从当前世界上大多数“科技巨头”所描绘的愿景来看，数字身份、数字经济、去中心化、人机交互、虚拟与现实、全息影像等关键词成为其主要特征，这也是人们目前对于元宇宙未来形态的粗略认知。

有人将元宇宙看作互联网的全新升级版。传统互联网是一种将人与人连接在一起的虚拟平台，但在这个平台上，每个人并不具备物理形象与唯一身份。元宇宙则打破了这种物理空间限制，在虚拟空间中为每个人赋予了数字形象与唯一身份，使得其可以在虚拟世界中从事现实世界里的几乎一切活动。与现实世界所不同的是，元宇宙中的每个人都可以通过想象参与到创建这个虚拟世界的活动中，只要这个人在虚拟世界中拥有足够的资源和能力。这意味着元宇宙的形态是现实物理世界与想象力的结合。人们可以在元宇宙中工作、学习、社交、旅游、恋爱……这个世界不仅有着基于区块链底层技术的数字货币，而且通过VR（虚拟现实）、AR（增强现实）、MR（混合现实）等数字技术的加持，人们在元宇宙中的视听感受与真实世界是一致的，并且随着技术的发展，人们的其他感官（触觉、嗅觉、味觉）也可能会在元宇宙中趋于真实。

正是元宇宙开启了如此一种全新的模式，使得许多人对其争相追逐，害怕像当年错过20世纪互联网兴起的机遇一样，再次落后于时代的浪潮。但也有人表达了对元宇宙的担忧，他们认为元宇宙作为一个虚拟的网络世界，是一种变相的“精神鸦片”，人们一旦沉溺其中，很可能就会逃避现实世界，从而引发内卷，加速人类社会的崩塌。他们认为，人类应该更加注重探索真实宇宙的星辰大海。那么人类社会向着与虚拟社会更加深入融合的方向演进是否真的可能加速其崩塌呢？

如果把新石器时代算作文明的开始，那么人类的文明才走过一万年，相比于地球已经度过的数十亿年岁月，不过是沧海一粟。但是如果从整个人类的文明史来看，人类社会真正快速的发展始自18世纪的工业革命，在那之后，人类社会发展开启了加速模式——从蒸汽时代到电气时代，再到现在的信息时代。相比于古猿社会或早期的原始社会，现代文明的特征是人与人之间衍生出大量的虚拟关系(如伦理关系、法律关系、制度约定、道德规范等),这些关系其实并不是物理实在,它们只是人们在现实世界中达成的各种“共识”(或者“妥协”)。虚拟世界(如互联网)的出现则进一步为某些无法在现实世界中实现的共识提供了新的场景。从这个意义来说,元宇宙与互联网一样,不过是人类在现实世界难以实现的共识所需场景的自然延伸,其目的是摆脱物理世界中现实条件的约束。

那么人与人之间如何实现共识?共识又如何在人类社会中广泛地扩展开来呢?这是本书探究人类社会演进的基本出发点。

讲述人类历史演进的著作已经卷帙浩繁,不同的作者在解读历史文献的过程中,都会不可避免地受到个人情感、文化、环境或者经历的影响,从而形成特定的历史观。不同于其他人的历史视角,笔者将尝试从“人类共识形成及扩展”的视角来讲述人类历史的演进规律——在笔者看来,人类的历史是一部人与人相互追逐“共识”并将之扩展到更大群体的“经济史”。当然,与其他作者一样,笔者也会受到自己情感的影响,所以便把这些碎片化的、不完整的“情感”拼接成“心灵驿站”,在这里,笔者成了故事的主角。

对于“人类共识形成”的探索催生了一门独特的学问——新古典经济学。这门学问探究大量自利的人类个体如何在生产和交换的过程中对物资进行分配,从而达成人人满意的共识,并且这个共识无法再做改进以使得人人都满意，经济学家将这种共识称为“一般均衡”。研究一般均衡的数学工具源自博弈论中的纳什均衡——自利的人类个体在博弈中对物资分配达成“约定”。这种约定既可能是不稳定的“妥协”（像是囚徒困境里的纳什均衡），也可能是稳定的“共识”（一般均衡）。新古典经济学的重要发现确立了达成一个人人都满意的共识所需要的基本条件。而在一个自利的社会中，这样的条件是极其苛刻的，笔者在本书的第五章对这些条件做了总结。

自人类文明启蒙以来，实现满意的物资分配成为人类内心深处的执念，东西方文明皆是如此。这一执念在公元前800年至公元前200年被推向一个高峰，这段时期被称为“轴心时代”。在此期间，东西方文明各自诞生出儒家思想、佛教思想、希腊哲学理性主义，这些思想和宗派的开创者不约而同地为人人满意的社会制定了一条“道德金律”——按孔子的话来讲即“己所不欲，勿施于人”。而这个人人满意的社会也被孔子称为“大同世界”，孔子为实现这样的社会而奔走于各大诸侯国，耗尽一生心血终不可得。按照孔子的设想，要想实现他所倡导的大同世界，需要社会中的每位成员都奉行“天下为公”的准则，但这与人性的自利相冲突。相比之下，先秦法家秉持“人性趋利”的思想，主张以吏制刑法统御天下。孔子之后，中国的历史最终走上了商鞅、申不害、慎到、韩非所推行的法家之路。

在自利的社会中要想达成人人都满意的共识需要极其苛刻的条件。从这个角度来看，孔子为实现大同世界所做的努力，在他所处的时代只能以悲剧收场。

那么这些苛刻的条件能否随着科技的进步而被逼近乃至实现呢？

随着近代市场经济模式的兴起以及技术的进步，不断逼近实现集体共识的社会条件的确成为可能。市场经济模式为自利的人类群体达成资源分配的共识提供了制度上的可行性，而技术的进步则为完善这个制度场景提供了支持。并且，随着对市场经济模式与技术进步研究的深入，笔者越发认识到所谓的技术进步其实是人类社会所展现的“群体智能”，这个智能的目的是促成一种制度结构，在其中达成人人满意的共识将成为可能。这个观点将在本书第十二章和十三章中详细讨论。

新石器时代以来，人类向往达成资源分配共识的愿望催生了集体意识，它以技术的表现形式改变着人类的制度结构，使得制度结构向着更加有利于实现人类共识的方向演进，同时随着技术的进步，人类社会的“群体智能”变得更加强大。换句话说，看似为人类生活带来便利的技术进步，不过只是人类社会自我意识不断觉醒的过程。技术为人类的生活带来了便利，这使得人类很难抗拒技术进步所带来的诱惑——或者说，这正是人类社会自我意识的聪明之处。

在现实社会中，由于物理条件的限制，有些集体共识是无法实现的，因此突破物理条件的限制，在虚拟空间中推进这些共识的实现不失为一种可能的手段。从这个视角来看，现实世界与虚拟世界的深度融合有助于逼近实现集体共识的社会条件，从而深度完善市场经济模式。也或者，现实世界与虚拟世界的融合、人工智能等技术的提升本就是人类社会自我意识即将突破某种"临界点"的征兆。正如同笔者在本书第十四章将会讨论的"全球脑"，这些技术的涌现与汇聚，其最终目的是推动人类社会进化为一颗"大脑"。而且，就像过去技术进步所表现出的诱惑力那样，人类将很难拒绝现实世界与虚拟世界的深度融合。确实，面对技术的进步，人类更像是一个被动的接受者，因为那些不接受技术进步的制度形式都在社会演进的过程中逐渐没落了。但如果技术真的是人类社会的集体意识，它会将我们带往大同世界吗？

或许是的。

也或许，我们只能寄望于当人类还未学会仰望星空的时候，人类社会初生的意识早已向往宇宙深处瑰丽的星辰大海。

2022年1月于缙云山麓

目录

CONTENTS

经济篇

Economic articles

文明篇

Civilized articles

1 序章

◆ 文明的出现

从遥远的宇宙回望太阳系，会看到一颗美丽的星球，它仿若绚丽绽放的天蓝色珍珠镶嵌在黑暗而孤寂的宇宙中，这就是我们人类赖以生存的家园——地球。它大约形成于50亿年前，之后经过10亿年的演化，地球上的海洋里开始出现最早的生命——原生的单细胞生物。在随后数十亿年的岁月里，单细胞生物发展成为多细胞生物，并从低级向高级不断演进：由微生物进化到原始植物，继而进化到无脊椎动物，并最终进化到脊椎动物。在大约3亿年前，脊椎动物与一些无脊椎动物及植物一起，开始适应陆地生活。其中，两栖动物最早适应了陆地生活，紧接着是史前爬行动物，然后是鸟类，最后才是哺乳动物。在众多哺乳动物中，灵长类动物初现于5500万年前，作为具有高度适应性的物种，它们迁徙到地球的各种环境之中（凯利，2018）。或许是为了适应某些特殊的环境，灵长类中的一支在大约10万年前进化为智人，从而成为现代人共同的祖先。后来，智人在经历“认知革命”和“农业革命”之后，创造出了被我们称为“文化”的复杂社会结构。探索这些人类文化的演化轨迹，就成了“历史学”的研究对象之一。

从世界史来看，人类的历史似乎是一部永不停歇的争斗史。当人类从旧石器时代进入新石器时代之后，一部分人类也从狩猎和采集变成了定居。随着家庭规模的扩大，人类社会的规模也在扩大，从家庭到族群，再到部落和酋邦。随着规模的扩大，食物和资源的分配成为人类争斗的诱因。对物资合理分配的集体愿望催生了更大的人类群落——城邦乃至国家，这是文明的开始。现在一般认为，最早的人类文明是公元前3500年左右在美索不达米亚的苏美尔人那里出现，这也被称为两河文明。苏美尔人在那个时代成功地完成了从新石器时代的部落文化向城邦文明过渡。然后，公元前3000年左右，中国黄河流域的文明和埃及尼罗河流域的文明相继出现。接下来，公元前2500年左右，印度河流域的文明也出现了（斯塔夫里阿诺斯，2012）。

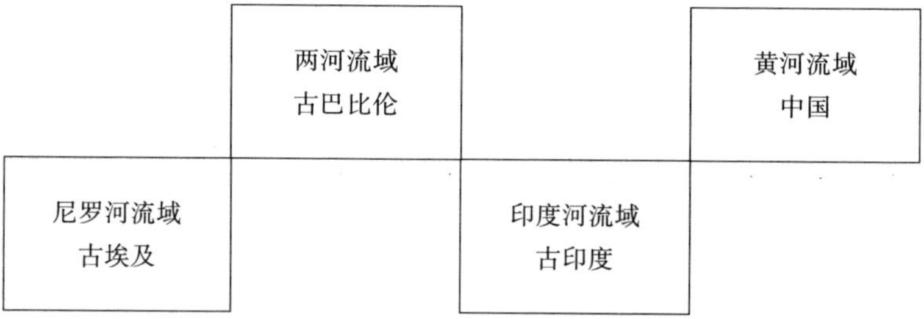

图1.1 ◆ 世界四大古文明示意图

按照韦伯（Max Weber）对“国家”一词的定义，国家乃是一个在某固定疆域内肯定了自身对武力之正当使用的垄断权利的人类共同体。一个国家需要军队来保卫其领土，而军队则需要官僚机构来负责维持，这使得专门管理国家的机构出现。公元前3000—公元前2000年，中国地区开始出现很多小型政权，与此同时，世界上不同文明的国家之间爆发了战事。世界上首个和平条约，也是历史上保留至今最早有文字记载的国际军事条约文书——卡迭石(Kadesh)和约，于公元前1259年由赫梯人与古埃及人所签订。在那之后，世界历史上的著名大帝国开始陆续出现，其中包括亚述帝国(公元前10世纪)、波斯帝国(公元前6世纪)、孔雀帝国和马其顿帝国(公元前4世纪)、秦帝国和帕提亚帝国(公元前3世纪)、罗马帝国(公元前1世纪)等。

自秦帝国统一六国之后，华夏迎来了两次最为强盛的军事时期，它们分别归属汉、唐两个帝国所统治的时代。在中国人心里，强汉与盛唐向来并称于世，两朝都开疆扩土，开辟了通往中亚和西亚的丝绸之路。不过，再强大的帝国军事也有盛极而衰的落幕。751年，中东与东亚的两大帝国爆发冲突，当时统治中东的阿拔斯帝国与统治中国的唐帝国在怛罗斯发生战斗，结果以阿拔斯王朝的胜利告终。那时，唐帝国的皇帝李隆基正宠幸着杨玉环，他们在共谱“霓裳羽衣”爱情与华清池绮美的同时，却也为“安史之乱”殃及华夏埋下了祸根。怛罗斯之战后的第4年——755年，“安史之乱”爆发，唐帝国再也无力西顾。

纵观世界史，若以陆地连续性来计算的话，历史上最大的帝国恐怕要数铁木真所创建的蒙古帝国，它在公元13世纪出现。但若以疆域广度而论，19世纪的英帝国则称得上世界历史上最大的殖民帝国。随着各个国家的不断扩张，控制的土地与人口越来越多，世界上的最后一块“无主土地”——南极洲在1878年的柏林会议中也被瓜分干净。不过，1961年生效的《南极条约》重新冻结了所有国家对南极领土的主权要求，规定南极只用于和平目的。

中华文明与大同秩序

若从21世纪初世界上的众多经济大国来看，大至整个国家，小至一个城市，都呈现出井然有序的特征：使人们之间的行为有着明确的规则进行规范，和善而文明的相处之道，不会因饥饿和战乱而流离失所。而这一切正是中国2000多年前春秋战国时代的思想家们所渴求的秩序，那段时期应该是中国思想界最为活跃的时代之一，产生了众多的思想流派，包括道、儒、法、墨、名、杂、农、阴阳、小说、纵横等“九流十家”①，或总称“诸子百家”②。由于春秋战国时期各国之间相互吞并，百姓流离失所，所以激发了许多有识之士开始思考如何构筑恰当的社会秩序，以消除战乱并给予百姓们安居乐业的生活。所谓的“诸子百家”正是在这样的时代背景之下产生的。百家之中，影响最为深远的是道家、儒家、法家和墨家，并尤以道、儒、法互为鼎足之势。

儒家由孔子所创立，可以说是中国古代最具影响力的学派，其基本思想理念已成为华夏民族的固有价值体系。追根溯源，儒家的学说理念袭承自周王朝的“礼仪”建制。周王朝建立后不久，以周公旦为首的主要官员在总结前代王朝兴亡得失经验教训的同时，对前几代的典章制度和礼仪规定做了系统而详细的归纳总结，并结合周王朝的需要制作了《周官》和《仪礼》两部礼法，形成了一整套政治制度和礼仪准则，被后世誉为治世经典。《周官》详细规定了建国定都、王室与封国关系、官职设置与职责等一系列政治制度，而《仪礼》则对诸如祭祀、丧葬、婚嫁、酬宾等各类日常活动做了详细而具体的规定。《周官》和《仪礼》问世后即成为人们政治生活以及日常行为的指南，人们代代相传研习。孔子曾将此两部经典

①《七略·诸子略》中把诸子思想分为十家，即道、儒、法、墨、名、杂、农、阴阳、小说、纵横十家。若不包含小说家，便称为九流。

② 除“九流十家”之外还涵盖兵家、医家等其他流派。

传授学生,他的学生们在研究学习这两部经典的时候,做了很多记录。这些记录既有研习时的心得,也有对两部经典的解释,还有一些礼仪上的补充,所有这些心得解释最终被总结整理为《礼记》。后人遂将《周官》改称《周礼》,并与《仪礼》《礼记》合称“三礼”。“三礼”几乎囊括了人们生活的各个方面,从衣食住行到为人处世,从居官行政到建国立邦无所不包,堪称中国的礼仪大全。

周王朝从分封天下建制起,国运历经近800年,可谓中国历史上存在时间最长的朝代。孔子认为周王朝得以长治的原因在于其以《周官》和《仪礼》为基的礼仪制度。由于《周官》和《仪礼》规定了从官员到百姓的几乎所有行为规范,国家各阶层形成一种以礼仪为根基的秩序,以致成为百姓官员的生活惯例。周王朝的尚礼风气至今流传,“大道之行也,天下为公”与“协和万邦”等千古名句皆由此而来。在孔子看来,周王朝后期之所以形成诸侯割据、战乱连连的局面,乃是“礼崩乐坏”的结果。因此,孔子认为要想结束春秋战乱的局面,需要重建周王朝的礼乐秩序。

那么如何重建“礼乐”呢?

对此孔子提出了他学说的核心理念——“仁”,并将其作为最高的道德原则、道德标准和道德境界。“仁”的主要界说包括孝、悌、忠、恕、礼、知、勇、恭、宽、信、敏、惠等内容,以保证可以合理地界定人与人、父与子、君与臣以及国与国之间的伦理关系,从而形成符合“仁”的社会秩序。

图1.2 ◆ 孔子

尽管孔子“仁”说之目的在于规范社会秩序，但却以“天命”论与“爱有等差”的理念将君王、官员、百姓在秩序中差别处理。这就引发了儒门弟子墨翟的不满，墨翟认为儒家“爱有等差”的理念会导致社会上出现“强执弱、富侮贫、贵傲贱”等现象。墨翟认为“官无常贵，民无终贱”，要求君臣、父子、兄弟都要在平等的基础上相互友爱，并否认“天命”观，认为人生来平等。为了驳斥儒家的“天命”论与“爱有等差”的理念，墨翟在保留“仁”的儒家理念基础之上提出“兼爱”，进而创立了“墨家”学说。所谓兼爱，包含平等与博爱的意思，要求君臣、父子、兄弟都要在平等的基础上相互友爱。在墨翟看来，如若世人都能达至“仁”与“兼爱”，那么就能避免战争，实现和平，并构筑良好的社会秩序。事实上，不管是儒家还是墨家，其最终理想皆在于构筑世界的“大同秩序”。

大同秩序

天下的人，不止以自己的家人为亲，不止以自己的父母儿女为爱，而是相互敬爱，爱天下所有的人。使老有所终，壮有所用，孩子们都能获得温暖与关怀，孤独的人与残疾者都有所依靠，男人都有自己的事业，女人都有满意的归宿。天下没有欺诈，没有盗贼，路不拾遗，夜不闭户，人人讲信修睦，选贤举能，天下为公。

——译自《礼运·大同篇》

孔子以“仁”的理念构筑大同秩序的想法是非常吸引人的，但却与春秋战国诸侯割据的时代格格不入。而且，孔子构筑大同秩序基于“天下为公”的理念，这要求所有的人都抛弃私心，奉行天下为公的人生信念。不过，在英国生物学家道金斯（2012）看来，人类的私心源于其自私的基因，所谓的自私从生物学上来看，就是要保证自己的基因可以繁衍下去。因此，从生物学的角度，让所有人都奉行天下为公的准则，其实是忽视了人性的自私。对于孔子的“仁”与现实的脱节，春秋时期宋襄公“仁义之师”的失败就是一个典型的例子。

泓水之战

宋襄公和楚国军队在泓水之滨交战。宋兵已经安排好阵势，但是楚军还没有渡河，这时宋国司马目夷向宋襄公献计说：“楚军多而宋军少，如果可以趁他们过河后尚未排列好队形的时机发动突然袭击，那么楚军必败无疑。”宋襄公说：“我听君子讲，两军交战，不伤害已经受伤的人，不擒捉头发斑白的老兵，人处险地，不推他跌下深渊，人处困境，不逼他走投无路，不进攻尚未列成阵势的队伍。现在楚军还未完全渡河，我们却发动攻击，这是不道德的。还是让他们全部渡河摆好阵势后，再击鼓进攻吧。”目夷说：“打仗是以胜利为目的，哪能考虑君子之道，真按您说的做，大家都去当奴隶算了，何必还要打仗呢？”

结果等到楚军渡过河来，并已摆好了阵势，宋襄公这才下令击鼓进军，最终宋兵大败。

——译自《左传》

不过，客观来说，尽管宋襄公在泓水之战因为讲求“仁义”而失败，但他却也因为“仁义之举”而被列为“春秋五霸”之一。所以，孔子以“仁”构筑社会秩序的理念，也并非完全的乌托邦。事实上，孔子的某些理念对于大一统环境是非常合适的。相比之下，法家是注重实践的政治家，而不是悲悯的哲学家，他们更关心如何去改革社会，以加强他们所侍奉诸侯的力量，使诸侯能进行战争，从而以武力统一国家。战国末年，秦国实行韩非以法制构筑社会秩序的理念，进而以武力吞并诸国，建立了大一统的帝国。然而，当秦帝国将严苛的法家手段以严密的组织形式扩大到全国后，没几年就招致民众反对而被推翻，结果成了短命王朝。但项羽灭秦，刘邦建立西汉王朝之后，汉武帝为了实现大一统的稳定秩序，就采纳了大儒董仲舒的儒家学说。不过，董仲舒的儒家学说并非简单照搬孔子理念，而是汲取了秦统一诸国的法家经验与西汉建国初期颇具成效的道家修养经验，从而将法家与道家有利于大统一局面的思想融入儒家学说之中。董仲舒可谓将孔子的"天命"观与"爱有等差"观发展到了极致，提出"君权神授"和"大一统"思想，彻底抛弃了墨翟的"兼爱"思想。总的来说，董仲舒是成功的，汉王朝历经400余年风雨，是自周王朝之后又一长治之典型。不仅于此，汉王朝的儒学秩序理念可谓构筑了华夏之后近两千年的基本文化格调，晋、南北朝、隋、唐、五代十国、宋、明、清皆以儒家格调治国理序，如唐中央政府设置的吏、户、礼、兵、刑、工六部是以"三礼"中《周礼》的六官为蓝本设置的，这一直沿用到了清朝。此外，成人礼、丧礼、婚礼、聘礼、朝觐礼也是延续到清朝，只是在礼文上有些许变化。儒家礼仪不仅型塑了华夏文明的演进，还影响到东亚和东南亚的其他地区。日本、韩国至今仍然保持着传统的古式成人加冠礼及部分丧礼。

纵观两千多年来儒家之所以能独领风骚，一方面是因其思想内核即哲学上的天人观念、伦理上以"仁"为核心的"三纲五常"、政治上的大一统主张，在根本上都适应封建专制统治的需要。但正如我们之前所提及的，儒家理念适合于大一统环境，一旦存在多个政权，儒家政权就可能面临危机。这里的原因在于儒家所提倡的伦理规则非常适合缔造人治秩序，但却并非自然法则，而是人为法则，所以并非所有人都愿意遵从。在大一统的环境之下，强有力的政权可以保证这些人为伦理法则为人所奉，但如若存在多个政权，在国与国之间竞争的利益驱使之下，一国便没有继续遵守“儒家”规则的必要，春秋时宋襄公“仁义之师”之败就是一个例子。儒家学说这一缺陷本质上源于孔子企图以人治法则代替天道自然的愿望，尽管孔子的办法非常利于缔造秩序，但却降低了社会的柔韧性。甚至，仅仅以孔子“仁”为基石的社会秩序还可能异化为一个效率低下的“刚性”秩序[3]。

正因为孔子学说的缺陷，在孔子求教老子治世学问时，遭到了老子的批评。老子是“道德”学说的创始人，其基本核心理念是“道”。在老子的理念中，“道”是自然本性的称谓，他认为天地万物都源于“道”，所以万物皆服从“道”的规律。鉴于“道”的本源属性，老子希望用“道”的理念来治理国家。他认为宇宙之所以能够长久地存在下去，其根本原因在于宇宙遵循了自然规律——“道”。老子从而进一步认为，人治的国家要想长治久安也必须服从自然规律——“道”。所以老子提出“人法地、地法天、天法道、道法自然”的理念。在老子看来，国家与人的关系要想长久，必须遵循类似于自然与万物的关系，因此人治国家的治理必须效法自然规律。那么如何能够效法自然规律呢？老子认为物质世界的产生源自“无”，既然是“无”当然纯任自然就好，因此“纯任自然”符合“道”的规律，这就引出了老子“无为”的治国理念。当然，“无为”并非“不为”，老子只是认为国家的治理要尽可能减少“人为干预”，治理的规则应符合“自然之道”。人治国家以“无为”而产生的伦理规则就是“德”，因此，“道”乃自然之规律，“德”乃人治国家效法自然所产

③ 孔子的学说要求“克己复礼”为“仁”，其实是忽视了人性的自利，所以有学者认为在儒家思想的约束之下（黄仁宇，2014），人性将趋于“阴阳两面”，一方面要维持外在的品格高尚，另一方面又不能摆脱趋利的内在本性，由于人性被压抑和扭曲，最终整个社会维持在一个低效率的竞争状态。

生之人治规律。所以老子的道家学说也被称为“道德”说，而以道德理念所筑建的“人治国家”也会像自然规律一样形成“自然的社会秩序”。

图 1.3◆ 老子

孔子与老子理念的分歧在于“德”的释义，孔子认为人治国家既然要效法天道，就应仿“天道法万物”去建立人治国家的“人治规则”。在孔子看来，“天心”映射到人间就是“仁心”，因此以“仁”为基石而建立的伦理规则就体现了“德”。但是老子却认为人心并非天心，以人心度量天心必定失之偏颇，如果有人心可比天心，那么此人与天将处于同一角色——所谓的“圣人”。有意思的是，老子在讲“道德”理论时，就托以“圣人”来讲解治世之道。此外，老子《道德经》开篇即言“道可道，非常道。名可名，非常名”以及稍后“有无相生”的理念，已经表明老子认识到用“语言”表述“真理”的缺陷性，因此，老子讲“无为”实际上也暗含了“有为”，即“有”与“无”是相生的。但在老子的理念中，尽管“有”与“无”相生，但“无”处于第一性，所以应以“无为”为首要。孔子人为建立伦理的“有为”，显然违背了老子以“无为”而“有为”的理念。

尽管老子已经认识到“无为”会生成“自然秩序”，但他似乎并没有实施“无为”的有效方法。这反映为老子提倡所谓“圣人之治”：“虚其心，实其腹；弱其志，强其骨。常使民无知无欲。使夫知者不敢为也。为无为，则无不治。”老子认为理想的统治者应该使百姓无知识、无欲望，而仅仅填饱他们的肚子，增强他们的体魄，只有这样才能回归自然的大道，世间才会安定祥和。从这些想法来看，老子的治国理念似乎还停留在哲学的层面④，并未转变为切实可行的方案，所以他给出的治国理念更像是劝导人类回归原始。但是原始社会不管是生产力还是生活水平都很低下，因此老子的理念似乎无法解决百姓的疾苦问题。既然如此，有效的“无为”又如何来实施呢？为了回答这个问题，我们需要等到第10章有足够的知识准备时再来讨论⑤。无论如何，老子的一些想法是超前的，以至于在他那个时代难以理解。例如，老子关于“语言表述缺陷”的困境直到两千年之后才在西欧世界找到了知音。20世纪的逻辑学家维特根斯坦（Ludwig Wittgenstein）也发现了“语言表述缺陷”的问题，他的名言即是“对于不可言说之物必须保持沉默”。事实上，不仅是“语言表述缺陷”问题，就连老子关于社会自然秩序的观点也在多年之后的西欧世界得到了推崇。

◆ 西欧文明与市场经济

西欧文明始于5世纪，初步成型于11世纪至15世纪，它源于古代日耳曼传统、古希腊罗马文明和希伯来文明，并以古希腊罗马文

---

④ 不过在战国时期，有法家学者重新解读了老子“弱民”的思想，特别是韩非将其“法、术、势”理论的哲学基础建立在老子的学说之上。不管老子提倡“弱民”的初衷是什么，战国之后中国的历史终归是走向了商鞅、申不害、慎到和韩非所倡导的法家之路。而且值得注意的是，韩非的老师荀子是儒家学者，就文献记载来看，荀子反对儒家“人性本善”思想而主张“人之性恶，其善者伪也”，从这个视角来看，韩非从“儒”经“道”而入“法”，对儒道之争的本源可谓是洞若观火。

⑤ 有效的“无为”涉及政府与市场的“边界”，第10章会具体讨论。

明为主要源头。古希腊文明大约形成于公元前800年到公元前500年,是一种适合商业性农业发展的海洋文明(发源于爱琴海),它以"契约"关系为社会基础,崇尚人文主义思想、个人自由、理性思维、哲学等理念。古希腊人住的地方离古埃及和美索不达米亚最早的文明中心很近,所以能够从后者最早的成就中得到好处。德国思想家雅斯贝尔斯(Karl Theodor Jaspers)在《历史的起源与目标》一书中曾把公元前500年前后在中国、西方和印度等地区同时出现人类文化突破现象的时代称为"轴心时代"。前面谈到,这段时期中国出现了百家争鸣的盛况,而处于同时期的古希腊当然也不会例外,他们在思想争鸣上同样出现了空前的繁荣。

谈到古希腊文明,就不得不提到希腊三贤:苏格拉底、柏拉图和亚里士多德。不同于柏拉图和亚里士多德,苏格拉底并没有留下什么著作,所以我们目前只能通过他的弟子柏拉图所记载的对话去了解苏格拉底的思想。柏拉图曾在《申辩篇》一书中写到苏格拉底主张自由辩论对于社会的重要性,并从其文字中流露出作为一位理想自由主义者的苏格拉底的哲学家形象。从苏格拉底的身上,折射出的是古希腊人的一种独特的精神品质——那种不受束缚的自由思想。正是基于这种品质,古希腊是以城邦制为基础的社会体系,并不是一般意义上的国家,它由数个小城镇分区而治,每一个城镇就是一个城邦。古希腊人加入某个城邦是出于自己意愿去选择志同道合的人聚集在一起。古希腊人相信,人活着,最主要的事是完满地表现个性,而理想主义与现实主义相结合,能够使他们自由地、富有想象力地思考有关人类和社会的各种问题(斯塔夫里阿诺斯,2012)。

图1.4 ◆ 苏格拉底（左）、柏拉图（中）、亚里士多德（右）

古希腊的另一位贤者柏拉图与中国先秦的孔子有一些相似之处，他们的政治理想都是要实现一个既能维持贵族特权，同时又可为贫苦阶级所接受的社会。柏拉图倡导一种“理想国”，在其中人被分为四等：护国者、哲学家、士兵和劳动群众，并且这种等级划分是永久的。柏拉图曾希望叙拉古的统治者能接受他的思想，并付诸实践，以实现他的政治理想，却未能如愿，最终他只好回到雅典，给弟子讲学，时间长达40年之久。与柏拉图的境遇相似，中国的孔子也曾遍游诸国推行他的仁政与人伦秩序的思想，最终无功而返。孔子和柏拉图都希望国王能够做一个贤能的人，且具有君子的美德，对民众的统治应在合理的道德原则基础上进行。与孔子提出“仁”的思想类似，柏拉图提出“善”的理念。而他们各自的思想分别影响着东西方文明的演进，最终成为两个文明重要的价值品格。作为柏拉图的学生，亚里士多德则是一位古希腊文明的集大成者。亚里士多德不仅是一位知识分类者和理性主义者，同时也是一位逻辑学家和科学家，他的贡献涉及逻辑学、物理学、生物学和人文学科等诸多领域，并且几乎是这些学科的创始人。作为一个百科全书式的伟大学者，亚里士多德希望探求自然界和人类生活中各方面的秩序。

除了希腊三贤，古希腊文明的辉煌还得益于另一位人物——

欧几里得，他是从柏拉图学园里走出来的一位几何学家。最早的几何学兴起于公元前7世纪的古埃及，在经古希腊人学习并传入古希腊之后由毕达哥拉斯学派加以奠基。在欧几里得之前，人们积累了许多几何学的知识，然而这些知识存在一个很大的缺点和不足，那就是缺乏系统性。这些知识大多数是片段和零碎的，公理与公理之间、证明与证明之间没有很强的关联性。而欧几里得的伟大之处在于，他系统地整理了过去的几何学发现之后，将整个几何学的理论体系建立在5条简单的公理之上，并以这5条公理就可通过逻辑演绎的方式推导出当时几乎所有已知的几何学发现。后来，欧几里得将他的发现整理成书，这就是《几何原本》。

人类已知的三个古老文明都曾发展出自己的逻辑学说，如古印度的因明学、古希腊的形式逻辑、中国先秦时代的墨辩逻辑，但是纵观人类历史，欧几里得却是第一个建立起公理化逻辑体系的学者。这样做的好处在于，将庞大的理论框架建立在很少的几条公理之上，从而可以通过逻辑推理追根溯源，进而可以通过现实观测（数据）证伪公理的可行性，这可以说是现代科学方法的基本起点。《几何原本》极大地影响了后世数学和物理学的发展，此后数学家和物理学家建立学说的标准之一就是以公理化体系为出发点，比如牛顿开创经典物理学的《自然哲学之数学原理》、爱因斯坦以公理化体系建立相对论、狄拉克和冯·诺依曼等以公理化体系建立量子力学等。可以不夸张地说，没有公理化的逻辑演绎体系这一古希腊文明成就作为种子，就没有如今耀眼的现代科技文明。

图 1.5 ◆ 欧几里得

古希腊的文明成就是多方面的，遍及哲学、诗歌、建筑、科学、文学、戏剧、神话等各个方面。不管是自由探究的精神、民主政体的理论与实践、多种形式的艺术、文学和哲学的思想，还是对个人自由和个人责任的强调，所有这些都构成了古希腊留给人类的光辉遗产。我们很难想象，自由与民主这些现今流行的理念，在古希腊那个遥远的时代就可以得到社会的广泛重视。那个时代的历史学家希罗多德在其著作《历史》中记录下了古希腊的民主政体："虽然他们都是自由人，但并非各个方面都是自由的；法律是他们的主人，他们畏惧这位主人甚于你的臣民畏惧你。法律规定他们做什么，他们就做什么；法律条文始终如一。"当然，古希腊也并非尽善尽美，对于现代人来说，它依旧保留着那个时代的蒙昧。一个显著的缺点是，古希腊仍旧存在奴隶制度，虽然奴隶和客籍民（居留在希腊城邦中的外邦人）构成居民的大多数，但他们并无雅典公民权（斯塔夫里阿诺斯，2012）。奴隶制度的存在是对社会"共识性自由”的束缚[⑥]——这使得奴隶没有合理的产权保障，从而阻碍了市场经济的发展。从这个意义来说，要想在古希腊文明中形成市场经济，还需要有其他文明的介入才有可能。

相较于古希腊文明的多神崇拜，希伯来文明倡导一神思想。在希伯来人的眼里，上帝是唯一的神，并且是一个全知全能、不生不灭、永恒存在、创造了宇宙万物并主宰着这个宇宙的神。这种一神思想在那个时代是一项独特的文化成就，它为人与人的平等提供了可能的精神信仰。在一神理念下，希伯来文明创立了犹太教，其教义要求教徒无限敬仰上帝，以获得道德观念和世界万物的基本原则。然后，教徒需要严格恪守这些生活规则和行为法规，并以此方式将他们的信仰付之于行动。后来，在公元前334年至公元前324年左右，马其顿国王亚历山大（他是亚里士多德的学生）开启了对东方波斯等国的侵略战争，历经十年时间，经过伊苏斯之战、高加米拉战役、吉达斯普河战役，亚历山大征服了波斯、埃及、小亚细亚、两河流域，最终建立起了横跨欧、亚、非三洲的亚历山大帝国。这一系列浩大的战争所带来的最重要影响是使得希腊和中东民族开始相互密切往来，在此之后，古希腊文化迅速传入伊朗、美索不达米亚、叙利亚、以色列和埃及；相较之下，亚历山大以前的希腊文化仅以缓慢的速度传入这些地区。特别地，在亚历山大东征后的几百年间，希伯来文明的宗教思想开始传入希腊世界，从而引发了希腊文明与希伯来文明之间的碰撞，这很可能最终促成了罗马帝国时期基督教的形成。基督教强调上帝对人无条件的爱，人要通过爱他人来吸引他们爱上帝。基督教的“爱”与儒家的“仁”以及墨

⑥ 共识性自由可被简单地理解为在所有人达成共识的规则下自由行事。奴隶显然不会同意奴隶制度的执行，当然也就没有共识可言。我们会在第6章具体介绍共识性自由的定义。

家的“兼爱”类似，具有很强的道德感召力和社会协调功能，从而有利于建立稳定的社会秩序。由于基督教将上帝作为最高的信仰，与儒家的“天命”观类似，以基督教为基本伦理要义的社会制度与以儒家为基本伦理要义的社会制度异曲同工，极容易构筑封建专制体系。所以当日耳曼人进攻并瓦解西罗马帝国之后，西欧不久便陷入了封建专制的中世纪时代。

法王腓力六世的大臣曾简单而又准确地描绘了中世纪西方社会的基本划分：教士、劳动者和骑士。也许是由于宗教的介入，中世纪的西欧没有奴隶制度（斯塔夫里阿诺斯，2012），这与古希腊和古罗马的情况不同。或许正是这一差异，使得中世纪西欧的技术进步发展很快。尽管如此，基督教教会成了当时封建社会的精神支柱，它建立起一套严格的等级制度，把上帝当作绝对的权威。文学、艺术、哲学一切都得遵照基督教的经典——《圣经》的教义，谁都不可违背，否则，宗教法庭就要对他进行制裁。

尽管儒家理念与基督教义在构筑社会秩序的效果方面很类似，但是西欧与中国的情况还是有所不同。这是因为在催生封建秩序的过程中，希伯来文明和希腊文明并非在精神内核上相互排斥，而是有融合的趋势。这样一来，哪怕政教体系深受希伯来文明的影响，但希腊文明的理念却并不会因此而消失。比如，希伯来文明倡导的“一神论”为人与人之间的“众生平等”提供了精神依据。人与人的平等与自由是相互依托的关系（卢梭，1980），从这个意义来看，以自由作为社会品格的希腊文明不会就此消失。相比之下，汉武帝在采纳董仲舒的儒家理念建制帝国的同时，却也采取其“罢黜百家，独尊儒术”的激进政论。且不论其余诸家的落幕，仅墨家的“惨淡退出”就注定了中国历史的发展很可能走出与西欧所不同的道路。墨家崇尚的“兼爱”及“掌握自然规律的理念”非常类似于希腊文明所崇尚的“自由平等”与“理性思维”，如若能够被重视，中国汉朝之后的历史未必不能是另一番景象。

中世纪后期，由于生产力的提升，欧洲商品经济开始得到发展。现在的我们知道，商品经济是通过市场来运转的，市场上择优选购、讨价还价、成交签约，都是斟酌思量之后的自愿行为，这是自由的体现。不过，要想实现这些“自由”，还要有生产资料所有制（也就是产权）的自由，而所有这些自由的共同前提是“人的自由”。在如此背景之下，欧洲非常需要一场新的提倡“人的自由”的思想运动。古希腊和古罗马的文学艺术成就很高，人们可以自由地发表各种学术思想，这与中世纪的封建专制形成鲜明对比。14世纪末，由于信仰伊斯兰教的奥斯曼帝国不断入侵东罗马（拜占廷），东罗马人带着大批古希腊和古罗马的艺术珍品以及文学、历史、哲学等书籍逃往西欧避难。之后，一些东罗马的学者在意大利的佛罗伦萨开办了一所叫“希腊学院”的学校，讲授古希腊辉煌的历史文明和文化。在资本主义萌芽的时代，这种辉煌历史成就的优越性与宗教教条下的僵硬秩序形成强烈的反差，从而激励人们开始追求精神的自由。于是，许多西欧的学者要求恢复古希腊和古罗马的文化和艺术。这股文化的思潮就像春风一样，慢慢地吹遍了整个西欧，文艺复兴运动由此兴起。

欧洲文艺复兴所带来的影响是深远的。复兴古希腊“契约”与“自由”精神，导致现代民主理念开始萌芽，这方面代表性的著作就包括孟德斯鸠发表的《论法的精神》、卢梭发表的《社会契约论》等。复兴古希腊“理性主义”与“人文传统”导致欧洲科技取得长足进步，其间出现了一大批奠定现代科技基础的人物，如笛卡尔、牛顿、欧拉、高斯等。随着科技的不断进步，社会生产力和民众的社会认知能力也得到相应的提升，这促使欧洲的社会结构开始孕育某种变革。1688年，英国资产阶级和新贵族发动了推翻詹姆士二世统治和防止天主教复辟的非暴力政变。由于这场政变没有发生流血冲突，所以历史学家将其称为“光荣革命”。这场政变导致1689年英国议会通过了限制王权的《权利法案》，从而奠定了国王统而不治的宪政基础，自此国家权力由君主逐渐转移到议会，即所谓君主立宪制度。不仅是政体向着民主方向转变，光荣革命所带来的变革还包括“增强了私人产权的保障”（诺斯，2014），这使得英国的生产关系开始发生蜕变，要求能够有一种新的理论来指导新的生产关系去建立新的资源分配制度。1776年，英国经济学家亚当·斯密发表《国富论》，从而为一种被称为“自由市场”的制度模式奠定了理论基础，这种理论被认为适合描述民主化的社会经济结构。西方经济学界一般认为《国富论》是古典经济学的开山之作，它奠定了自由市场理论的基石。

◆ 社会化分工与合作

既然《国富论》受到如此高的评价，那么这本著作到底揭示了什么样的经济道理以至于受到后世经济学者们的广泛推崇呢？

在《国富论》中，亚当·斯密以其独特的观察视角记录了他所在时代的经济发展特征，并发现“分工”是提升生产效率的关键，而“交换”是促成物品流通以解决民众生活需求的关键。如果能够有一种社会制度可以将分工与交换天然地组合起来，那么社会发展的速度必将大幅提升。亚当·斯密认为，这种特殊的社会制度就是

“自由市场”。不仅如此，通过对分工与交换的分析，亚当·斯密进而认为自由市场会“自发”引导民众实现某种“社会合作”，从而使得社会的资源形成优化分配。不过，亚当·斯密无法具体描述产生这种社会合作的根源是什么，所以他使用了“看不见的手”这一隐喻来形容自由市场推动社会合作的原动力。

看不见的手

每个人都在力图应用他的资本，来使其生产的产品能得到最大的价值。一般来说，他并不企图增进社会的公共福利，也不知道他所增进的公共福利是多少。他所追求的仅仅是他个人的安乐，仅仅是他个人的利益。在这样做时，有一只看不见的手在引导他去促进一种目标，而这种目标绝不是他所追求的东西。由于追逐他自己的利益，他经常促进了社会利益，其效果要比他真正想促进社会利益时所得到的效果还要大。

我们知道人性是自利的，如果放任人类自由地发展，在直觉上很难想象一群自利的人会自发产生“社会合作”。这与蜜蜂和蚂蚁等利他性社会昆虫不同。蚂蚁社会中也会有分工，比如分工寻找食物与养育后代等，但是在这个过程中蚂蚁以族群利益的最大化为目标，这导致社会的分工与合作是容易理解的。相比之下，人类以个人利益最大化为目标，从而导致相互之间的竞争。在这样的情况下，社会的分工合作是如何产生的就很难理解了。不过，亚当·斯密独特的观察视角在于他注意到，大自然赋予每个人的天赋是不同的，这导致每个人所擅长的领域也可能是不同的。要是一个人在其不擅长的领域从事生产，那么其效率必定是低下的。同时，如果一个人只在其所擅长的领域生产“特定产品”，那么他很可能会失去对其他产品的消费。比如，一位杰出的裁缝可能并不适合制作面包,如果他只制作衣服,就算他能制作再多的衣服也会被饿死,但如果他分心制作面包,那么衣服的产量一定会降低,并且制作出来的面包品质也不会太高。解决这个困境的办法是引入“交换”:如果裁缝可以用衣服交换面包师的面包,那么他不仅不会被饿死,相反,他还可以享受到高品质的面包;同理,面包师也会因此而享受到高品质的衣服。假如交换总是被允许的,追逐个人利益最大化的裁缝和面包师都会各自专注于制作衣服和面包,而不会分心他顾,如此一来,分工就自发产生了。并且由于他们各自专注于制作自己所擅长的衣服或面包,社会中衣服和面包的总量将增加。在这里,我们看到,裁缝和面包师在个人利益最大化的驱使下,自发进行了分工,最终导致社会产品的利益最大化,他们自愿相互交换利益从而形成了“社会合作”。

裁缝和面包师的例子暗示人类的社会化分工合作是可以实现的,只要如下的三个条件得到满足:天赋差异、追逐个人利益最大化、允许交换。但是想要把这个想法推广到整个人类社会,并加以严格地论证,并不是一件容易的事情,所以亚当·斯密使用了“看不见的手”这一隐喻来说明大范围社会化分工与合作是可以实现的。后来的经济学家们为了严格地论证亚当·斯密关于社会化分工与合作的可实现性,付出了巨大的努力。直到1954年才由美国经济学家阿罗和法国经济学家德布鲁从数学上严格证明了自利性社会实现社会化分工与合作的条件,从而建立起了新古典经济学的完整理论体系(Arrow and Debreu, 1954)。

从历史的进程来看,亚当·斯密的理念已经得到了人类社会发展经验的支持。自从市场经济的社会秩序兴起之后,社会化分工与合作促使人类的科技文明得到长足的进步。而这一切居然是建立在个人自利的行为规则之下的，所以我们不得不对“看不见的手”所展现出来的效果惊叹不已。相比之下，利他性社会昆虫在科技文明的发展上则显得差强人意。事实上，在大约5000万年前，地球上的蚂蚁群体就已经进入到农业社会并从事“生产”活动，它们不光会驯养蚜虫、介壳虫、木虱等昆虫，也进行真菌栽培（霍尔多布勒和威尔逊，2019；威尔逊，2019）。但遗憾的是，蚂蚁最终并没有发展出高度文明的社会结构。相比之下，人类在大约1万年前才进入到农业社会，但却突然通过工业革命进入到现代文明社会。两个不同物种不约而同地进入到农业社会，但最终的结果却大相径庭，那么产生现代科技文明的关键在哪里呢？通过将人类和利他性社会昆虫进行对比，不难发现尽管两种社会都存在生产行为，但一个显著的差异是人类社会后来形成了物品的自由交换。

那么是否真是由于交换的出现才导致人类科技文明的飞速发展呢？为了回答这个问题，我们需要储备一些新古典经济学的基础知识，待到第9章时，再回到这个问题上来。

接下来的经济篇（本书第2～5章），笔者准备系统地介绍新古典经济学。上面已经提到，新古典经济学的主要目的是去论证：在个人自利的情况下社会化分工与合作实现的条件是什么？用新古典经济学的“行话”来说，就是探求在什么样的社会条件下，生产和交换可以实现物资分配的一般均衡——这里，“一般均衡”代表一种资源分配的最优方案，以至于全部社会成员会对该方案形成“共识”。达成共识的社会成员自愿执行一般均衡方案则体现了一种大范围的社会合作。笔者会在第5章系统地介绍一般均衡概念，并解释为什么“一般均衡”代表一种大范围的社会合作。

为了各位读者更好地了解新古典经济学的基本内容，笔者不准备在这本书的正文中涉及过多的数学，而主要采用通俗的写法。不过，为了学术上的严谨，笔者还是以“一般均衡”为专题准备了一个附录A，并尝试以较短的篇幅讲清楚一般均衡存在性的严格证明。这个附录可供对证明一般均衡存在性的技术细节感兴趣的读者阅读。

下一章我们将介绍新古典经济学的第一个主题——交换。

幽人的花香扑面而来，
灼灼然，
韶华其间。

‖ 心灵驿站·清晨 ‖

春庭雨潇潇,箜篌曲难忘。

雨露后的清晨,空气中弥漫着泥土的味道,淡淡的,混合着青草的芬芳,在微风的怀抱里尽情地奔跑。含羞草儿开了,她宛如美丽而又多情的少女,慵懒地伸展开腰肢,体态秀美,婷婷玉立。灵巧的鸟儿在树梢上欢快地鸣叫,忽而轻盈地一跃而下,在地上寻找春天的果实。我坐在古朴雕栏的亭阁中,突然,一只美丽的画眉鸟跳到了面前,它似乎没有发现我的存在,但却把我从沉思中带了出来,然后噗嗤一声飞走了。

这座城市的角落里永远不缺少鲜绿的色彩,古色古香的梧桐,倔强的黄桷,玲珑的翠竹,苍劲的松柏,俯拾皆是。或许由于是城中山的缘故,被树木所环抱的地方,往往静静地躺着一弯平湖。顺着蜿蜒的小路往下走,幽人的花香扑面而来,灼灼然,韶华其间。中国的园林设计深谙古典静谧的山水格局——溪水潺潺,小桥若隐,山石嶙峋,层峦叠嶂,白练般的瀑布倾泻而下,终究汇聚于平湖之中。湖面上徐徐微风，水波荡漾开来，青青点点的浮萍摇曳在水面上，偶有红色的锦鲤于水草间露出头来，又沉下去，只留下一湾深情的涟漪，轻轻地敲打在我的心间。待到初夏，这里当是花团锦簇，湖光潋滟，白鹭翩飞，梭鱼成群。若于湖边长廊古亭中赏花弄鱼，好不快哉。

中国文化对于山水亭台的偏爱体现了中国人对于大自然的崇高敬意，并遗存在古代贤士的水物墨画之中。大自然于万物休养生息，以雨露风华滋养万物，不增一分不减一分，万物因此而秩序井然。道家哲学家老子曾以“道法自然”来称赞大自然养育万物的“仁德”，他认为在大自然的中正调和之下，万物都不再争执，心灵都得到归属。思仰古圣先贤，或许于繁华都市的忙碌中，唯有置身这风物墨绘的山水草木之间，我的心方能得到沉静。

经济篇

神秘的交换行为

人类的生产行为

为什么会有企业

如何就资源分配达成共识

导读：

自人类文明启蒙以来，追求物资分配的共识成为人类内心深处的执念，东西方文明皆是如此。以儒家为代表的东方文明相信“人性本善”，倡导通过对个人“仁德”的修养来推进共识的实现。相较之下，近代西方文明对“人类共识形成”的探索催生了一种独特的制度模式——市场经济。这种制度模式承认人性的自利，并探究自利的人类群体如何在生产和交换的过程中对物资的分配达成人人满意的共识。经济学家们将这种“共识”称为“一般均衡”，他们通过对市场经济模式的深入研究确立了达成“一般均衡”所需要的基本条件。而对于一个人人自利的社会而言，想要实现这些基本条件是非常苛刻的。在经济篇中，我们就来具体地总结一下这些条件。

2 神秘的交换行为

公元前332年，因久仰滕文公的贤德，农家代表人物许行带领门徒从楚国来到滕国，希望践行其神农学说。在许行看来，一位贤明的国君应该“与民并耕而食，饔飧而治”[①]，所以他倡导一种平等的社会分工，其中每一个人都应该依靠自己的劳动来获得食物，就连国君也不例外。许行认为只有在这样的激励机制下国家才能够富强、人民才能够安居乐业。而为了保证大家在分工之后可以相互帮助，许行进一步提出不同行业的人可以相互交换，比如从事农业劳动的人可以用农产品去交换手工业品。而为了保证交换是公平的，许行又提出“市贾不二”的价格论，以此作为“以物易物”的交换办法。比如，“布帛长短同，则贾相若；麻缕丝絮轻重同，则贾相若；五谷多寡同，则贾相若；屦大小同，则贾相若”。简单来说，即同种商品数量相同，则价格相等。滕文公可能对许行的学说有些兴趣，于是就给了他一块土地，结果取得了非常好的效果。

这件事情发生在遥远的战国时代，尘封的历史画卷徐徐展开，2000多年前那场“公平交换”的思想启蒙才得以重见天日。

---

① 见《孟子·滕文公上》。

◆ 自利的行为科学

不过，在战国那个时代，许行的建议注定不会被当时的统治者们所广泛接纳，只能作为历史的一笔，书写而过。所以，这个故事一开始就注定了它的结局。但从许行的故事我们也看到，市场经济并不是西方文明所独有，至少在中国的战国时代就已经有这种思想的萌芽。从中西方文明都孕育出市场经济思想这一事件来看，不管是社会分工还是合作，可能都与人类更深层次的演化行为有关。也就是说，智人或者更早的古猿在社会演变的过程中，发生了某种深刻的行为演化，从而促使他们偏向社会化的分工与合作。并且与利他性社会昆虫所不同的是，人类的这种社会化分工与合作是建立在个人自利的行为基础之上的。相较之下，利他性社会昆虫的分工与合作却是基于最大化族群的利益。或许在演化的某个阶段，人类的个体也曾以族群的利益最大化为目标，但是在后来的演化中，以个体自利为目标的人类却在自然选择中更容易幸存下来。让人不可思议的是，这些自利的人类似乎仍旧可以实现社会化分工与合作。按照许行的想法，要实现社会化的分工与合作，只需要让不同行业的人相互交换即可。许行的实践似乎也初步证明其想法是可行的，但是他却无法说服那个时代的君主们去广泛践行他的想法。

那么“交换”真的可以保证社会化分工与合作吗？

这是一个非常复杂的问题，为了较为完满地回答它，我们需要做一些准备工作，待到第5章讲一般均衡时再来讨论这个问题。

准备工作的第一步就是理解交换行为。值得注意的是，我们这里讲的交换很特殊，它是一种“个人自利”情形下的交换。至于自利行为是如何产生的，这并不是我们所关心的问题，姑且就将它们当作人类行为的基本特征[②]。因此,从这个意义上来说,经济学其实就是研究人类自利行为的一门科学——准确地说,这里的经济学指代“新古典经济学”。通过对人类自利行为的研究,寻找其行为规律则是经济科学的目标。在经济学中,研究人类个体行为规律的理论被称为“微观经济学”,而研究人类群体行为规律的理论则被称为“宏观经济学”。本书第2章到第5章讨论的就是微观经济学,而从第6章开始我们会进入宏观经济学。

需要提醒的是,经济学中的规律可能不会像物理学中的规律那样长期稳定。任何经济规律都可能存在被违反的例子。只不过从概率的角度来讲,反例总是少数,经济规律从大概率事件的角度来讲还是令人信服的。事实上,只有在概率语境中表述的经济学才是合理的。到这里,读者也许应该对经济学产生了一点朦胧的认识:经济学是人类在概率学意义下的自利行为科学。

◆ 自利行为下的需求规律

既然经济学以研究人类的行为规律为目标,那么我们就来看自利的交换行为会形成什么样的规律。交换源于人们对于物品的需求,比如A君需要B君的物品,从而愿意用自己的物品去交换B君的物品。为了描述这种交换行为,我们需要将“需求”这个观念以更准确的方式表述出来。自瓦尔拉斯(Leon Walras)和马歇尔(Alfred Marshall)将牛顿的物理学研究范式引入经济学之后,经济学就已经朝着科学化的方向发展。科学方法的要义就是抽象出具有普遍意义的概念或者公理,并进行逻辑演绎,再以试验或者观测

② 在英国生物学家道金斯(2012)看来,人类的自利行为源于自私的基因。

数据来进行证伪。经济学家将人类对物品的需要抽象为术语“需求”，而需要物品的数量则被称为“需求量”。“需求”是新古典经济学组成框架中最重要三大支柱之一，另外两个支柱分别是“价格”和“供给”。在经济学家看来，需求是有规律的，并且可以用数学方程进行描述，进而可以用观测数据来证伪。为了用数学的手段描述需求规律，我们需要引入“价格”的观念。

“价格”是最常见的经济学术语，现代人很小的时候就已经懂得购买商品，并且也懂得对于“同种类无差别”的商品而言，哪家商铺越便宜就越愿意去哪家买。这种类似常识的生活经验其实就是经济学家所发现的需求规律。

需求规律

从大概率来讲，某种商品的价格越高，消费者愿意并且能够购买该商品的数量就会越少；反之，价格越低，消费者愿意并且能够购买该商品的数量就会越多。

值得注意的是，这里阐述的需求规律并没有涉及需求量与价格之间具体的函数关系，这也是经济规律与物理规律不同的地方。物理规律一般是由一个确定的函数关系来描述，但是经济规律却可能没有一个统一的函数关系。经济学家常常使用不同的函数来描述商品在不同时期的需求规律，并利用现实的数据来证伪这条需求规律是否合理。图2.1就给出了两种可能的需求规律A（曲线）和B（直线），它们都描述了需求量随价格增加而减少的变化方式。比如，以需求规律A为例，当价格为50时，需求量为70，而当价格增加到80时，需求量就减少到50。

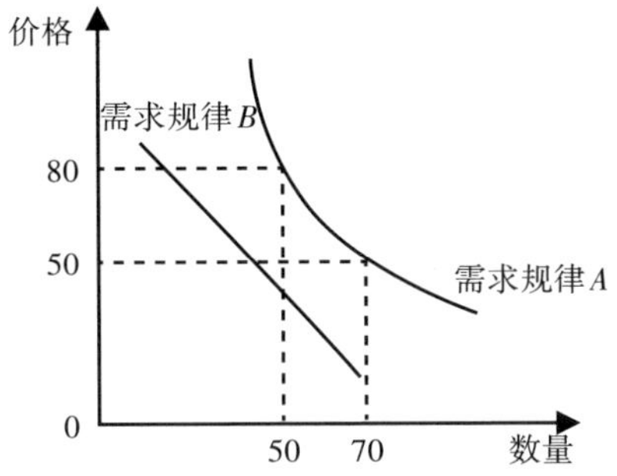

图 2.1 ◆ 需求规律

此外,像之前已经指出的,经济学是一门概率意义上的行为科学,所以需求规律只是在大概率意义上成立。我们很可能会在现实世界中发现违反需求规律的小概率事件,比如,价格和需求量同方向变化的事件③。不过,这并不要紧,我们至少可以保证现实世界中的人类行为几乎都会按照需求规律来运行。事实上,假如现实世界的市场经济不符合需求规律的话,很可能就会“天下大乱”。既然需求规律支配了自由市场中人的购买行为,那么它又是如何产生的呢?下面会看到,需求规律是在个人自利的交换行为中形成的。

◆◇ 度量人类欲望的效用

为了弄清楚需求规律产生的原因,需要介绍一个新的术语——“效用”。

什么是效用?

---

③一般来说,需求规律成立需要在“其他条件不变”的情况下,比如1845年爱尔兰发生灾荒,尽管土豆的价格上升,但是土豆的需求量却反而增加。这一难以用需求规律所解释的现象在当时被称为“吉芬难题”。后来,需求量随价格上升而增加的商品也被称为“吉芬商品”。

简单来说，就是一个人获得（或者消费）商品所带来的满足感。这是描述人类“欲望”的一个术语。一般来说，人类的欲望源于人的内在生理和心理的本性。一方面，人的欲望具有多样性，一种欲望得到满足，更高层次的欲望也会随之而产生。因此，人的欲望表现为无限性，从而会尽可能多地获取各种商品，以便使自身的欲望得到最大满足。所以当一个人拥有商品的数量增加时，这个人的效用几乎总是增加的。另一方面，对一种特定的商品而言，人的欲望又是有限的。随着一个人拥有或者消费这种商品的数量越多，他想要（而又未得到）其他商品的欲望会渐渐增加。

不过，世界上的资源总是稀缺的，对每个人而言，其所拥有的财富也是有限的。同时，天下又是没有免费午餐的，所以任何人想要获得某种商品总是要付出代价的。在经济学的语境下，我们不妨用财富或者货币来度量付出的“代价”。既然财富有限，获取商品又必须以财富为代价，那么人们在获取各种商品的时候必定面临“选择”：如何分配有限的财富去购买各种商品，以保证自己的满足感最大化。

随后会看到，正是因为面临“选择”才导致了需求规律的出现。为了阐明这一点，需要引入经济学中的一个重要公理——边际效用递减法则。

经济学公理1：边际效用递减法则

一定时间内，在其他商品的消费数量保持不变的条件下，随着消费者对某种商品消费数量的增加，消费者从数量上每增加一单位该商品所获得的效用增量（即边际效用）是递减的。

这里，经济学公理1引入了“边际效用”的概念。

何为边际效用?

边际效用指的是一个人每多增加一个单位某种商品的消费时自身所增加的效用(满足感)。值得注意的是,所谓边际效用只是针对某一种商品而言,所以凡谈及边际效用必定意指某种“特定”商品。具体来讲,边际效用递减法则指的是,随着对某类商品消费数量的增加,多消费一个商品所得到的满足感已经比不上消费上一个(该)商品所获得的满足感了。符合该法则的例子在现实中可谓比比皆是。人类对一件事物往往会随着持续地拥有它而降低对其的满足感,比如,一个人饿了吃蛋糕,吃第一个蛋糕的时候很满足,吃第二个蛋糕时的满足感也不错,但吃第十个蛋糕时很可能已经吃饱了,这时候再吃一个蛋糕的那种满足感已经远远不及吃第一个蛋糕或者第二个蛋糕时来得那么强烈。理解了边际效用递减法则就可以解释需求规律是如何产生的了。

下面不妨就以购买蛋糕为例来阐述需求规律如何形成。消费者对蛋糕的效用总是增加的,即每多购买一个蛋糕该消费者的满足感会增加。但是这个消费者购买蛋糕需要支付货币(财富),而货币也是商品,当消费者支付货币的时候其持有货币的满足感会降低。因此,消费者买或者不买蛋糕完全取决于买蛋糕与持有货币哪一个行为对他来说所获得的满足感更大。如果多保留一单位货币所获得的满足感更大,那么消费者将停止购买蛋糕;如果多购买一个蛋糕所获得的满足感更大,那么消费者将继续购买蛋糕。最终,理性的消费者一定会保证他最后支付的那笔货币所损失的效用刚好与他最后购买的那一个蛋糕所增加的效用相等,即有:

$$\text{蛋糕的边际效用} = \text{蛋糕价格} \times \text{货币的边际效用} \quad (2.1)$$

等式(2.1)两边的经济意义是容易理解的。在等式左边,蛋糕的边际效用就是购买最后一个蛋糕所增加的效用。在等式右边,蛋糕价格表示交换一个蛋糕所需支付的货币数量，而货币的边际效用表示减少一个单位货币所损失的效用，因此等式右边表示“支付最后那个蛋糕所损失的货币效用”，它等于“蛋糕价格乘上货币的边际效用”。所以，将等式两边组合起来就是“购买最后那个蛋糕所增加的效用等于失去相应数量的货币所损失的效用”，这表示理性的消费者在用货币购买蛋糕时权衡利弊得失，目的是使得个人的效用总量尽可能大。

根据边际效用递减法则，如若蛋糕数量增加，蛋糕的边际效用将减少；而如若持有的货币数量减少，则货币的边际效用又将增加（注：按照边际效用递减法则，货币持有数量增加，货币边际效用减少，所以反过来就是，货币持有数量减少，货币边际效用将增加）。现在我们进一步分析：随着购买的蛋糕数量增加，持有的货币数量将会减少，这意味着(2.1)式等号左边“蛋糕的边际效用”将减少，而等号右边“货币的边际效用”将增加。此时要保证(2.1)式中的等号成立，蛋糕价格必定只能减少。

所以我们得出结论：蛋糕购买数量增加，则蛋糕价格减少。按照需求规律的表述即是，随着蛋糕价格的减少，对蛋糕的需求数量将增加。

从这里可以看到，需求规律的出现是边际效用递减法则与理性追逐个人效用最大化共同作用的结果。追逐个人效用最大化代表的就是人类的自利行为，它其实是经济学中理性人假设的一种反映。下一章我们会具体讨论理性人假设。

◆ 一般等价物

需求规律讲完了，也许有读者会问：不是说需求规律是在“交换”中形成的吗？但是到现在为止，我们好像还没有讲物品交换或者商品交换。

其实，前面笔者已经把“交换”给大家简单地介绍了一下。只不过在所介绍的例子中，有一种商品很特殊，它就是货币。在前面论证需求法则的例子中，消费者正是在进行着“蛋糕”与“货币”这两种商品之间的交换。只不过“货币”这种商品的属性很特殊，它首先被法律和社会契约界定为“一般等价物”，从而具有交换的价值，而我们谈及的价格就是以货币数量作为度量的。尽管前面在论述需求规律的时候是以蛋糕为商品，但实际上这里的商品可以是任何物品。因为货币具有一般等价物的属性，所以任何商品皆可以和货币进行交换，并且都会满足需求规律。这意味着货币可以作为任何两种商品交换的“媒介”。比如，“一个人用蛋糕交换另一个人的面包”这一交易行为实际上先是“将蛋糕交换为货币”（即用蛋糕卖钱），然后再是“用换到的货币去交换面包”（赚到钱再买面包）。

那为什么人们要使用货币去交换蛋糕，而不使用其他商品（例如面包）去直接做等价交换呢？

在原始社会，人们就是按照“以物换物”的方式进行交换的。这要求两个人必须同时同地恰好需要对方的商品，交换的条件太过苛刻。比如，A君想用自己捕获的鱼去交换B君等价的陶罐，但两人相隔7天路程，如此一来，可能在第7天时鱼已经不新鲜了（贬值），这个交换就难以完成。但如果可以利用货币进行交换，那么A

君可以在第1天先把鱼换成等价的货币，而货币一般而言不会在短时间内贬值，所以A君可以在7天后再用货币去交换B君的陶罐。货币使得人们可以在不同时不同地进行商品交换，大大地拓展了商品交易的时空范围和效率，因此货币作为一般等价物才逐渐被人类社会所广泛采纳。货币的出现与交换行为的出现是息息相关的，其背后甚至涉及人类文明演进的核心原因。在第1章的末尾，我们推测人类社会发展出现代科技文明的关键是因为交换行为的出现，而货币的出现本质上就是为了帮助人类社会完善交换行为，从而使得交换行为可以进一步推动人类文明的演进。待到第11章讲智人的历史时我们会再来具体讨论货币产生的原因。

另外，作为商品而言，货币也是具有价格的，这个价格就是“利率”，即我们“持有”货币这个行为需要支付额外的“利率”作为成本。而为了避免支付这个成本，人们往往会将货币换成其他保值的商品（如金融资本或者房产）或者把货币持有权交换给银行，对于银行而言，它会根据利率大小按约定时间付给人们利息。

前面已经提到，本章所列出的需求规律只是一行文字表述，它暗示商品的市场需求量与其价格呈反方向变化，但这并不是说所有商品的需求量与其价格的变化规律由统一的函数来描述。事实上，不同商品的需求规律，其数量关系是不同的。比如生活必需品（如自来水）和奢侈品（如名牌的衣服与装饰品），正常情况下，自来水的价格增加，社会对自来水的需求量并不会显著减少，但是奢侈品的价格增加，其需求量却可能显著减少。这里的原因在于自来水是生活必需品，哪怕价格增加也是每天所必需消费的，但是奢侈品并不是每天所必需的，它可能只在某些场合中才需要。因此，需求规律并不像物理规律那样是普适的，现实中每种商品的需求数量关系都需要分别进行探索，例如，可以利用“需求价格弹性”（见本章末）的概念及方法来推测商品的需求数量关系。不过，正是因为不同商品有不同的需求数量关系，导致更先洞悉数量规律的人可以在经济活动中处于优势。为此，不妨来看看中国春秋时期齐国宰相管仲的一次需求法则的运用。

管仲的经济战

公元前684年，齐桓公讨伐鲁国，遭遇鲁国“曹刿论战”，结果大败于长勺。鲁国因此成为齐桓公称霸道路上的一块绊脚石。当时齐国的宰相是管仲，他擅长“轻重之术”，为了打击鲁国的经济，他鼓动齐国的富商将原材料麻的价格上涨数倍，同时鼓动地主将种植桑的山地价格也上涨数倍。这时鲁国的商人和地主听到齐国的麻价和种桑的地价是鲁国的数倍，于是都偷偷地与齐国的商人和地主做起了生意。这样齐国的商人与地主就用高价收购了鲁国大量的麻与桑蚕。几个月之后，齐国收购的麻都做成了布，种桑养蚕得到的丝也做成了丝织品。而鲁国由于缺乏原材料麻与蚕丝（被本国商人和地主卖给了齐国），做不出足够本国居民需求的成品布和丝织品，鲁国百姓只好到齐国购买，但这时齐国将成品布和丝织品的价格提高了数十倍。尽管价格贵，但鲁国的百姓也得买，拿不起钱就得用粮食换。由于鲁国许多农户之前为了种桑赚钱而放弃粮食种植，本就导致粮食产量减少，结果鲁国陷入了严重的经济与粮食危机，之后鲁庄公被迫屈服，签订了尊奉齐桓公的协议。

——译自《管子·轻重丁》

管仲由于预先洞悉到“原材料麻”与“成品布料”这两种商品需求数量关系的不同，进而依靠这个差异攫取到了获利的商机。这种巧妙利用需求规律的方法被管仲称之为“轻重之术”——所谓

"轻重之术"实际上就是需求价格弹性(见本章末)的运用。春秋时期的管仲显然没有预料到2000年后会出现一门专门研究需求规律的行为科学,否则他也许会成为这门行为科学的遥远先驱。一种好的思想往往需要精妙的语言来记录,才能更好地流传后世并得到发展。管仲的"轻重之术"被以文字的方式流传下来,尽管我们可以从中感受到人类智慧的闪光点,但它却没有被系统化以至于成为具有生命力的理论体系。相比之下,英国经济学家马歇尔以数学作为语言,将需求行为以逻辑演绎的方式进行记录,从而使得这种需求学说成了当今社会的显学。马歇尔之所以这样做,得益于传自古希腊时代欧几里得的公理化逻辑演绎传统,以几个少量的公理(如边际效用递减法则和理性人假设)推导出需求规律。按照这个传统,如果需求规律被违反了,那么我们就会知道边际效用递减法则和理性人假设至少有一个出问题了。

所以需求规律看似简单,但它实际上却联系着一个具有更深层意义的公理——边际效用递减法则。可以说,世间大多数复杂的需求规律其实都是源自这样一条简单的公理。因此,掌握了边际效用递减法则,就掌握了理解需求规律的钥匙。各位读者不妨反复"把玩"等式(2.1),将"交换"和"一般等价物"置于其中,然后考虑边际效用递减法则,就可以试着去理解现实中看到的各种需求现象。

既然了解了交换,接下来我们介绍人类的另一种行为方式——生产。

需求价格弹性

需求数量关系可以很好地被“需求价格弹性”所决定，它被定义为：

需求价格弹性=需求量变动的百分比/价格变动的百分比。

如果用 Q 代表商品需求量，用 P 代表商品价格，按照上面的定义，需求价格弹性可以被表达为 $\frac{dQ/Q}{dP/P}=f(Q,P)$，这是一个微分方程，其中 $f(Q,P)$ 代表一个无量纲的数（可简单地理解为不带度量单位的数）。如果一个商品的需求价格弹性 $f(Q,P)$ 已知，那么就可以通过求解上面的微分方程找到该商品的需求数量关系。一般来说，生活必需品的需求价格弹性很低，这反映为 $|f(Q,P)|$ 是一个小于1的数，即所谓缺乏弹性——不管商品价格 P 的变化率 $|dP/P|$ 有多大，商品需求量 Q 的变化率 $|dQ/Q|$ 都会很小，且小于商品价格 P 的变化率 $|dP/P|$。比如，假设自来水的需求价格弹性为0.1（即 $|f(Q,P)|=0.1$），这意味着哪怕自来水提价10%（即 $|dP/P|=10\%$），消费者对自来水的需求量也只会减少1%而已（即 $|dQ/Q|=1\%$）。本章“管仲的经济战”就是考虑到麻布料是老百姓的生活必需品，从而其需求价格弹性很低，即使大幅提升其价格，老百姓对于麻布料的需求量也不会减少多少。相比之下，奢侈品的需求价格弹性会很高，这反映为 $|f(Q,P)|$ 是一个大于1的数，即所谓富有弹性——商品需求量的变化率 $|dQ/Q|$ 总是大于商品价格的变化率 $|dP/P|$。

3 人类的生产行为

大约1万年前,人类进入农业社会并从事生产,在长期的生产活动中积累了丰富的实践经验。不管是古希腊的阿基米德,还是先秦战国时代的墨子和鲁班,都在工匠技艺的历史上留下了浓墨重彩的一笔。为了纪念墨子在科技上所做出的杰出贡献,中国更是将2016年8月16日发射的量子科学实验卫星命名为“墨子号”。除了阿基米德、墨子和鲁班,人类历史上还有许多杰出的能工巧匠,他们奉行“匠人精神”,一生只专注做一件工艺,在简单而枯燥的重复动作中追求技艺的精湛,然后把它做到极致。这些匠人就是那些生产者得以存在的由来。历史上的阿基米德、墨子、鲁班仿若圣人一般,除了他们之外还有其他千千万万的生产者,后者也许并非圣贤,但反而可能是自利的。

与交换行为一样,本章就来探讨一下假如生产者是自利的,那么会形成怎样的经济规律。

◆ 自利的生产者

市场经济时代一般将生产者称为企业家，这些企业家不光提供商品还可能提供服务。而作为企业家经营的对象——企业，它指的是以盈利为目的，运用各种生产要素（如土地、劳动力、资本、技术和企业家才能等），向市场提供商品或服务，实行自主经营、自负盈亏、独立核算的法人或经济组织。简单来说，企业是一种优化资源配置的机制。第2章使用了专业术语“需求”和“效用”来阐述“交换”行为，这一章同样需要使用几个简单的术语来阐述生产行为的规律。它们分别是：收益、成本和利润。

首先思考一个问题：企业为什么要生产？

对于个体自利的企业家来说，当然是为了追逐利润（盈利）。那盈利又是为了什么呢？企业家获得利润之后，一般是将利润用于交换商品。交换的对象也包括了作为一般等价物的货币。从这个意义来看，对于企业家而言，生产的目的似乎也联系到交换，所以交换在经济活动中确实是特别基础的行为动机。当然，交换到底是如何联系到生产动机的，这并非本章想要探讨的话题，我们只是想要知道生产活动本身会导致怎样的经济规律。想要了解这一点，首先就要从生产的目的“盈利”着手。

那么如何刻画盈利（也就是利润）呢？

一般来说，企业生产商品，需要投入生产要素，所谓“巧妇难为无米之炊”就是这个道理。比如，为了得到一盘鱼香肉丝，我们需要投入酱油、花椒、辣椒、糖、醋、盐、姜、蒜、葱、肉等原料。在企业的生产活动中，常见的生产要素是劳动力和资本①。其他的投入要

---

① 这里的资本是一个广义的概念，可以包括实物资本、金融资本等。

素可能还包括企业家才能、技术和自然资源等。而不管是劳动力还是资本，企业家均需要进行购买，而购买所花费的货币数量就是“成本”。有了成本的认识，现在再引入收益的概念。

什么是收益？

收益就是企业家卖掉其生产出来的商品所获得的货币数量，即：

$$收益 = 商品价格 \times 商品数量 \tag{3.1}$$

值得注意的是，这里的商品数量指的是企业家卖掉的商品数量，在商品本身没有被卖掉时是不能被算入收益里的。

有了对收益与成本的认识，现在给出利润（盈利）的定义：

$$利润 = 收益 - 成本 \tag{3.2}$$

经济学中研究自利的生产行为就是以利润（盈利）作为出发点的，“利润”与“生产行为”的关系就好似“效用”与“交换行为”的关系一样。交换行为要求自利消费者的效用达到最大，而生产行为同样要求自利生产者的利润达到最大。这种对消费者与生产者的最大化要求是微观经济学研究的一个出发点，它们被称为“理性人假设”。

理性人假设

从大概率意义上来讲，消费者总是要保证自己所获得的效用最大化，生产者总是要保证自己所获得的利润最大化。

需要强调的是，理性人假设是一个大概率意义上才成立的法则，这也是几乎所有经济学法则的共性。所以，这个假设可能会有不成立的时候，只不过“不成立”发生的概率很小。不过，自西蒙（Herbert Simon）提出“有限理性”以来，理性人假设常常被很多人所诟病。确实，现实世界总可以找到违背理性人假设的例子，但这个世界上大多数人的经济行为还是符合理性人假设的。那种违反理性人假设的“非理性”少数案例，通常不会影响市场的整体行为。就好像大额彩票中奖显然是一个小概率事件，这时，一个理性的人显然不会因为有中大金额彩票这个微乎其微的机会，就无节制地增加他当前的消费。假若有个人告诉别人，自己会大量增加未来开支，只是因为他刚刚买了彩票，那么任何人听了这个解释恐怕都会认为他得了妄想症。通常来说，有妄想症的人总是极少的。当然，假若一个社会中得妄想症的人数增加到一定比例时，那么就可能会影响经济的稳定了。但是，这只是一种小概率事件，发生一次的可能性极低。通常情况下，我们总是在理性人假设的庇护下生活。

不过也有学者认为所谓的“理性人”只是一种幻觉。持此类观点的代表是阿尔钦（Alchan, 1950），他认为一个人或者一个组织做经济决策时考虑的是如何才能存活下去，与是否理性地追逐利益最大化没有必然关系。例如，设想有一群傻子决定各自开加油站，一个人开在庄稼地里，一个人开在山顶上，一个人开在公路边……作为傻子而言，他们只是随机地找地方开加油站。显然，开在公路边的加油站会更容易存活下来，其他的加油站则可能会因为没有生意而倒闭，最终只剩下留在公路边的加油站。那些加油站能留存下来并不是因为经营者提前“理性”地做出了正确决策，只不过是因为这个加油站恰好建在了公路边。但是在那些不知道傻子身份的人看来，这就是理性决策的结果。

是不是有点像达尔文的“自然选择”理论？

是的，阿尔钦正是利用自然选择的思想来解释现实中观察到的“理性决策”。他认为现实中的理性是相对而言的，因为外部环境总是变化的，当前的理性决策在将来未必就是理性的，人类的决策行为只是外部环境中的“适者生存”活动。这就好比一棵树，朝着阳光一面的树叶长得茂盛，背着阳光一面的树叶长得稀疏，难道这能说朝着阳光一面的树叶是“理性”地选择了在那里发芽？我们看到的“理性结果”其实只是一个适应外部环境的自然结果而已。尽管阿尔钦的观点对我们很有启发，但是我们却无法因此去忽视现实中存在的理性人行为。事实上，正常情况下，人们无法做出最优决策往往是因为掌握的信息不够。对于一个选择问题，如果当事人掌握了足够的信息，那么做出最优决策的概率就会很大。

◆◇ 商品的供给规律

第2章推导蛋糕的需求法则时所用到的等式(2.1)就是理性人假设所导致的结果。具体来说就是，等式(2.1)源于消费者的效用最大化。同理，利用理性人假设还可以推导出企业的行为规则——供给规律[②]：

供给规律

> 从大概率意义上来讲，某种商品的价格越高，企业愿意生产并提供该商品的数量就会越多；反之，价格越低，企业愿意生产并提供该商品的数量就会越少。

与需求一样，经济学家将企业家对商品的售卖抽象为术语“供给”，而供给商品的数量则被称为“供给量”。并且与需求规律一

---

② 与第2章讨论的需求规律一样，供给规律成立也要求在“其他条件不变”的情况下。比如宋徽宗的存世书画有限，所以哪怕他的书画价格大幅提升，其书画的市场供给量也并不会因此而增加。

样,供给规律只是给出商品价格和商品供给量的一个变化趋势,它并不由一个统一的函数来描述。对于不同的商品,其供给规律将由不同的函数来描述,不过,总的来说,随着商品价格的增加,商品的供给量会增加。如图3.1所示,商品价格为50的时候,供给量为50,而当价格上升到80时,供给量也同样上升到了80。

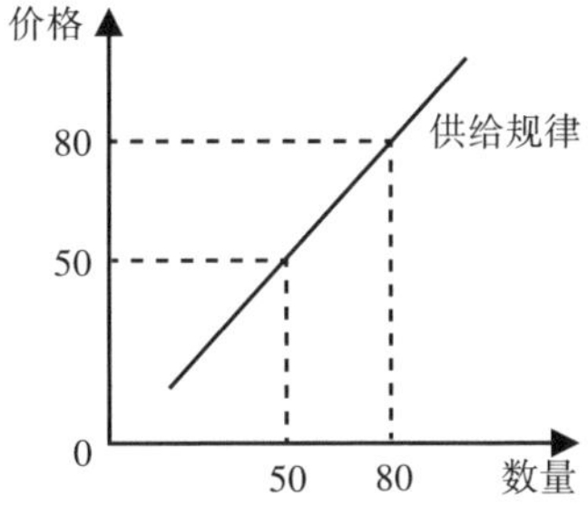

图3.1 ◆ 供给规律

在推导供给规律之前,读者需要先随笔者走一小段路程。这段路程的第一步就是理解"边际"的概念,这一概念在第2章中其实已经涉及了,那就是"边际效用"。本章将把边际概念用到生产行为上。在第2章中我们已经知道,"边际效用"指每增加一个单位的商品消费所带来的效用增量。现在我们按同样的道理来理解一下"边际产量"和"边际成本"。

显然,生产是需要有相关生产要素投入的,一般来说,有多少的投入就有多少的产出。正因为这样,才有了"边际产量"的概念。所谓边际产量指的是,增加一个单位某生产要素的投入所带来的商品产量的增量。我们不妨就以工人制造汽车零件为例来解释边际产量。通常来讲,工人(劳动力)数目越多,工厂在单位时间内可以制造出来的零件数目就会越多。此时,零件的边际产量表示什么呢?它表示的就是,单位时间内,每多投入一个工人所带来的零件产量的增量。一般来说,多投入工人,零件的产量会增加,但是零件产量的增量可能减少。这是因为,如果一直增加工人,但工厂规模又是有限的,工人太多导致“人浮于事”和“管理困难”,这可能最终使得零件产量的增加越来越困难,甚至反而减产。所以,与第2章的边际效用递减法则一样,我们还有边际报酬递减法则。

经济学公理2:边际报酬递减法则

> 一定时间内,在技术及其他生产要素投入量保持不变的情况下,生产系统中一直追加投入的某种生产要素达到饱和量之后,再追加投入一个单位该生产要素所带来的产量增加量(边际产量)将减少。

与效用会服从边际效用递减法则一样,商品产量将服从边际报酬递减法则——随着生产要素的持续投入,商品的边际产量(即产量增加量)将趋于减少。有了边际产量的概念,下面进一步介绍“边际成本”的概念,如此一来就足以帮助我们推导出供给规律了。对此,首先给出成本的定义式:

$$\text{成本}=\text{生产要素数量}\times\text{生产要素价格} \tag{3.3}$$

从定义式(3.3)可以清楚地看到,所谓成本实际上就是投入生产要素所花费的价钱。天下没有免费的午餐,当我们要生产商品时,必须进行生产要素的投入,而这些生产要素的获取是有代价的,付出的代价就是成本。

那什么是“边际成本”呢?

边际成本指:每多生产一个单位的商品所耗费成本的数量(额)。

现在我们利用“边际成本”“边际产量”及“边际报酬递减法则”来论证供给规律。

首先,我们论证:在边际报酬递减法则的作用下,边际成本是随着产量增加而递增的。

为了简单起见，这里还是以工人生产零件的例子来证明供给规律，我们假设生产零件的原材料不耗费成本以及工人工资数额不变（这不会影响论证结果的普适性）。显然此时有：

$$生产成本=工人数目\times工资 \tag{3.4}$$

在工资不变的情况下，公式（3.4）意味着生产成本完全由工人数目决定，从而边际成本也取决于工人数目。由于边际成本是每多生产一个（单位）零件所增加的成本，因而由公式（3.4）可以推出"边际成本等价于每多生产一个（单位）零件所增加的工人数目"，即：

$$边际成本=增加工人数目/增加(单位)零件数目 \tag{3.5}$$

另一方面，我们知道边际产量表示每多投入一个工人所带来的零件产量增量，即：

$$边际产量=增加零件数目/增加(单位)工人数目 \tag{3.6}$$

利用公式（3.5）和（3.6）不难理解边际产量与边际成本是反比例关系，即有：

$$边际成本\sim 1/边际产量 \tag{3.7}$$

这里的符号"~"表示正比例关系。

按照边际报酬递减法则，边际产量会随着产量的增加而减少，因而由反比关系（3.7）知道，边际成本将随着产量的增加而递增。

其次，我们论证：

$$边际成本=商品价格$$

为了得到这个结论，将用到利润的定义式（3.2）：这个式子意味着利润为收益与成本的差额。现在不妨从边际上来考虑它，即考察多生产一个零件所带来的结果。显然，多生产一个零件，将导致多收获一单位利润(即边际利润)、多收获一单位收益(即边际收益)、多付出一单位成本(即边际成本)。而按照利润的定义式(3.2)则知道,多获得的利润额正是多获得的收益额减去多付出的成本额,即:

$$边际利润=边际收益-边际成本 \tag{3.8}$$

现在我们需要用到理性人假设了——生产者要保证自己的利润最大化。按此假设,利润最大化时企业的边际利润必定为0。为什么这么说呢?假如边际利润大于0,这意味着多生产一个零件,企业将多获得一单位正利润,即利润有上升空间,还没有实现利润最大化。假如边际利润小于0,这时多生产一个零件,企业将减少一单位利润,即利润处于下滑阶段,也不可能是利润最大。所以要想使得企业的利润最大化,其边际利润必定为0。这样,公式(3.8)在利润最大化时将有:

$$边际收益=边际成本 \tag{3.9}$$

由公式(3.1)已经知道:收益 = 商品价格 × 商品数量。如若商品价格对企业是外生给定的(即商品价格不由单个企业来决定,从而不随单个企业所供给的商品数量变动。稍后我们会解释这是竞争性市场的特点),这时容易理解:每多生产并卖出一个商品,将多获取边际收益——在商品价格对企业外生给定的情形下,公式(3.1)意味着边际收益等于商品价格,即:

$$边际收益=商品价格\times 1 \tag{3.10}$$

将公式(3.9)和(3.10)联立起来,便得到我们想要论证的结果:

$$边际成本=商品价格 \tag{3.11}$$

最后,我们来论证供给规律。

之前已经论证了在边际报酬递减法则的作用下边际成本是随

着产量增加而递增的,此后又在"理性人假设"和"商品价格对企业外生给定"的假设下论证了等式(3.11)。由于边际成本随产量增加而递增,公式(3.11)又表示边际成本等于商品价格,所以不难推定商品价格与产量是正比例关系,即:随着商品价格的增加,企业愿意生产并提供该商品的数量(供给量)会越多。

这里论证的供给规律并没有给出商品价格和商品供给量之间具体的函数关系,只是说明它们相互之间是正向变化的。此外,为了论证供给规律,我们还需要假设商品价格不由单个企业来决定,即对企业而言是外生的,这反映为证明公式(3.10)时假设方程(3.1)中的商品价格不随商品数量变动。这里可能有读者会疑问:既然供给规律说的是商品价格和商品供给量之间的变化关系,那么在论证供给规律的时候为什么又要假设商品价格不随商品数量变动呢?事实上,供给规律是针对整个市场的所有企业而言的,假设"方程(3.1)中的商品价格不随商品数量变动"是就单个企业而言的,稍后我们会具体讲到,竞争性市场中单个企业的规模往往很小,它所提供的商品数量相比于整个市场中的商品总量来说几乎可以被忽略不计,所以单个企业的行为很难影响商品价格的变动。当然,这是基于竞争性市场这个前提所得到的结论。

◆ 市场的分类

上面显示了论证供给规律的技巧,但值得注意的是,我们的论证必须基于三个前提假设条件:边际报酬递减法则、理性人假设、商品价格对企业外生给定。一般来说,边际报酬递减法则和理性人假设是必不可少的，但“商品价格对企业外生给定”这个假设确实是太强了[③]。事实上，就算“商品价格对企业外生给定”假设被违反，供给规律一样可能成立。更为重要的是，价格还有更深一层的含义——它是划分市场结构的重要标准。

竞争源于个人自利（理性人假设），这与利他性社会不同。按照企业的竞争属性，市场结构总的来说可以分为四类：完全竞争市场、垄断竞争市场、寡头市场、完全垄断市场。下面介绍一下这四类市场是如何进行划分的。

一般来说，划分市场结构有三个标准。

第一个标准就是规模。如果一个市场存在某企业，且其规模大到足以控制（整个）市场，那么其控制力越大，则这个市场的垄断程度就会越大；反之，如果一个市场内没有规模大到去控制（整个）市场的企业，那么这个市场的竞争程度就会相对较高。一般来说，企业对市场控制程度的大小取决于市场上企业的数量和规模。这是因为如果市场上只有少数企业，并且每个企业规模巨大，那么这些企业往往可以通过调整产量来影响和控制市场（价格）。但如果市场上有众多的企业，并且其规模都很小，那么这些企业各自为战，往往很难通过自己的行为来影响市场（价格）——因为每个企业生产的产品数量相比整个市场的产品总量实在是太小了。这时，市场中的商品价格对企业而言就是外生给定的，企业只能根据给定的价格水平调整自己供给的商品数量。

划分市场结构的第二个标准是进入市场的限制程度，即企业是否可以自由地进入或退出市场。显然，一个市场进入的限制程

③ 事实上，对于竞争性市场而言，商品价格是由市场（需求与供给）内生决定，此时商品价格被称为一般均衡价格。我们会在第5章讨论一般均衡价格，不过要理解为什么一般均衡价格是由市场内生决定的，则需要进一步阅读附录A中的材料。

度越低,就越容易进入,竞争程度也就越高;反之,如果进入限制越高,则越难以进入,市场本身的垄断程度就会越高。这在现实市场中是较为常见的,比如汽油一般都由国有企业(像中石油或中石化)进行售卖,私人不允许售卖汽油,所以汽油市场是一个进入限制很高的市场。由于缺乏私人企业进入,不能保证形成竞争,这就导致中石油和中石化等企业对汽油价格拥有足够的控制权。

划分市场结构的第三个标准是产品差别。产品差别指同一种产品在质量、外形、包装、品牌、服务等方面的差别。比如,同样是汽车,福特与兰博基尼由于质量与品牌等关系,前者肯定会比后者便宜。事实上,产品的独特差异往往会造成特殊的行业垄断,从而导致企业对价格拥有控制权。

按照这三个标准我们就可以划分出四种市场类型,见表3.1:

表3.1 ◆ 市场的分类

市场类型	厂商数量	产品差别程度	对价格控制程度	进入市场的难易程度	接近的商品市场
完全竞争	很多	无差别	没有	很容易	农产品
垄断竞争	很多	有差别	较小	比较容易	零售业
寡头垄断	很少	有差别或无差别	较大	比较困难	汽车制造
完全垄断	一家	不可替代	很大	不可能	公用事业

由表3.1不难看出,市场有两个极端的情况:完全竞争和完全垄断。这两类市场在现实中很罕见,现实市场大多都是垄断竞争或者寡头垄断市场。从竞争的程度来看,完全垄断、寡头垄断、垄断竞争、完全竞争,其竞争程度是逐渐递增的,并且完全竞争是一种极端的竞争模式。在现代经济学中,完全竞争是一种理想化的市场模式,它的一个标志性特征就是商品价格对企业是外生给定的,从而每一个企业只能根据给定的价格水平调整商品产量。前面

关于供给规律的论证就是基于商品价格对企业外生给定，这其实正是完全竞争市场的理论分析模式。但是现实市场中，商品价格往往并不是精确不变的，它会在不同企业间发生潜在的波动。如果市场中许多企业生产同一种商品，它们各自定的价格不相同，但价格差异的幅度却不大，那么这就是垄断竞争的特征。垄断竞争跟完全竞争很像，它描述市场竞争程度很大的情形，但是又不像完全竞争那样过于理想化以至于价格不能在企业间有丝毫的波动。

除此之外，对于生产同一种商品的不同企业，它们各自的定价会不会出现极大差异的情形呢？当然会，这就是寡头垄断。从下面星巴克的例子④，我们可以对其了解一二。

星巴克咖啡的价格

20世纪90年代初，星巴克的领导者有一个愿景，就是将咖啡卖到5美元一杯。那时候市面上一杯咖啡的平均价格是50美分，5美元是完全不可想象的。

星巴克的领导者们是怎么做到的呢？在一次头脑风暴的会议里，他们将咖啡杯比作一个盒子并在上面标注5美元，然后他们就开始想，需要往这个盒子里加入什么东西，好让这个价格对顾客来说物有所值？他们认识到为了让人们乐意花5美元购买一杯咖啡，需要创造一种完全不同的消费体验，需要提供更好的超乎常规的东西。为了让5美元物超所值，他们把咖啡厅装修得非常舒适和优雅，不光配上皮沙发，还有熊熊燃烧的壁炉，他们提供数十种高品质的咖啡供顾客选择，顾客点单后只需要几分钟就可以做好。由于感官体验、品质服务与时间上带来的价值，尽管一杯咖啡5美元，顾客在心里却认为每一分钱花得都是值得的。

---

④ 星巴克的例子源自《商界评论》的一篇文章——毕晓普，往盒子里扔创意[J]. 商界评论，2010(9)。

星巴克的例子显然不属于完全竞争或者垄断竞争的范畴，它定制的咖啡价格远高于市场其他咖啡的价格。咖啡本来是一种大众消费品，制作它的准入门槛并不高，因此按照常理，它的定价变化幅度应该不会很大。但是从星巴克的例子我们却看到，由于在制作和售卖咖啡的过程中，星巴克的领导者将环境、品质和时间服务等无形的生产要素加入咖啡产品中，导致星巴克咖啡已经不是普通意义上的“咖啡”。换句话说，星巴克的咖啡已经蜕变成为一个品牌，从而使得它的定价可以非常高。对价格的控制促使星巴克脱离了垄断竞争的范畴，进而成为寡头垄断的企业。所以一个企业要想使得自己的产品摆脱过度竞争的情形，从而使自己的产品价格在市场中占据一个高位，那么就必须做到让自己的产品与其他同类产品显著地区别开来，也就是产品差异化。如果您的产品可以定制到一个远高于同类产品的价格，并且被顾客所接纳，那么您就脱离了完全竞争与垄断竞争的泥潭，从而可以获取到更高的利润。

在这一章中，尽管我们已经介绍了生产行为，但是对于生产活动的主体——企业，并没有太多的涉及。作为生产活动的主体，了解企业的性质对于更深入地理解生产行为是很重要的。为了理解企业，我们需要介绍一个非常重要的观念——产权。

4 为什么会有企业

战国时,滕国的国君滕文公曾求教于孟子如何才能保证国泰民安。孟子答曰:“民之为道也,有恒产者有恒心,无恒产者无恒心;苟无恒心,放辟邪侈,无不为己。”[①]在孟子看来,百姓只有长期地享有自己对财产的所有权,才能定下心来安居乐业,如果觉得朝不保夕那么就会只图眼前利益,从而胡作非为。这种“制民恒产”的思想不仅体现了孟子“仁政”的主张,也表明在先秦时代“产权”思想已萌芽。不仅如此,孟子甚至还领悟到产权对于稳定经济的重要作用。当然,孟子的产权理念还停留在小农经济的先秦时代。从现代产权理论来看,不同的产权设计可能对于激励经济发展具有不可忽视的作用。

明朝洪武二十一年,太祖朱元璋指示,全国范围内人民纳税实物不入仓库,直接供应于军士家庭,而军士则不再发给军饷。在黄仁宇(2014)看来,朱元璋的这一举措,对于明朝经济的发展危害极大。如果军需税收总收总发,那么国内交通通信业、银行业、保险业则会应运而生,同时相关的商业组织和法律也会有所发展。如

① 出自《孟子·滕文公上》。

此一来，各地就可以互通有无、分工合作，各个行业也会发展起相应的生产技术。黄仁宇(2014)认为，如果历史的车轮真能按照这个方向前进，那么明朝未必不能像同时代的西欧各国和19世纪德川幕府末期的日本那样发展出资本主义经济。

为什么黄仁宇认为各类行业与商业组织的形成会有助于经济的发展呢？这就不得不从生产活动中的主体——“企业”说起。

它是如何形成的？

◆禀赋、分工与匠人

第3章已经指出，生产的一个很大目的是交换，所以为了理解企业的本质我们仍旧需要回到交换这个话题。人类之所以会愿意交换，是因为人类对物品的需求是多样化的，几乎没有人会终生只消费一种物品。人类最早对物品的交换源自生存的需要，而随着生存需求的解决，人类开始交换其他物品。比如，像第1章中面包师与裁缝之间的交换就属于生存的需要，面包师需要得到衣服来抵御寒冷，裁缝需要面包来填饱肚子。此时一个疑问出现：不管是面包师还是裁缝，其实都可以既制作衣服又生产面包，何必非要进行交换呢？这实质上触及了经济学中一个非常独特的地方——人类的天赋是不同的。中国有句谚语“龙生九子，各有不同”，大自然好似为人类提前准备好了各自的禀赋，从而使得每一个人总会有他更擅长的本事。一个人在其擅长的领域从事工作则事半功倍，在其不擅长的领域则事倍功半。而人类天赋的不同，与其早期的社会演化可能存在一定的联系。比如，有学者就从自然选择的视角对人类禀赋的不同提供了一个启发式的解释(赫拉利，2014)。

人类禀赋不同的演化论观点

人类远古的祖先经过数百万年的演化从四肢行走发展为直立行走，这对妇女造成了一定的负担。因为直立行走需要让臀部变窄，从而使产道宽度受限，另外，由于脑容量的增加，婴儿的头还越来越大。于是，分娩死亡成了女性的一大风险。如果可以在婴儿的大脑和头部都还比较小，也比较柔软的情况下进行分娩，那么这位母亲将有更大的机会渡过难关，从而可能在未来产下更多的后代。于是，自然选择就让那些提前分娩的女性更容易存活下来。与其他动物相比较，人类可以说都是早产儿，出生时许多重要器官的发育都还不够完善。对比非洲草原上的羚羊和角马，它们刚出生没多久就可以小跑步，从而躲避掠食者。相较之下，人类的婴儿很多年都会在父母的庇护之下生活。但也正由于人类出生的时候尚未发育完全，比起其他的动物，其行为方式也就更可能被社会环境所改变。大多数哺乳动物脱离子宫的时候，就像是已经烧制好的陶器出了窑，再想进行大的雕琢就很难了。然而，人类脱离子宫的时候，却像是刚揉成团的泥巴，可以任意捏成各种形状，可塑性高到令人叹为观止。正因为此，社会关系、生活环境甚至是一些细微的生活习惯可能都会对人类婴儿的禀赋带来根本性的改变。

——采编自《人类简史》

因为人类具有不同的天赋，所以不同的人在大自然中生存犹如八仙过海，各显神通。面包师的天赋可能并不在制作衣服上，在相同的时间里，他所制作的衣服质量总是赶不上裁缝，很可能还没有熬过寒冷的冬季衣服就提前损坏。一个人的时间又总是有限的，面包师如若将精力放在制作衣服上，那么他生产面包的时间将被大大压缩，从而使得他生产出来的面包数量大为减少。为了让面包师可以生产更多的面包，以及裁缝可以缝制更多的衣服，最好的办法就是让他们各自专注于做一件事,这就是分工的产生。人类各自先天禀赋的不同就注定了他们产生分工的可能。这里的面包师和裁缝其实就是最简单的企业形式——个体户,他们投入生产要素生产各自的产品(面包和衣服)。值得注意的是,在生产的过程中,生产要素绝不仅仅只限于生产面包或者衣服的原料(比如面粉和布料),还包括了面包师和裁缝的"天赋",也就是说一个人的先天禀赋也是一种生产要素。所以,在一个行业里具有好的个人禀赋的人,在同等其他生产要素的投入下,可以生产出更好质量的产品(导致产品差异化),从而其产品在市场竞争中处于优势,以赢得更多的消费者来购买自己的产品,获取更多的收益,进而淘汰其他产品质量较差的竞争者。正是因为这个原因,在市场竞争的过程中,自然选择促使那些具有各自禀赋优势的人选择适合自己的行业从事生产,否则就更容易被市场所淘汰。

如此一来,分工的制度环境为匠人的出现提供了更好的成长土壤。一生只做一件事,然后做到极致,这就是一个匠人所信奉的价值品格。匠人追求极道的意义不仅在于一个人生来就拥有天赋,每天都比其他人更加努力,而且还在于能够坚持足够长的时间,直到把这件事情做成奇迹。正因为匠人追求精益求精的品质和卓越的创造精神,他们成了市场经济中推动人类文明进步最重要的动力。

◆ 什么是产权

不过,仅仅生产产品是不够的,不要忘了生产还有一个目的是交换。假如世界上只有面包和衣服两个行业,面包师和裁缝分别生产出了面包和衣服,但却不相互交换,那么他们谁都没有办法生存下去(想象一下面包师没有衣服穿,裁缝没有面包填饱肚子的窘境)。但是他们为什么可以交换呢？这又触及一个很重要的问题:面包师和裁缝为什么可以被允许相互交换面包和衣服？显然,那是因为我们预设面包师生产出来的面包属于面包师,而裁缝生产出来的衣服属于裁缝。如若深入地进行思考,则会发现其中的道理远没有那么简单。这其实涉及经济学中一个非常重要的观念——产权。

产权本质上是一种法律属性的经济学观念,它以法律的形式限定了对合法物品的所有权、占有权、支配权、使用权、收益权和处置权。在面包师和裁缝的例子中,如果面粉的产权属于面包师,布料的产权属于裁缝,那么他们各自拥有对面包和衣服的产权吗？显然不是。我们还要考虑到他们各自的先天禀赋是否属于自己。如果面包师和裁缝拥有对各自能力(包括禀赋)的产权,那么我们就可以说他们各自拥有面包和衣服的产权,从而可以进行交换。在这里我们看到,物品交换发生的前提是对交换物品产权的界定。只有生产物品所投入的所有生产要素的产权都归生产者所有时,生产出来物品的产权才归生产者所有。比如,在奴隶社会中,奴隶整个人的所有权都属于奴隶主,那么奴隶努力生产出来的产品的所有权是属于奴隶主的,从而导致奴隶相互之间无法交换自己生产出来的产品。因此,在市场经济中进行物品交换,首先需要确定好各种物品的产权,否则交换就无法进行。而为了尽可能大地释放出市场的力量,显然需要每一个人都拥有对自己能力的所有权,也就是说,市场经济中的人需要是“自由”的。所以我们往往把真正的市场经济称为“自由市场”。假如市场中的生产者不具有对自己能力的支配权，很难想象他会积极地从事生产：既然生产出来的产品不属于自己，又何必那么卖力？只要有一个人在生产过程中怠慢，那么市场的效率就不可能达到最大，因此为了最大地激发市场的活力，每一个人对自己身体和能力的支配权是必须的。

◆ 交易的成本

前面已经指出产权是交换的前提，但是我们仍旧没有考虑到交换行为本身是否会产生成本。第3章讲到生产是有成本的，只有生产出来的产品出售后的收益减去生产的成本才是所得的利润。那么商品交换行为本身是不是也应该有成本呢？

确实如此。在现实生活中可能会遇到这样的场景。您想要购买一件商品，比如一台电脑，但出售电脑的商店离您的位置较远，需要搭乘出租车，结果在到达商店并买好电脑之后却发现除了电脑的售价之外，还多付出了搭乘出租车的费用。这多出来的费用就是交易费用，它是您在支付商品的价格之外所多增加的与商品价值无关的费用。还有一种情形就是，您想购买电脑，却不知道哪家商店的产品更好，如此一来就会多跑几家商店，最终找到满意的商品。多跑几家商店所产生的交通费甚至时间成本，就成了您的交易费用之一。所以交易费用是一个非常广义的概念。

交易费用

交易费用是指在完成一次物品交换时，交易双方在买卖前后所产生的各种与此交换相关的成本，该成本与交换物品本身的价值无关。

如果只是像面包师和裁缝那样的个体户，交易费用的存在不会带来太大的麻烦。但是现实世界显然不会只有这样两种简单的行业存在。特别是在工业革命之后，产品的工序越来越复杂，并涉及多个行业。就以移动手机这种日常商品为例，它涉及基本原材料的定制、芯片供应、通信设计等多个工序。这些工序涉及多个行业，比如手机外壳设计是一个行业，芯片制造是一个行业，通信设计是一个行业……要制造出手机，至少需要三个行业通力合作（现实中的手机行业会划分得更细）。这是因为手机才是最终需要的产品，不管是手机外壳、芯片还是通信技术都是手机的组成部分。而这三个行业的"合作"就是把各自生产出来的产品组装到一起，但是它们会自发组织做这件事情吗？当然不会。它们的"合作"不过是将产品卖给手机终端制造者。显然，手机终端制造本身就是一个行业，它直接面向手机消费人群。但是在这个过程中，我们也注意到对于手机外壳、芯片与通信技术所属的三个行业来说，手机终端制造者不也正是它们的消费人群吗？是的，正是这样。现实市场中，行业与行业之间相互协作本质上是供给与需求的关系，它们的合作只是相互交换生产出来的产品而已。所以哪怕只是手机制造也涉及多个行业之间的交换与生产。这远比面包师和裁缝复杂得多，相比之下，后两者只是大千商业世界中一个微小的缩影。

现在，一个有趣的问题出现了。面包师与裁缝都是"个体户"，但现实中我们看到的还有华为、三星等制造手机的大企业，这些企业没法被看成个体户。为了解释这些大企业的出现，就要回到交易费用（交易成本）的概念了。与生产行为需要耗费成本一样，商品交换也是有成本的。就算是在只有面包和裁缝这样两个行业的简单世界里，面包师也可能会为了寻找一家衣服质量更好的裁缝店而花费比衣服价格本身更多的费用——也就是交易费用。同样道理,手机制造涉及的众多行业也会如此。设计手机外壳的商家、制造芯片的商家、通信设计的商家在将自己的“产品”卖给手机终端制造者的时候,都会有交易费用。那么他们能不能不卖呢?肯定不行。因为只有手机终端制造者才能利用这些“产品”制造出手机,而手机才会产生最大的价值。从这个意义来说,这四个行业是相互交织、唇亡齿寒的。但是在相互交换商品的过程中,他们发现,由于每次商品交换都需要谈判、下订单、签署协议等烦琐的流程,因而花费了大量的额外成本。结果有一天,四个行业中(各自)的代表企业猛然意识到,如果它们组成一个整体,并且相互之间不再签订那些多余的繁文缛节,那么就可以节省更多的成本了。也就是说,四个行业中的代表企业为了降低交易费用,组合成了一个更大的企业。在这个过程中,由于它们降低了交易成本,在相同的其他成本投入下就会大幅提升利润,从而比那些各自为战的企业在市场竞争中更容易存活下来。在这样的市场竞争之下,其他的企业竞相效仿,不效仿的企业则被市场所淘汰。所以我们现在看到的各种大型企业有别于个体户,其实都是为了节约交易成本相互组合而成的。

讲到这里,可能有人会问:既然如此,干脆让市场上所有的企业都组合成一个大企业从而取代市场岂不是更好?那市场还有存在的必要吗?

前面对手机制造企业进行解释的时候,我们注意到不管是手机外壳设计、芯片供应还是通信设计都是制造手机这个活动的前提,没有前面三个流程就不可能制造出手机。假如非要把裁缝店硬塞到手机制造企业中,以至于手机制造企业既要负责生产和销售手机还要负责生产衣服，结果却发现销售管理的过程中需要更多的人力成本。想象一下，假如您经营一个企业时既负责生产手机又负责生产衣服，是不是会耗费更大的精力来进行管理？这其实意味着将裁缝店并入手机企业所导致的交易费用可能会远高于它们不合并时所产生的交易费用，以致增加了成本、降低了利润，从而不利于市场竞争。所以，现实市场中的企业不可能无限地合并以代替市场，因为各个企业和行业之间的依存关系有着亲疏之别，只有那些关系更为紧密的企业进行合并才可能降低整体的交易费用。

那么企业相互合并成为大企业的“边界”是什么呢？

这个“边界”就是那些企业合并起来从事生产和销售所耗费的交易费用刚好等于它们不合并起来所耗费的交易费用。从这里的分析可以看到，首先是因为企业与企业之间在交换与生产关系上存在亲疏差别；其次是交易费用的存在使得市场为了降低交易成本而自发催生出不同规模的企业，从而使得我们在现实中看到各种大大小小的企业。现在回过头来看黄仁宇对明太祖朱元璋军需税收政策的批评，就可以理解为什么他认为军需税收总收总发，那么国内交通通信业、银行业、保险业则会应运而生。这其实是受到现代产权观念的影响，在黄仁宇看来，当军需税收总收总发时，在分配军饷的过程中，为了降低交易费用，国内交通通信业、银行业、保险业会自动分化产生，从而形成各个不同规模的企业。而在第3章，我们已经提到企业是优化资源配置的一种机制，由此便不难理解为什么各类行业与商业组织的形成会有助于经济的发展。当然，黄仁宇的观点只是从现代产业组织的视角去看待14世纪时的中国，笔者不对这种观点做过多的评论，留待读者自己去思考。

现在可以总结一下本章的观点了。由于社会演化的特殊原因,造就了人与人之间具有不同的先天禀赋。一旦每个人拥有了自己能力与禀赋的产权之后,那么人与人之间的交换就开始了。这是因为人们之间的禀赋是不同的,为了避免在市场中被淘汰,一个人需要寻找到适合自己的行业专注地从事生产,从而尽可能多地生产商品,以换取更多的其他商品去满足个人效用的最大化。这就是分工的产生,它导致最早的企业——“个体户”形成,这种企业往往是以家庭为单位的。以个体户为单位的企业相互之间进行交换时,为了降低交易费用,它们中的一些会相互合并为更大的整体,也就是大型企业。所以简单来说,从社会演化赋予人类不同的禀赋开始,就注定了分工的形成,这导致个体户企业出现,由于分工、生产后需要交换,而交换具有成本(交易费用),这又促使个体户企业相互进行合并从而形成各种不同规模的企业。

按照这个推理,如果交换是没有成本的,即没有交易成本,那么我们在市场中应该看到的是清一色的个体户,而不会有那些大型企业存在。确实如此,如果我们只考虑理想的竞争市场,而忽略掉交易费用,那么这个市场中就会只存在以家庭为单位的个体户企业。这个结论,我们在第6章介绍“点对点”经济时会使用到。

5 如何就资源分配达成共识

先秦时代的思想家如孔子、墨子等,曾思考过是否存在一种社会制度可以帮助实现人人都满意的利益分配。在那个时代,这样的设想注定只能是一种乌托邦式的幻想。但是,近代市场经济出现后,人们发现这种新的社会组织模式可以使大家在资源的分配上更加公平合理。那么市场经济可以帮助社会成员达成人人满意的资源分配吗?这就是本章将要讨论的话题。

但在此之前,我们先回到第2章曾抛出的一个问题:交换可以保证“社会化分工与合作”的实现吗?

实现“社会化分工与合作”意味着社会成员愿意到自己最擅长的领域从事生产。如此一来,社会分工将导致大量的行业出现,不同天赋的人进入不同的行业,然后从事生产。但是在这个过程中,没有交换是不行的。比如在一个只有裁缝和面包师的世界里,他们要是不进行交换,生存都会成问题。因此,严格来讲,第2章抛出的那个问题其实是说:引入交换可以保证不同行业中从事生产的社会成员在资源的分配上达成合作共识吗?这就好比大家提前说好自愿到不同的行业中从事生产,等生产完成之后再相互交换自己想要的商品，并且人人都对最终的分配结果满意。这种“自愿性”可以被看作“合作共识”的形成。社会不同行业的大范围合作共识实际上可以联系到经济学中的“一般均衡”概念。不过，哈耶克（2000）更喜欢将这种大范围合作共识的形成称为“人类合作的扩展秩序”。

所以，为了理解什么是资源分配的合作共识，我们需要介绍均衡的概念。

◈ 讨价还价的“竞争均衡”

第2章论证了消费者的行为“需求规律”，第3章论证了生产者的行为“供给规律”。我们考察一下将需求规律与供给规律放在一起会发生什么事情。根据需求规律，消费者对商品的需求数量与商品价格成反方向关系变动，即价格越低，消费者对商品的需求量就会越多；而根据供给规律，厂商对商品的供给量与商品价格成正方向关系变动，即价格越高，厂商供给的商品数量就会越多。这意味着买者希望商品的价格更低，而卖者希望商品的价格更高。所以在市场上，会有两股“力量”相互较量，彼此拉锯，这非常像物理学中力学系统发生的事情。正因为如此，英国经济学家马歇尔将力学中的“平衡”概念引入经济学中，他把经济世界中的这两股“力量”分别叫作“供给”和“需求”，并认为供给与需求终将达至“力的平衡”——供给量与需求量相等。马歇尔把这种供给与需求间的平衡称作“均衡”。具体来说，由于需求规律，买者总希望商品价格更低一点，又由于供给规律，卖者总希望商品价格更高一点，所以最终买者与卖者会商议一个彼此同意的价格。由于这个商议的价格既不会再升高也不会再降低,所以被叫作“均衡价格”。如图5.1所示,由于供给规律是递增趋势,而需求规律是递减趋势,它们一定会相交,这个交点就是“均衡”。而交点所对应的价格50就是“均衡价格”,所对应的商品数量50就是成交量。

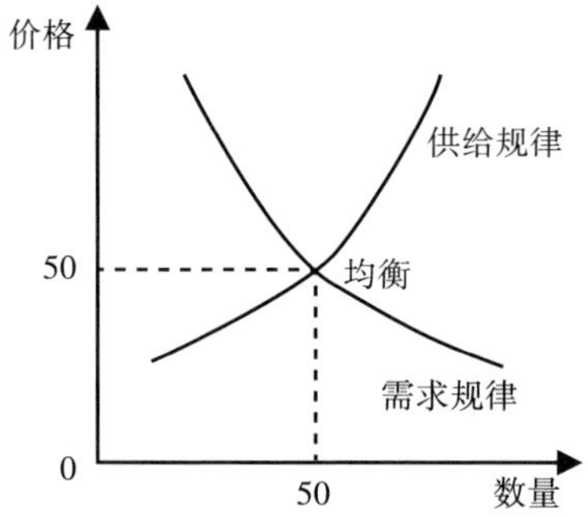

图5.1 ◆ 竞争均衡

一般来说,如果需求规律与供给规律都成立,则商品价格最终会停留在均衡价格。下面可以很容易地论证这一点。对此不妨假设商品价格比均衡价格低。由于商品价格小于均衡价格,此时供给量与需求量必定不相等。显然,因为商品价格较低,消费者满意而厂商不满意,所以消费者会需求更多的商品,而厂商会减少商品供应。这意味着市场上商品的需求量比供给量要多,即“供不应求”,所以一部分消费者为了保证能够买到商品,将愿意提价,而那些不愿意支付高价的消费者会选择退出购买活动,最终价格将上涨到那些愿意支付高价的消费者购买完生产出来的商品为止。在我们的论证中,如果商品价格小于均衡价格,那么总会有一部分消费者愿意提价,这是因为市场正处于“供不应求”的状态。此外,商品价格不可能提升到均衡价格之上,因为如若商品价格比均衡价格高,则商品供给量会大于需求量(部分不愿意购买高价商品的消费者会选择退出购买),即“供大于求”,此时总会有部分厂商的商品卖不出去。而为了保证市场中的厂商都能够卖掉商品，一部分厂商愿意降价销售，不愿意降价的厂商则退出生产活动（市场），所以商品价格最终会停留在均衡价格上。我们在现实市场中看到的“讨价还价”现象正是如此一个类似的过程。

以上讨论只是对一种商品而言，这种商品所对应的市场可以被称为一个“行业”。一般来说，有多少种不同的商品就有多少种不同的行业。并且，前面的论证隐含假设了市场中有众多的消费者与众多的厂商，否则我们的论证很可能不成立。根据第3章的讨论，我们已经知道“厂商数量众多”这一条件将剔除掉完全垄断市场与寡头垄断市场的情形[1]。事实上，这个条件非常必要，因为讨论市场均衡几乎总是基于竞争性市场（完全竞争市场或垄断竞争市场）。但需注意的是，这并非是说寡头垄断市场与完全垄断市场不存在均衡价格，只不过我们无法证明其一定存在均衡价格。但对于竞争性市场来说，上面的论证暗示均衡价格应该总是存在的。所以凡是本书讨论均衡的地方，将总是以竞争性市场为背景来展开，并且我们假设在这类市场中，理性人假设、边际效用递减法则、边际报酬递减法则等假设总是成立。

◆ 作为社会合作共识的“一般均衡”

细心的读者可能会发现，上面的论证只是针对一种商品而言。即消费者与生产者只是就一种商品进行讨价还价，并最终达成均衡价格的协议。但是现实世界中显然有难以计数的商品种类，消费者与生产者可能并不会纠结在同一类商品上。比如，A君想要去

---

① 见第3章中的表3.1。

买马铃薯(实在不行就换成买红薯)做薯片,但如果马铃薯商户将马铃薯价格定得比红薯高很多,A君很可能就不会非要买马铃薯,而会转去买红薯。同样,如若消费者心理上接受马铃薯价格要是比红薯低很多,马铃薯商户很可能就会放弃种马铃薯而转去种红薯。在这样的情形下,我们前面关于均衡价格存在性的证明似乎就不能得到保证了,比如假设存在两个行业(马铃薯行业和红薯行业),其中消费者全都去买红薯,但却有一部分商户种了马铃薯,这时马铃薯市场就不会达到供需平衡的均衡状态。并且这还只是存在两种商品的情形,如果是商品种类繁多的社会,所有商品的供需均衡是否存在就更加难以梳理清楚。

事实上,我们前面讨论的处理一种商品均衡价格的情形是马歇尔所开创的,这种情形只涉及一种商品,从而也只涉及一个行业。正因为马歇尔的均衡价格只适合一个行业的情形,并不具有社会行业的大范围属性,所以马歇尔讨论的均衡也被称作"局部均衡"。对于存在多个商品种类的情形,马歇尔局部均衡的讨论是无效的,但是一位叫瓦尔拉斯的经济学家却开创了研究此类情形的方法。瓦尔拉斯将多个行业同时达至均衡的状态称作"一般均衡"。当然,瓦尔拉斯本人一开始在证明一般均衡存在性时所使用的数学技巧是有缺陷的。直到20世纪50年代,才由阿罗和德布鲁一同给出了一般均衡的严格证明。而阿罗和德布鲁证明一般均衡存在性的前提假设就是竞争性市场。在本书的正文部分,笔者并不给出一般均衡存在性的证明,因为这会用到极具技术性的数学方法。不过在本书的末尾,笔者准备了一个篇幅较短的附录A,可供对一般均衡存在性证明感兴趣的读者阅读。

尽管这里并不给出一般均衡存在性的证明,但我们仍旧可以简单解释一下一般均衡的精妙思想。第2章已经讲到,所谓需求规律,是消费者在有限财富约束下对不同商品种类进行选择所导致的结果,选择既是基于消费者对不同商品的效用,也是基于对不同商品价格便宜程度的考虑。而第3章的供给规律是基于给定价格,厂商选择恰当的商品进行生产以保证自己的利润最大化。这时不光消费者可以选择购买商品,厂商也可以选择到底进入哪个行业去生产该行业的商品。只有当每个消费者都对自己选择购买的商品满意,每个厂商所赚取的利润都是最大,并且各个行业(市场)都不存在商品供给剩余时,我们才把这种"人人都满意"的状态称作一般均衡。由于消费者和厂商都对一般均衡中资源的分配方式满意,我们可以说社会成员对资源分配达成了"共识",因此一般均衡也可以被理解为社会的合作共识。下面是对一般均衡较为详细的定义。

一般均衡

每个消费者都在给定价格下出售自己所拥有的生产要素,并在各自的收入预算下购买商品来使自己的消费效用最大化;每个企业都在给定的价格下购买生产要素以生产商品并出售,从而使得自身的利润最大化;每个市场(包括产品市场和要素市场)都在这套价格体系下达到总供给与总需求刚好相等。当经济具备上述这样的条件时,就是达到一般均衡,这时市场中生产要素与商品的价格就是一般均衡价格。

从一般均衡的定义不难看到,在整体市场上(包含所有可能的行业)消费者与厂商实际上既是供给者也是需求者。比如当消费者提供生产要素(如劳动力)给厂商时,厂商是需求方,而当厂商提供商品给消费者时,消费者又成为需求方。所以从整体市场来看,消费者与厂商之间的地位是相对而言的。仔细想来,一般均衡状态还是比较复杂的。因为此时消费者要找到使自己和厂商均满意的生产要素价格并出售生产要素，而厂商要找到使得自己和消费者均满意的产品价格从而出售该产品，并且不管是生产要素还是产品都不能浪费。我们似乎很难想象一定会存在这样一组生产要素和产品的价格，它可以保证消费者和厂商均满意，并且社会还没有浪费。事实上，正是因为一般均衡的复杂性，才导致经济学家们历时近80年才最终证明了它的存在性。值得提及的是，最早阐述一般均衡思想的经济学家并非瓦尔拉斯，而是自由市场学说的开创者亚当·斯密。只不过由于一般均衡概念本身的复杂性，亚当·斯密没有办法精准地去描述它，所以才代之以"无形之手"进行类比。

亚当·斯密"自由市场理论"的中心思想是：看似杂乱无章的自由市场实际上极具自我调节机制，它会自动倾向于生产社会最迫切需要的商品。例如，如果某种需要的商品供应短缺，其价格就会自然上升，价格上升会使厂商获得更高的利润，而高利润会驱使其他厂商也想生产这种商品。如此一来，该商品数量的增加便会缓和原来的供应短缺，而随着各个厂商之间的竞争增加，供给的增长会使商品的价格降到均衡价格。在这个过程中，谁都不是有目的地通过消除商品短缺来帮助社会，但是商品短缺问题却被解决了。用亚当·斯密的话来讲，每个人"只想得到自己的利益"，但却像是"被一只'无形之手'牵引着去实现一种他根本无意要实现的目的……他们促进社会的利益，其效果往往比他们真正想要实现的结果还要好"。这可能是亚当·斯密在其所处的时代局限下对一般均衡状态所能做出的最好表述了，它给出了一种"社会合作共识"的新模式。这种合作并非个人主动意愿，而是被一种"群体意识"所牵引。

在第13章中，我们将会深入讨论这只“无形之手”——它体现了人类的某种群体智能。

◆ 新古典学派与奥地利学派之争

自由市场学说自被亚当·斯密提出伊始，就赢得了学界的广泛认同，并延续了100年之久。不过在19世纪末的时候，情况发生了变化。在那个时候，形成了以门格尔为首的“奥地利学派”和以马歇尔为首的“新古典学派”分庭抗衡的局面。马歇尔自认为袭承了亚当·斯密古典经济学精神，提出以供给与需求达至“均衡”的思想来诠释亚当·斯密的“无形之手”。而门格尔否认“均衡”，认为“自发秩序”才是“无形之手”的最好诠释。其实马歇尔和门格尔的学说皆有其精妙之处。马歇尔的学说在于引入数学分析来描述自由市场，提出基于理性人假设的消费者效用最大化和厂商利润最大化方案来分别刻画交换和生产行为，并论证该方案存在均衡。而门格尔的学说主要集中在人类经济活动的自发演化上，并认为经济行为是人类为了提高经济效率的一个自发性活动——比如货币制度的产生就是如此②。在两派看来，经济社会的均衡或者自发演化皆需要政府对私有产权的合理保护。

---

② 经济学界一般认为，“自发秩序”思想源自休谟（David Hume）、弗格森（Adam Ferguson）、亚当·斯密（Adam Smith）等苏格兰启蒙运动代表人物——他们认为自发秩序是“人类行为的结果，而非人类设计的结果”。门格尔（Carl Menger）继承和发扬了这种思想，他将货币的起源当作是自发秩序的典范：交易行为的发生要求交易双方都彼此需要对方手里的商品，如果不是这样，那么交易就不能发生。如此一来，人们就需要揣测其他人偏好什么商品。最终那种能够满足更多人偏好的商品从众多商品中脱颖而出，大家都愿意拥有它，这就是交换中介物——货币。人们并没有想到去设计一种“货币”，但货币自然而然就产生了。

门格尔和马歇尔之争并没有什么结果，所以争论的延续自然落在了其弟子或者门徒身上。马歇尔有一位大名鼎鼎的弟子——凯恩斯，不过这位他所钟爱的弟子并没有完全继承其衣钵，而是对其“新古典经济学”进行了整改，并创立了极具影响力的“宏观经济学”。凯恩斯认为新古典经济学的“均衡”仅仅依靠自由市场的“分工”与“交易”并不那么容易实现，但如若政府介入，情况将大为改观：政府可以利用财政政策和货币政策来协助市场趋近均衡。门格尔也有一位非常有名的门徒——哈耶克，这位门徒可以说真正将门格尔的思想发扬光大，并深深地影响了20世纪世界经济的走向。哈耶克继承了门格尔的衣钵，并将门格尔的经济演化思想加以扩展，从而提出“自发社会秩序”的理念（哈耶克，2000）。哈耶克认为自由和私有产权是市场运行的关键，如果自由与私有产权得到政府的合法保护，那么市场将形成自发秩序。哈耶克进一步认为经济危机其实是市场纠正经济内部“资源错配”的一种自发行为，危机对经济的影响就好比一场感冒对人体的影响。

在延续门格尔和马歇尔的这场争论中，哈耶克与凯恩斯可谓是应时代而生，他们两人将这场争论引向了20世纪世界经济格局的未来。凯恩斯奉行政府可以协调市场趋近均衡的理念，哈耶克奉行自发秩序的理念，而他们两人恰好遇到了最佳时间——1929年世界经济危机。在这场历史上规模最大、影响最为深远的危机中，凯恩斯的“干预主义”理论最终赢得了西方众多大国政要的青睐。尽管哈耶克似乎在这场争论中成了“输家”，但他对凯恩斯经济学的批评却深深地影响了人类对经济社会运行的认识。哈耶克认为凯恩斯的经济学奉行政府干预，但是任何的干预行为执行前皆需要制订“计划”，而做“计划”前首先需要收集“信息”，可是政府是不可能收集到所有信息的,所以政府的干预行为往往会从"错误"的出发点开始,当然很可能就会以"错误"的结果来收场。哈耶克进一步争论:由于信息散布于市场不计其数的人群中,计划者想要精确地收集到所有信息,所付出的成本将是巨大的,甚至可能超出了社会收益的总量。但是假如让市场自由运行,政府不加干预,散布于市场中的信息将由于人与人之间的互动而最终反映在商品"价格"上。

具体来说,市场活动过程摄入了大量的知识,但这些知识并不是集中在单个人脑之中,它们仅仅作为不计其数的不同个人的分立知识而存在。市场交易活动中知识的运用和信息的处理所形成的秩序化状态,是不可能由单个主体分立的知识和有限理性所能发明创造的。相反,这种秩序化状态是产生于诸多没有意识到其目的和作用的单个主体的行为。正因为如此,哈耶克认为,社会秩序的产生不是来自个人和群体的理性设计,也不可能来自某种超验的力量,而是一种适应性的、自发演进的结果。所以哈耶克认为政府对市场的过度干预必将以失败收场。的确,由于凯恩斯主义的盛行,20世纪70年代美国社会出现了历史上前所未见的新经济现象——"经济滞胀"(高失业率与高通货膨胀并存的状态)。正是滞胀局面的出现,导致了里根政府的自由主义复苏。从1929年的世界经济危机与20世纪70年代的美国经济滞胀来看,凯恩斯与哈耶克算是平手,他们似乎各自都抓住了市场真理的一部分。

另外,从新古典学派与奥地利学派之争来看,他们的分歧还在于到底是"均衡"还是"秩序"描述了亚当·斯密所阐释的"无形之手"。这里面有很多学问非常值得好好地品味一番。从新古典学派来看,其所提出的均衡概念基于市场供给与需求力量之间的平衡，这种平衡可以是自发地基于自由市场，也可能基于政府的计划手段。我们已经知道市场均衡的存在取决于需求法则与供给法则的共同作用，而这两条法则却是基于理性人假设、边际效用递减法则、边际报酬递减法则等假设条件[③]，但如若这些条件不满足，那么均衡就如同海市蜃楼、空中楼阁，从而“无形之手”的作用就会消失。正是基于这种观点，凯恩斯认为政府可以帮助弥补这些假设条件不满足时所带来的缺陷，从而以政府干预的方式帮助市场趋近均衡。但是以哈耶克为代表的奥地利学派不这么认为，哈耶克认为将“均衡”看作是亚当·斯密所提及的“无形之手”是一种错误观点。在哈耶克看来，“均衡”并不是一个很适当的术语，他谈到（哈耶克，2014）：“‘均衡’这个术语预先设定了这样一种情况，即所有的事实都已经被发现了，因而竞争也就停止了……我认为‘秩序’概念要比‘均衡’更恰当。”哈耶克这段话背后的意思是，市场竞争是一个动态的过程，就算理性人假设、边际效用递减法则、边际报酬递减法则等假设条件得不到满足，市场中的消费者和厂商也可以通过学习和总结来纠错自己的行为，即所谓适者生存的过程。而这个消费者和厂商之间相互纠错的演化过程会自发生成某种“秩序”——哈耶克谓之“自发秩序”。

◆瓦尔拉斯拍卖者

新古典经济学与奥地利经济学本身分歧之所在，已经暗示了两者融合之必要。哈耶克所言及的学习过程，需要“知识”的存在，

③ 第2章已经讨论“理性人假设”和“边际效用递减法则”导致需求法则（规律），第3章已经讨论“理性人假设”和“边际报酬递减法则”导致供给法则（规律）。

而在他的眼中,这些知识就反映在市场中的商品价格上。无独有偶,新古典经济学中所谓的一般均衡存在性就是去证明(见本书附录A):存在一组“均衡价格”保证所有市场(行业)都出清(供给等于需求),并且所有消费者与厂商都满意。不过这组一般均衡价格尽管在理论上存在,但却很难在实际中被计算出来——阿罗和德布鲁能够证明一般均衡价格是存在的,然而却无法计算出它们的具体数值(Arrow and Debreu, 1954)。之所以会出现这样的局面,是因为证明一般均衡价格存在性的数学方法是“不动点定理”。利用这个定理只能证明不动点的存在性,但却无法把不动点给具体算出来,而经济系统中的“不动点”就是一般均衡价格——不妨类比前面消费者与厂商的“讨价还价”过程,价格最终稳定在均衡价格上。不过,20世纪60年代和70年代时,一些经济学家和数学家发展了计算这种不动点的方法(Scarf, 1967; Kellogg et al., 1977),从而使得计算“一般均衡价格”成为可能。他们的计算方法是通过“不断迭代”的方式去逼近一个竞争经济系统的均衡价格。但遗憾的是,这种“迭代算法”只能借助计算机近似计算一些极其简单的经济世界中的一般均衡价格。对于现实世界中庞大的经济系统而言,就算利用当今的高速计算机也是蚍蜉撼树。哈耶克的洞识与见解的确是深远的,在他看来,探寻均衡价格本身就是一个获取知识(信息)的过程,所有知识可以在自由市场的运行中自发涌现。相比之下,人为利用高速计算机计算“均衡价格”首先必须输入准确的初始信息,由于每次输入信息本身准确度的差异,计算只能是“趋近式”的重复迭代过程,通过这个过程计算机逐渐逼近真实的均衡价格。在迭代的过程中,每次计算都需要付出精力与成本去收集信息,付出的成本越多,获得的结果就越接近真实的均衡价格。这非常类似于一个计划经济国家要想为商品定价，就必须花费大量的成本才能得到一个接近真实均衡价格的价格。但如若把定价这件事交给市场中成千上万的消费者与企业自己去处理，那么处理的代价就会大大降低——这个均衡价格会在市场中自动生成，尽管我们一开始并不知道它具体为多少。换句话说，真实的自由市场本身就像是一个“计算机”，它通过自身的运行就可以产生一般均衡价格。用一个人造的计算机去模拟它反而得不偿失，甚至是难以做到的事情。当然，要想论证这一点，还有很长的路要走，现在我们暂时搁置这个问题，待到第13章时再重新回到这个主题。

计算均衡价格本身需要付出成本，这是哈耶克的洞识，也被英国经济学家科斯（Ronald Coase）所赞同。科斯把获取价格本身所付出的成本称作“交易成本”，并由此开启了新制度经济学的研究。科斯认为企业的出现本质上是为了降低交易成本，而市场与企业的边界也是以交易成本来划定的，这一点我们在第4章已经做了解释，个体户之间为了降低彼此之间的交易成本而组合成更大的企业。既然获取价格需要付出交易成本，那么一般均衡理论有没有把这种成本包括进来呢？其实是没有的。一般均衡理论描述的是理想的竞争性市场，其中只有像个体户企业那样简单的“原子企业”，它们的数量巨大以至于没有任何一个独立的企业可以影响市场的价格。在这样的市场中，价格是一种公开的信息，每一个企业并不需要付出额外的成本去获取这个信息。但实际上，真实的市场中总会存在交易费用和不公平的垄断行为，从而破坏一般均衡的形成。

不过在这里需要指出的是，哈耶克对一般均衡的批评以及对信息的深刻洞见其实已经反映在阿罗和德布鲁对一般均衡的证明中。事实上，阿罗和德布鲁仅仅只是在理性人、边际效用递减、边际报酬递减等假设的基础上证明了一般均衡的存在性，他们并没有证明自由市场如何才能自发地实现一般均衡。前面我们已经指出计算一般均衡是非常困难的，是一件得不偿失的事情。另外，前面也提到自由市场本身就像是一个“计算机”，我们期待它通过自身的运行去产生一般均衡。为了使得自由市场可以自发地实现一般均衡，新古典经济学家们设想存在一位被称作“瓦尔拉斯拍卖者”的“无私者”可以把社会中所有商品的交易和生产信息（包括各类商品供大于求和供不应求的信息）无成本地传递给经济网络中的每一位社会成员，并帮助他们达成交易（瓦里安，1997）。但是在现实中，这样无私的瓦尔拉斯拍卖者从来不曾大范围地存在过（但不排除在某些小范围的交易中存在）。

图5.2 ◆ 瓦尔拉斯拍卖者

事实上，在激烈的市场竞争中，有潜力成为“瓦尔拉斯拍卖者”的人往往会利用信息成本上的优势淘汰掉竞争对手，从而成为寡头。这也是为什么自由市场竞争之后，往往会出现寡头企业的原因之一。而当企业成为寡头之后，它又可以利用自己的垄断优势获取更大的市场份额。比如，互联网技术出现之后，它本来最有可能充当“瓦尔拉斯拍卖者”的角色，从而帮助传递价格信息以及降低交易成本。但是互联网商业平台兴起之后，它们却也成为最大的寡头企业。不过，随着市场化进程与人类文明程度的不断提升，不公平的垄断行为受到人类道德的制约，在逐渐地弱化。并且随着人类社会的技术进步，新的技术似乎在催生着潜在“瓦尔拉斯拍卖者”的涌现，这反映为21世纪初许多市场经济国家开始呈现出一般均衡模型所描述的特征，对此我们将会在第8章看到现实数据所展现的大量证据。

◆ 经济分配的效率与科斯定理

在新古典经济学中，一般均衡的意义并不仅仅在于找到均衡价格，它更大的意义还在于这组均衡价格会驱使整个社会实现最优的资源分配——“帕累托有效分配”。帕累托有效是度量社会经济效率的重要概念，我们说一个经济是有效率的，往往指它是帕累托有效的，这个衡量社会效率的概念被意大利经济学家帕累托(Vilfredo Pareto)所定义。

帕累托有效

> 如果一种资源分配是帕累托有效的，那么就意味着不存在另一种资源分配可改进该分配以使得某些成员（至少一位）的境况变好并不使其他成员的境况变坏。

假如一群人在一起商议如何分配资源，帕累托有效指代的就是资源分配的一种理想状态，在这种理想状态下，如果要想使得某人的情况更好，就必定会损害其他人的利益。在帕累托看来，寻找帕累托有效的资源分配是经济学的主要任务，并且帕累托还设计了一种寻找帕累托有效资源分配的方法——“帕累托改进”。帕累托改进的思路很直接（瓦里安，1997）：从一种资源分配状态变到另一种分配状态的变化中，在不使任何人境况变坏的前提下，至少要使某一个人的境况变得更好。

帕累托改进

> 从一种资源分配状态变到另一种分配状态的变化中，在不使任何人境况变坏的前提下，至少要使某一个人的境况变得更好。

为了更好地理解帕累托有效和帕累托改进的思想，我们不妨来看一个简单的例子。

薪水与茶叶

假如有A和B两个人受雇于一家茶叶生产公司，但是A讨厌喝茶，B却非常迷恋喝茶叶(但他只愿意支付1000元去购买茶叶)。等到年末，公司将发给每人5000元的薪水和2盒单价1000元的茶叶。显然，每位工人得到5000元和2盒茶叶就是一种资源分配的方式。但是这种方式是不是帕累托有效的呢？我们不妨看看能否对这种分配方案进行帕累托改进。因为A不喜欢喝茶B喜爱喝茶，所以一盒茶叶对于A来说没有任何意义，但B却非常在意，B愿意花1000元去购买茶叶。在这样的情况下，B显然愿意用薪水1000元去交换A的一盒茶叶，而A由于不喜欢茶叶当然也乐意把茶叶换成钱后去购买其他商品。因此，最终A和B之间的分配可以被改进为：A获得6000元和1盒茶叶，B获得4000元和3盒茶叶。这是一个对A和B都有利的改进，所以是帕累托改进。这个新的分配方案显然无法再改进，因为B只愿意用1000元交换茶叶，如若超过1000元就会损害B的利益。由于无法再进行帕累托改进，所以新的分配方案就是帕累托有效的。

从“薪水与茶叶”的例子可以看到，帕累托有效其实具有政治学上的意义，因为它为合理的资源分配提出了标准——在不伤害任何社会成员的利益下进行资源分配的改进。事实上，在经济学中帕累托有效的经济分配被认为是稳定的，这是因为此时无法进行不损害他人利益的改进(帕累托改进)，从而现有分配方案不会引起社会成员之间的不满。基于这个原因，我们可以在帕累托改进的概念下来定义集体共识。

集体共识

在产权合理界定的背景下，如果社会成员对资源分配的一项集体决议无法进行帕累托改进，那么社会成员就该集体决议达成共识。

集体共识意味着资源分配无法进行帕累托改进，按照前面对帕累托有效的定义，无法进行帕累托改进的资源分配就是帕累托有效的。所以，我们也可以直接将帕累托有效分配定义为集体共识。需要提及的是，一般均衡理论很重要的一点就是证明了自由市场所形成的一般均衡分配是帕累托有效的，这被称作“福利经济学[4]第一定理”（瓦里安，1997）。

福利经济学第一定理

资源的一般均衡分配总是帕累托有效的。

从福利经济学第一定理来看，本章一开始就将一般均衡分配看作社会共识确实是合理的。不过，需要指出的是，并不是所有的均衡都是帕累托有效的，比如在第7章中，我们将会看到“囚徒困境”中的纳什均衡就不是帕累托有效的——这个困境中的成员可以达成妥协，但是不会形成共识。妥协意味着有社会成员的境况本可以得到改善，但却由于制度环境、技术水平或者外在环境等相关条件的制约而无法得到进一步的改善，从而维持在一种效率较低的状态。

严格来说，现实中的均衡大多数情况下都是妥协的产物，那种最优的资源分配模式“一般均衡”只是一种理想化的情形。这种理想化的资源分配模式保证了社会中的所有成员都获得自己所能得

④ 福利经济学是研究社会经济福利的一种经济学理论体系。它由英国经济学家庇古（Arthur Pigou）于20世纪20年代所创立，主要从福利观点出发对经济体系的运行予以社会评价。

到的最大利益，由于无法进行帕累托改进，当然是帕累托有效的。不过遗憾的是，就像我们在前面已经提到的，一般均衡理论忽视了交易费用的存在。而在一个具有交易费用的真实世界里，一般均衡不可能严格地达到。正因为如此，科斯发现了产权与效率的关系：交易费用的存在使得不同的产权安排会带来不同效率的资源分配。换句话说，如果交易费用存在，那么产权将影响资源分配的效率，只有当交易费用不存在时，我们才不用担心产权的不同安排会影响资源分配的效率。这个发现被称为“科斯定理”。当然，科斯定理并不能被严格地证明，而是通过逻辑推理得到的。

科斯定理

一个村庄有两位农户A和B，他们在相邻的两块自由土地上分别种植庄稼和养殖奶牛，但是两块地之间没有栅栏，所以农户B的奶牛可能跑到农户A种植庄稼的土地上进行踩踏，从而造成农户A的损失。由于土地是自由的，我们可以考虑不同的产权安排对最终市场效率的影响。我们首先假设一种产权安排：农户A具有庄稼被牛踩踏时索要赔偿的权利。这时农户B要么修建栅栏圈养牛，要么赔偿农户A的损失，如果圈养的成本较高，农户B会选择赔偿农户A的损失，反之则会考虑圈养。无论如何，农户B要保证他养牛的收益高于成本，否则就放弃养牛。现在我们假设另一种产权安排：农户B具有牛踩踏农户A庄稼的权利。这时农户A为了防止牛去踩踏庄稼，要么贿赂农户B修建栅栏圈养牛，要么自己承担庄稼损坏的成本。无论如何，农户A要保证庄稼的收益高于成本，否则就放弃种庄稼。显然，不管采用哪一种产权安排，农户A和B都能达到帕累托有效——要想使得一位农户的收益更高，必定损坏另一位农户的收益。这就是科斯定理所要表达的内容：如果交易成本为零，不管产权如何安排，最终的资源分配都是帕累托有效的。

科斯定理揭示了产权和交易费用在资源分配中的重要作用。在庄稼和奶牛的例子中，我们假定了没有交易费用，所以两位农户在协商赔付价格的时候不用考虑“协商”这个行为所导致的潜在成本。但是在现实世界中，要想准确地权衡得失利弊，必须付出一定的成本才行。如果农户A和B协商（比如农户B想查明庄稼的损失或者农户A想查明修建栅栏的成本）会导致交易成本，那么他们就难以决断最终的收益是否高于成本（其中就包括交易成本），这样一来，资源分配的结果是否帕累托有效就难以知晓。而科斯断言：如果交易费用不为零，那么产权的不同安排会导致不同效率的资源分配。这意味着在交易费用不为零的世界里，不同产权制度下的交易成本可能是不同的，因而资源分配的效率也会不同。所以，为了优化资源分配，产权制度的选择是必要的。

在科斯看来，一个合理的产权制度有助于改进资源分配的效率，并且在一个没有交易成本的世界里，合理的产权制度本身就导致资源分配的帕累托有效。本章介绍的一般均衡系统描述的正是这样一个没有交易成本且产权界定合理的理想社会。与科斯利用“庄稼与奶牛”这样的特例进行推理不同，阿罗和德布鲁利用严格的数学方法论证了一般均衡的存在性。阿罗和德布鲁在证明存在性的时候主要考虑了三个假设：理性人、边际效用递减、边际报酬递减。不过，前面已经提到，阿罗和德布鲁只是证明了一般均衡的存在性，并没有证明自由市场可以自发实现一般均衡。为了让市场自发实现一般均衡，我们还需要引入一个“瓦尔拉斯拍卖者”来保证信息自由流通和无交易费用。所以，这里可以总结出自由市场自发实现一般均衡总共需要6个前提条件：信息自由流通、无交易费用、产权界定合理、理性人假设、边际效用递减、边际报酬递减。

自由市场如何实现一般均衡

自由市场中处于不同行业的众多社会成员可以就资源分配自发地达成一般均衡，需要满足如下6个前提条件：

（1）信息自由流通；

（2）无交易费用；

（3）产权界定合理；

（4）理性人假设；

（5）边际效用递减；

（6）边际报酬递减。

值得注意的是，这6个条件仍旧没有考虑到“外部性”问题，比如生态环境或者其他非经济的外部因素同样可能破坏一般均衡的形成。不过，忽略外部性这件事情对于我们从理论上探究经济社会的基本演化规律并不会有太大影响，这就好比物理学中研究无空气阻力的自由落体运动不会影响我们理解自由落体运动的基本演化规律。诸如生态环境等问题我们将在第14章中另行讨论。另外，可以看到，上面的6个条件其实是相当苛刻的，在现实中很难被完全实现，因此现实中即使看似最优的资源分配也不过只是接近一般均衡而已。甚至被我们定义为“集体共识”的帕累托有效分配也可能不是一般均衡，因为实现帕累托有效分配并不一定必须满足上面的6个条件，但是要想实现一般均衡就必须要满足这6个条件。不过，若随着技术的发展，上面6个条件逐一得到接近甚至实现，那么帕累托有效分配的方向就是实现一般均衡的方向。从这个意义来看，一般均衡更像是一个理想化的目标，尽管无法完全达到，但是不影响其标杆性的价值意义——就如同孔子所设想的“大同社会”。第6章我们还会介绍福利经济学第二定理，这个定理将界定在什么样的条件下帕累托有效分配就是一般均衡。

既然一般均衡是一种标杆意义的有效率的资源分配方案，那么我们不免又要思考另一个非常重要的问题：这种有效率的资源分配会是公正的吗？即效率与公平是否可以兼顾？

千里烟波浩渺，
月光皎洁，
伊人在水若兮。

‖ 心灵驿站·傍晚 ‖

在我的记忆里，这座城市有着太多的古巷，每当穿梭于这些巷道中，便会忆起儿时的光阴。山城巷是一座盘旋在悬崖边的古巷。巷外陈旧的瓦砾，泥土色的墙胚，已经腐朽的木栏窗弄，仿佛都在诉说着往昔岁月的年轮。踏进巷道入口的那一刻，不知是否错觉，轻柔而遥远的吟唱在我心中闪过——如千里烟波浩渺，月光皎洁，伊人在水若兮。

入口不远处，是一片荒野和一座残破的钟楼。这是法国仁爱堂的旧址，一幢典型的欧式建筑仿若从旧时代的瓦砾上建起，斜阳夕照的草原荒野，芦苇遍地。巨大的黄桷树屹立在荒野中，繁茂的枝叶，和着音乐的节拍而随风摇曳。这里的一切似乎都在重建，只有那残破的法式钟楼，还在倾诉着时光岁月里的故事。钟楼虽历经百年风雨，但高大罗马柱外墙上的片片浮雕，极具欧式景观的拱形窗门，当年精美绝伦的绝代风华依稀可见。旧有的一切随着时间的沧桑而风化，现代人用技术的发展来修复和留住时光的味道，并带来了独具古典与现代气息的临崖栈道。

栈道临渊，由木栏雕砌而成，一厢厢朱红色的阁楼连接在一起，仿若琼楼仙阙镶嵌在崖间，待岁月几何，谪仙临凡，落墨诗卷，执子偕守。这里曾是古城墙的遗址，始建于明洪武四年，依山就势而成。刀刻的崖壁早已随着无数岁月而沙化，如同风烛老人满脸的皱纹。栈道的视野很好，临崖远眺，这座城市被江水环绕，看似一座巨大的海中孤岛，与外界的连接是一座座跨江大桥，仿佛拔江而起。夕阳的光辉倾泻而下，于江面波光粼粼，映照出一幅立体的城市画面。

栈道的尽头是蜿蜒而上的步道，一盏盏胭红而素雅的宣纸花灯，顺着步道迎风飘摇，每一盏花灯上的文字都镌刻着对这个城市的记忆——“叮叮猫”“灯儿晃”……看着这些文字，我拾级而上，不自禁已来到古巷的深处。那是一座陈旧的图书馆，昏暗的灯光，灰蒙蒙的书架上留着岁月的书籍，展示着故城时光……

彷徨间，一曲伶音把我从故城回忆的思绪中带出，这是巷道深处的一段梨园戏台。一袭青衣，玲珑身段，婉转间，画眉如烟，眼波秋水，秀发流云。

“戏一折，水袖起落，……，扇开合，锣鼓响又默，戏中情戏外人，……，台下人走过，不见旧颜色。”

我驻足望青衣，水袖飘落间，她仿若有泪，于这古典而又现代的古巷深处，滴落。

青衣回望我，喜怒哀乐都融入粉墨。

“台上人唱着，心碎离别歌，……，戏幕起，戏幕落，谁是客。”

修复和留住的时光味道里，终究是少了一点什么。

不知道遥远的未来，

会不会有人还记得我们曾在这个城市里这样地生活过。

社会篇

公平与自由

秩序与制度

自发秩序

技术的本质

经济发展之谜

导读:

英国学者李约瑟曾提出一个著名的问题:为何近现代科技与工业文明起源于西欧而不是中国或者其他文明? 对这个问题的回答,存在着许多不同的答案。但如果回顾整个西方文明,则会发现所谓的技术快速发展也是在近代市场经济制度兴起之后。那么技术的出现与市场经济的兴起之间有什么联系吗? 在社会篇中我们将揭示,市场经济制度在帮助人们达成资源分配共识的同时,也在推动着“共识性自由”的价值理念,而后者正是技术得以涌现的根本性力量。

6 公平与自由

遥远的先秦时代，诸子百家的圣贤们对于周王朝的没落有着深深的忧虑，期盼着能够通过自己的学说去影响诸侯们，从而改善百姓的生活。孔子在《论语·季氏篇》中曾说道："丘也闻有国有家者，不患寡而患不均，不患贫而患不安。"这句话的大意是：无论是诸侯或者大夫，他们担忧的不是财富不多，而是怕财富分配得不均，他们也并不担忧百姓是否贫穷，而是担忧境内是否安定。在孔子看来，要想保证社会的安定，百姓的贫富差距一定不能太大，否则财富分配的不公平就会影响安定。先秦时代的圣人同情着百姓的疾苦，希望将公平的理念传递给王霸的诸侯们，并深切地告诫他们公平才是社会安定的基石。不仅如此，孔子也在那个时代开创性地提出了实现人与人之间和谐相处的道德金律——己所不欲，勿施于人。这也是孔子对于"什么是自由"这一命题最深刻的解答。

第5章探讨了如何能够保证自由市场中的社会成员就资源的分配达成共识。特别地，我们把最理想化的资源分配共识称为一般均衡①，它也是最有效率的分配方式。不过，在第5章中我们仅仅

① 最理想化的帕累托有效分配就是一般均衡分配。

只是探讨了分配的效率问题，并没有考虑到这样的分配是否公平。所以，接下来，我们准备讨论一下一般均衡的公平问题。但这就引出了一个新的话题：

什么是公平？

◆ 自由市场中的公平

第5章指出自由市场要想实现一般均衡需要6个基本前提：信息自由流通、无交易费用、产权界定合理、理性人假设、边际效用递减、边际报酬递减。在这样的自由市场中，理性人假设、边际效用递减和边际报酬递减等行为将自动驱使自由市场达到一般均衡状态，从而实现帕累托有效的资源分配。现在我们来梳理一下一般均衡实现的条件，并将其进行归类，见图6.1所示。

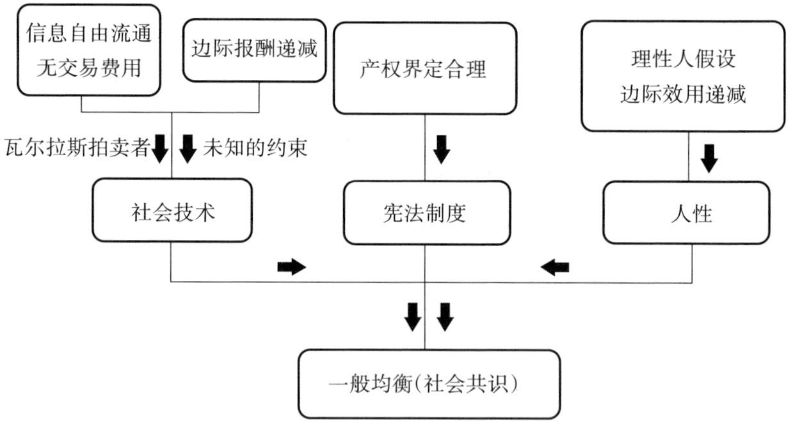

图6.1 ◆ 实现一般均衡的6个条件

从图6.1可以看到，实现一般均衡的6个条件从技术层面来讲可以归结为三个方面。

(1)信息自由流通、无交易费用和边际报酬递减[2]由社会的技术水平来决定。

(2)理性人假设[3]、边际效用递减等行为可以被归因于人性。

(3)清晰合理的产权界定则基于宪法制度:社会成员依法使用产权界定明晰的所属生产要素,公开公平公正参与市场竞争,其行为同等受到法律保护,即以法治和民主分权为基础的社会制度实现产权的合理保护。

不过,这里我们想提出的问题是:假如社会技术、人性、宪法制度都得到了满足,从而保证了资源分配的一般均衡,那么这种分配方式就一定是公正的吗?

答案可能并不那么简单。对此不妨先来看一个理想的"2人社会",我们假设在这个社会中实现一般均衡的6个条件都得到满足,从而帕累托有效状态就是一般均衡状态。

2人分金币

我们假设一个"2人社会"中有2位商人,该社会总共有2枚金币和2个单位的商品,且1个单位商品的价值为1枚金币。我们进一步假设2位商人对金币和商品的效用相同,且他们有相同的初始财富,这里的财富包括金币和商品或者其中之一。例如,如果商人1初始只有2枚金币,那么商人2初

② "边际报酬递减"依赖于所谓的"凸技术",这是新古典经济学中的一个专业术语,笔者不准备在这里介绍"凸技术"的由来及其特殊的含义,感兴趣的读者可以阅读附录A中的相关内容。事实上,笔者仍旧不能很好地解释引致"凸技术"的原因,只能暂时将其所导致的结果"边际报酬递减"划分到"社会技术"的类别。但是,笔者直觉上认为在"凸技术"的背后可能隐藏着某种更深刻的原则。最后,需要指出一点,"凸技术"在某些特殊情形未必导致"边际报酬递减",例如,只有单一生产要素投入的情形。不过,我们讨论一般均衡总是基于多种生产要素和产品的情形。

③ 在笔者看来,"理性人假设"很好地反映了人性的私利。

始必定有2个单位商品。这样一来,这个“2人社会”将有3种分配金币的模式:(2,0)、(1,1)、(0,2)。不难看出,任何一种分配方式都是帕累托有效的。例如,对于金币分配模式(0,2),此时商人2有2枚金币,则意味着商人1有2个单位的商品。如果商人2用1枚金币换取商人1的1个单位商品,商人2或者商人1并不会因此而增加效用(金币和商品效用相同),所以没有帕累托改进的空间。

“2人分金币”的例子说明,在竞争经济的背景下有效率的分配方式可能并不唯一。由于金币和商品④的价值相同,在初始财富相同的情况下会存在3种有效率的金币分法:(2,0)、(1,1)、(0,2)。分法(2,0)表示商人1得到2枚金币,同时商人2得到0枚金币;而分法(1,1)表示平均分配,即每位商人都得到1枚金币。这个例子是有制度背景做支撑的:两位商人基于同等价值交换商品与金币,交换的过程也是程序公正的。值得特别注意的是,尽管(2,0)和(0,2)都是帕累托有效的,但如果仅从分配结果来看,它们又都是不平等的分配。这似乎意味着仅仅依靠帕累托有效原则或者一般均衡原则,只能保证最终分配的结果是有效率的,却不一定保证结果平等。

这个例子提醒我们,即使是在一个理想市场经济的环境下,要想实现结果平等也可能是行不通的。因此,我们应当对自由市场中的公平定义有一个新的界定。哪怕对于理想的市场经济,结果平等也不能被看作为公平的评定标准。

那么对于自由市场而言,什么才是合理的公平定义呢?

下面我们论证“机会公平”是自由市场的合理公平标准。为了

④ 这里的“商品”可以是个人禀赋等抽象的商品,可视为一种隐形的“财富”。这类“财富”往往难以测度其价值,从而在现实中容易被忽视。“2人分金币”例子中的分配结果就部分隐藏了商品的价值,例如在分配模式(2,0)中,尽管商人2没有金币,但其实他有商品。

做到这一点，我们首先需要对“阿罗不可能定理”与“罗尔斯正义”有所了解。

◆ 社会选择问题

我们不仅希望用上面“2人分金币”的例子来说明一般均衡并不意味着结果平等，还希望借此展示一般均衡理论可能面临的困境：多重均衡。

当多重均衡出现时，由于每一个均衡所对应的分配状态都是帕累托有效的，人们将难以从中选出一个最好的来。为了解决多重均衡的困境，许多经济学家尝试从效用的角度去寻找一个社会成员都满意的偏好习惯，从而依靠这个偏好习惯从众多的均衡中选出一个大家最为满意的均衡来。这里说的“偏好”是“效用”的等价概念，它用于描述消费者对不同商品的喜好排序。不过，由于偏好的数学表述较为专业，我们把它的具体介绍放在了附录A。

在经济学中，每位社会成员都遵从的偏好习惯被所谓的“社会效用函数⑤”所刻画，它是从功利主义（即从效率考虑）的角度进行设计的（穆勒，2019）。不过，证明了一般均衡存在性的阿罗却发现了影响深远的“阿罗不可能定理”（Arrow, 2012）：面对多个均衡存在的情形，社会成员不可能选出最为满意的一个均衡，除非存在独裁者。然而，一般均衡模型所描述的理想竞争社会不可能是一个独裁的社会。因此，阿罗不可能定理从根本上杜绝了人们寄希望于从功利主义的角度来实现资源分配的公正性。关于阿罗不可能

⑤ 社会效用函数指代一个函数关系，它可以整合所有社会成员的偏好，从而在这个函数所刻画的关系中社会成员的偏好不会发生冲突。如果这个函数存在，那么就意味着可以利用它来做公共决策——例如在选举中选出一个人人都满意的总统。

定理的证明，本书不准备介绍，但我们可以借助“投票悖论”的例子来解释这个定理所体现的精神。各位读者也可以通过这个例子来理解“偏好”。

投票悖论（孔多塞悖论）

假设甲、乙、丙三人，面对A、B、C三种备选的资源分配方案，有下表的偏好排序。

甲	A > B > C
乙	B > C > A
丙	C > A > B

其中符号“>”表示偏好“优于”的意思，比如甲的偏好顺序关系“A > B > C”表示甲喜欢A胜于喜欢B，甲喜欢B又胜于喜欢C。

假如这里奉行民主社会的“少数服从多数原则”。从上表不难看出，由于甲、乙都认为B好于C，根据“少数服从多数原则”，社会也应认为B好于C；同理还可以发现，由于乙、丙都认为C好于A，所以社会也应认为C好于A。由此，我们可以推论：社会认为B好于A。但是从上表中又可以看到，甲、丙都认为A好于B，这意味着社会应该认定A好于B。所以出现矛盾。

投票悖论暗示通过“少数服从多数原则”实现“个人选择”到“集体选择”的转换可能会遭遇困境。比如，投票行为的作用是将个人偏好转化为集体偏好，但按照“少数服从多数”的投票原则，却没有一致满意的结果。阿罗不可能定理正是基于相似的思想。该定理意味着，当所有社会成员的偏好为已知时，不可能通过一定的方法从个人偏好次序得出整个社会的偏好次序，即不可能通过一定的程序准确地做出让社会全体成员合意的公共决策。因此，从阿罗不可能定理的视角，我们可以推断：自由市场并不一定产生合意的分配结果,最终的结果也可能是有争议的。

既然自由市场产生的资源分配可能不一定是合意的(哪怕是有效率的),那么是否能够通过增加制度设计来实现分配的合意性呢?要想做到这一点,我们首先应该从语言上界定“合意”代表什么(尽管我们能够知道合意代表某种“好”)。对于人类社会来讲,我们谈及合意,往往是指它是符合正义的。那么什么是正义呢?这是一个非常艰深的概念。在孔子看来,以“仁”为核心要义的伦理秩序是正义的,而在老子看来,符合自然“无为”的结果是正义的。那么在西方伦理学界,正义观又是如何界定的呢?

◆ 什么是正义

20世纪美国有一位著名的政治哲学家罗尔斯,他在卢梭、康德的契约论基础上提炼出“公平的正义”理论。该理论认为契约的目的乃是确立一种指导社会基本结构的正义原则(根本道德原则),在罗尔斯看来,正义原则有两个。

第一个原则是平等自由的原则;第二个原则是机会的公正平等原则和差别原则的结合。具体定义如下(罗尔斯,2009):

罗尔斯的正义原则

正义的第一原则:每个人对与其他人所拥有的最广泛的平等基本自由体系相容的类似自由体系都应有一种平等的权利。

正义的第二原则:社会和经济的不平等应这样安排,使它们(1)被合理地期望适合于每一个人的利益;(2)依系于地位和职务向所有人开放。

——出自《正义论》

显然，正义的第一原则是关于公民的政治权利，它寄希望于尽可能平等地分配各种基本权利和义务，以保证政治上的“合理自由”。为了实现政治权利的平等，必须依靠程序合理的法治来实现，而为了保证法治的程序合理又必须以民主制度来实现，因此第一原则最终落实到政府分权所保障的民主制度。正义的第二原则是关于社会和经济利益的，它寄希望于坚持各种职务和地位平等地向所有人开放，只允许那种能给最少受惠者带来补偿利益的不平等分配。综合第一和第二原则来看，不难发现，罗尔斯的目标在于设计一种特殊的社会结构，其中每位社会成员都尽可能具有同等机会去获取生活权益。

那么，什么样的社会结构可以保障两个正义原则的实现呢？

罗尔斯认为“纯粹的程序正义”是一种可行的办法。他认为要把社会体系设计成一种模式，在其中无论最后的结果是什么，只要它在某种范围以内，那么就都是正义的。

为了理解罗尔斯的想法，我们首先需要知道何为“纯粹的程序正义”。为此，可以通过对完善和不完善的程序正义两者进行比较来理解。为了说明完善的程序正义，可以考虑公平分配的最简单情形。比如，几个人要分一个蛋糕，假定公平的划分是每人得到相同的一份，那么采用什么样的程序将给出这一结果呢？一个巧妙的办法是让划分蛋糕的那个人取最后的一份，而其他人都允许在他之前拿取。于是他必将平等地划分蛋糕，因为这样他才能确保自己有可能得到最大的一份。罗尔斯认为这个例子揭示了完善的程序正义的两个典型特征：

第一，对什么是公平的分配有一个独立的标准，这个标准是独立并优先于随后要遵循的程序而被规定的；

第二，设计一种一定能达到想要结果的程序是可能的。

为了说明不完善的程序正义，罗尔斯以“刑事审判”为例：我们总是想设计恰当的独立法规，以寄希望于在审判的程序中达到判定“有罪的人”确实有罪的目的。尽管我们设计的法规可以尽可能地完善，但是我们仍旧可能导致判定“有罪的人”无罪。因此，不完善的程序正义的基本标志是：尽管有一种判断正确结果的独立标准，却没有可以保证该结果达成的程序。

与完善或不完善的程序正义不同，在纯粹的程序正义中，并不存在判定正当结果的独立标准，而只是存在一种正确的或公平的程序。这种程序若被人们恰当地遵守，其结果也会是正确或公平的，而不管它们最终会导致什么样的结果。对于什么是纯粹的程序正义，罗尔斯做了一个形象的比喻：公平进入且没有作弊的赌骰游戏。这时候输赢全凭运气，其结果当然是公平的。所以，在罗尔斯看来，纯粹的程序正义有一个明确的特征：决定正当结果的程序必须实际地被执行，因为在这些情形中没有任何独立的、参照它即可知道一个确定的结果是否正义的标准。但需要注意的是，我们绝不能认为一种特殊结果从理论上来说符合一种公平程序便可以说它就是正义的。事实上，赌博最后的结果公平或者不公平只依赖于它是否出自一系列公平的赌博过程。一种公平的程序只有在被实际地贯彻的时候才能把它的公平性传递给其结果。因此罗尔斯认为，要想在分配份额上应用纯粹的正义概念，就有必要建立和公平地贯彻一个正义的制度体系。只有在一种正义的社会基本结构的背景下，包括一部正义的政治宪法和一种正义的经济与社会制度安排，我们才能说存在必要的正义程序。正是基于此，罗尔斯确立了将两个正义原则应用于制度的一种四阶段的序列。

民主立宪制四阶段

(1)在原初状态中选择正义原则;
(2)制定宪法;
(3)修订法律;
(4)规范的应用。

——出自《正义论》

在罗尔斯看来,民主立宪制四阶段的第一步是需要确定一种正义原则,然后以此原则来制定宪法,接下来以宪法为依据制定法律制度,最后才是规范应用。以赌骰游戏为比喻,骰子每一面出现的概率相同就好比确定的正义原则,而游戏的规则就好比宪法与法律制度。只要在游戏的过程中不作弊,即规范应用,那么游戏的结果就是正义的。显然,我们之所以相信赌骰子这个游戏是公平的,是因为我们知道它的正义原则"每一面出现的概率相同"是可接受的。从这个意义来说,四个阶段中最重要的一步就是确立正义原则。罗尔斯认为正义原则可以在"原初状态"中得以确立。而为了解释什么是原初状态,罗尔斯进一步引入了"无知之幕"的概念。

无知之幕

在人们商量给予一个社会或一个组织里的不同角色成员正当对待时,最理想的方式是将大家用一种"特殊的幕布"进行遮盖,以保证每一个人都不知道自己在走出这个幕布后将在社会或者组织中处于什么样的角色(即身份被隐藏),然后大家再来讨论针对社会或者组织中某一个角色应该如何来对待他。

——出自《正义论》

什么是无知之幕?我们假想存在一种特殊的"幕布",它可以屏蔽参与方有关自己和社会以及与历史环境相关的全部知识,参与人不知道他们所拥有的任何有益于自己和他人的信息。毫无疑问,在“无知之幕”的屏蔽下,人们在做选择的时候会减少更多的偏见,罗尔斯把这种屏蔽下的状态称为“原初状态”。如果在选择正义原则时任何人都不会因自己的天赋或社会背景关系而得益或受损,那么这就是合理的且能够普遍接受的正义原则。除此之外,人们还应保证被采用的原则不会受到特殊的爱好、志趣及“个人善”观念的影响。这是为了排除那些作为提议似乎有道理,但只要人们知道一些与正义立场无关的事情就很少有成功希望的原则。例如,如果一个人知道他是富裕的,他可能会认为各种为福利政策而征的税应该被看作是不正义的;而如果他知道他是贫穷的,他就可能认为征税的行为是正义的。但如若每个人被剥夺了这种信息,人们就会避免受自己偏见所带来的认知。由此可见,在“无知之幕”屏蔽下制定的宪法将剔除掉有益于个人与他人利益的动机。所以,如果把自由市场放在“无知之幕”之下来制定政治和法律制度,并且这些制度结构又能够被实际地执行,那么这种制度结构最终导致的分配结果就是满足罗尔斯“正义”的结果。

罗尔斯的想法是一种“博爱”的善,因为所谓的“无知之幕”本质上是将他人的遭遇感同为自己的遭遇。所以在考虑资源分配的时候,首先就要从他人的立场出发:即让处境最差的人尽可能地好。这与中国墨家所倡导的“兼爱”道理是相似的,“爱他人”身同“爱自己”。尽管罗尔斯的正义理念非常吸引人,但他所构造的“无知之幕”显得过于虚无缥缈。我们甚至不知道如何在一般的情况下去构造一个“无知之幕”的环境。在罗尔斯所设想的正义社会中,那些在才干和能力处于同一水平上、且有着同样愿望的人,应当有同样的成功前景,而不管他们在社会体系中的最初地位是什么。对于每个具有相似动机和禀赋的人来说，他们都应当有大致平等的教育和成就前景……这好似一幅柏拉图式的理想国画面。

从前面的论述不难看出，罗尔斯的正义观是希望设计一种社会结构，在其中每个具有相同能力的社会成员拥有同等的机会去获取相同的权益。在技术上，隔离开每位社会成员“初始禀赋”的“无知之幕”是实现这种特殊社会结构的一种手段。在罗尔斯所处的时代还没有造就类似“无知之幕”的技术手段。哪怕后来互联网技术产生了，一些社会成员（如黑客）仍旧可以通过特殊方法去获取其他成员的相关信息。不过，当时间进入21世纪之后，情况发生了转变。一位化名为“中本聪”的“人”在2008年发表了一篇名为《比特币：一种点对点式的电子现金系统》的论文（Nakamoto, 2008）。在这篇论文中，中本聪提出了一种“点对点”的经济交易模式，它可以保证交易网络上的人员相互难以获取对方的信息，除非对方愿意公布出来。这种“点对点”的交易模式可以依靠“区块链”的技术来运行，我们会在第14章中具体介绍一下区块链，这里暂且留下不表。在第4章末尾我们提到，对于理想的竞争市场，如果忽略掉交易费用，那么市场中就只存在以家庭为单位的个体户企业。中本聪所提出的“点对点”经济其实就是这种理想的竞争市场，其中每一个家庭既是企业又是消费者，他们不光生产产品和服务，同时相互之间又交易这些商品，交易过程不存在任何的第三方作为担保。这种由“区块链”技术运行的“点对点”经济很大程度上体现了“无知之幕”的特征，从而可以被看作“纯粹的程序正义”。因此，“点对点”经济运行过程中产生的任何结果都可以被看作是正义的。在第14章中我们会看到，基于区块链的技术，“点对点”经济网络中的成员几乎不可能作弊。

◆"点对点(peer-to-peer)"经济

既然"点对点"经济可以保证正义的结果,那么它可以实现罗尔斯所设想的那种机会公平吗?为了回答这个问题,我们首先需要找到一个经济模型来描述中本聪的"点对点"经济。上面已经提到,"点对点"经济其实是一个理想的竞争经济。在微观经济学中,这种理想的竞争经济可以被"阿罗—德布鲁经济"(Arrow and Debreu, 1954)所描述。但是在一般的阿罗—德布鲁经济中,企业与消费者是分开的,一个消费者可能是多个企业的股东。"点对点"经济的独特之处在于,消费者就是企业,企业与消费者的数量相同且一一对应。从这个意义来看,"点对点"经济其实是一种特殊的阿罗—德布鲁经济。笔者自2008年起就开始研究这种"点对点"的特殊阿罗—德布鲁经济(Tao, 2010),然后证明在这个经济网络上社会成员可以实现一般均衡(Tao, 2016),从而社会成员会就资源分配达成共识。

但是,就算可以在资源分配上达成共识,这与机会公平又有什么联系呢?

笔者的一个关键发现是,在这样的"点对点"经济网络上,一般均衡并不是唯一的。根据前面的社会选择理论,如果一个自由市场产生许多均衡分配,那么按照"阿罗不可能定理",社会成员将不可能选出最为满意的均衡分配。正是因为"点对点"经济中多重均衡分配的出现,为机会公平原则的界定留下了空间:我们可以设计政策规则保证每一个均衡分配以"机会平等"的方式出现,从而使得每一位社会成员的期望权益得到保障。下面用本章中的"2人分金币"例子来说明这一点,对此要稍稍用到一点"数学期望"的概率论知识(读者不妨先行掌握数学期望的简单计算)。

2位商人所在的“2人世界”里存在3种均衡的资源分配方式：(2,0)、(1,1)、(0,2)。严格来说，这里应该是3种帕累托有效的资源分配。不过，福利经济学第二定理已经证明：如果所有社会成员对商品的偏好关系都是良好定义的，且每一个企业的生产技术是边际报酬递减的，那么帕累托有效分配就是一般均衡分配（武康平，2001）。这个定理界定了在什么样的条件下帕累托有效分配就是一般均衡。

福利经济学第二定理

如果所有社会成员对商品的偏好关系都是良好定义的（偏好是凸的、连续的和单调的），且每一个企业的生产技术是边际报酬递减的（企业使用凸技术），那么帕累托有效分配就是一般均衡分配（瓦尔拉斯均衡）。

注：偏好的凸性指消费者偏爱商品组合的多样化，偏好的连续性指消费者不会对所得商品数量的少许变化产生太大的情绪波动，偏好的单调性指消费者对商品“多多益善”。

福利经济学第二定理中的“偏好关系良好定义”指的是：消费者偏爱商品组合的多样化、消费者不会对所得商品数量的少许变化产生太大的情绪波动、消费者对商品“多多益善”。这3个假设对于人类的心理情绪设定来说还是比较合理的，我们不妨假设它们都成立。至于企业的生产技术边际报酬递减这个条件，在社会技术进步（或变迁）放缓时还是可以得到满足的。最重要的是，这4个假设对于阿罗—德布鲁经济来说总是成立的（Arrow and Debreu, 1954）——换句话说，实现一般均衡的6个条件已经涵盖了这4个假设。如此一来，由于“点对点”经济是特殊的阿罗—德布鲁经济，所以福利经济学第二定理对于“点对点”经济自动成立。这意味着“点对点”经济中的帕累托有效分配就是一般均衡分配。从今往后，在“点对点”经济中我们不再区分一般均衡分配与帕累托有效分配两个概念，把它们视为相同。

由于存在3种均衡分配，按照“阿罗不可能定理”，2个商人将面临如何抉择的困境。现在我们并不尝试进行选择，而是考虑“机会公平”是否可能被引入这个“2人世界”里。为了实现这个目的，我们不妨假定(2,0)、(1,1)、(0,2)这三种资源分配方式以同等概率*(1/3)被允许发生。那么此时会出现什么样的情况呢？利用概率论中的数学期望公式，容易计算每位商人的期望收益将等于1：

$$\text{商人1的期望收益}=2\times 1/3+1\times 1/3+0\times 1/3=1 \quad (6.1)$$

$$\text{商人2的期望收益}=0\times 1/3+1\times 1/3+2\times 1/3=1 \quad (6.2)$$

这就出现了罗尔斯所盼望的结果：那些能力处在同一水平上，且有着同样愿望的人将有同等机会达成愿景，而不管他们在社会体系中的最初地位是什么。两位商人的期望收益相同体现的正是罗尔斯的“机会公平”。

“2人分金币”的社会只是“点对点”经济中最简单的“2人社会”情形。事实上，我们可以把罗尔斯的机会公平引入任意的“点对点”经济中。

怎么来做呢？不妨类比上面“2人社会”的情形。

“2人社会”总共产生了3种资源分配方式，在前面我们依靠假定“每一种分配方式以同等概率出现”保证了每个人的收益“机会公平”。现在把这个思路用到任意的“点对点”经济中。我们不妨假定“点对点”经济产生了 N 种均衡分配。为了实现“机会公平”，与“2人社会”类似，我们只需要假定每一个均衡分配以同等概率 $(1/N)$ 发生即可。值得注意的是，尽管在这里我们是将机会公平人为地引入“点对点”经济中，但事实上机会公平是“点对点”经济的内在要求，这源于一般均衡的“社会共识”属性。

如果“点对点”经济只产生一个均衡分配，那么此时谈及机会公平没有意义。但如果“点对点”经济产生多个均衡，那么谈及哪一个均衡更公平就需要有额外的标准才行，这是因为每一个均衡都是帕累托有效的。由于一般均衡是社会中每一位成员所达成的不可进行帕累托改进的状态，其本身代表的是社会成员协商好的契约——社会共识。因此，让每一个社会共识的价值相同是唯一的公平方案，否则就可能会伤害某些社会成员的利益。对此，我们可以举一个形象的例子。假如，有一位美丽的女孩C被两位男孩A和B共同追求，女孩喜欢男孩A但不喜欢男孩B。如果按照机会公平，是不是应该让女孩C以同等机会答应两位男孩的追求呢？当然不是。“女孩C答应男孩B的追求”这个方案就不可能会成为社会的共识，因为女孩C会反对这个方案（女孩拥有支配自己的产权，但男孩A和B均不拥有该产权），因此，这是一个非均衡的方案。

这个例子说明，我们所讲的机会公平，是社会首先在合理产权的制度下产生出一般均衡方案，然后在这些产生出来的一般均衡方案中实行机会平等的选择。其中，女孩拥有对自己爱情的所有权，所以只有她赞同的爱情才可能达成共识（均衡），从而可以被考虑进机会平等的选择方案中。第5章定义的“集体共识”要求“在产权合理界定的背景下”，如果脱离产权的合理性，那么谈及共识其实是没有多大意义的。

◆ 如何定义自由

前面我们将“点对点”经济中产生多重均衡时，“每一个均衡发生的概率相同”作为机会公平。概率相同意味着各个均衡的地位平等,这为进一步定义"自由"带来了可能。事实上,在法国启蒙思想家卢梭(1980)看来,没有平等,自由便不能存在。

那么,如何定义自由呢?

自由可以说是一个相当复杂的概念,任何想要将"自由"界说形式化的企图都必定会失去其所包揽的另一种含义。所以,德国哲学家康德认为人们对自由的理解其实还停留在表象层面,在他看来,"自由"是纯理性的范围所不能够到的观念(康德,2004)。对此,康德甚至将"自由"与"上帝""不朽"一同放在"本体界"的范围里,而不把"自由"放在"现象界"。康德持有这种看法是可以理解的,自由本身暗示"无拘束",但我们又必须在"约束"下才能谈及相对而言的自由。界说的目标不同,其界说的范围很可能就会不同。到目前为止,众多思想家对"自由"的界定很可能已达数百种之多(阿克顿,2011)。这里我们不可能列举出目前所能掌握的所有关于自由的定义,下面主要介绍几个较为符合一般均衡背景的自由界说。

我们首先要谈及的是罗尔斯的自由,即正义的第一原则:每个人对与其他人所拥有的最广泛的平等基本自由体系相容的类似自由体系都应有一种平等的权利。这是罗尔斯所谓的平等权利的自由,即政治权利的平等对每一位公民来说都是一样的。正是在给出"自由"原则之后,罗尔斯才引出正义的第二原则"机会公平"。罗尔斯(2009)认为社会应该按照"先遵循正义第一原则,后遵循正义第二原则"的规范。不过,这种规范并非罗尔斯所首创,而是袭承自康德。康德认为自由是一切道德规律的最高根据和出发点,从而将自由作为人类德性的最高出发点。罗尔斯继承了康德的这一传统,所以将自由作为正义的第一原则。不过,罗尔斯的"自由"

很难直接应用到一般均衡的场景中。相比罗尔斯的自由，康德的自由界说更易懂，他说："自由是我不要做什么就能够不做什么。"

与康德和罗尔斯相比，孟德斯鸠(2012)的自由定义则显得更直观："自由是在法律许可的范围内任意行事的权利"。不过，孟德斯鸠的自由前提不够明晰，比如，要是法律按照制定者的意志行事也会满足该定义。如果综合康德、孟德斯鸠和罗尔斯关于自由的定义，那么我们可以体会到他们定义自由的初衷，是想在制定法律时充分考虑到不会损及他人利益(即我不要做什么就能够不做什么)，制定法律后可以充分行使权利(即在法律许可的范围内任意行事的权利)。这种对自由的表述可以用1789年法国大革命纲领文件《人权宣言》中对自由的定义来诠释。

自由

有权做一切无害于他人的任何事情。

——出自《人权宣言》

《人权宣言》对自由的定义并非历史上首次提出。中国先秦时期的孔子就提出了实现人与人之间和谐相处的道德金律——己所不欲，勿施于人。相比《人权宣言》中的自由，孔子的自由观念更加具有对个人行为规范的指导意义。例如，《人权宣言》中对于什么是"无害于他人"并没有一个合理的界定标准。而孔子将这个标准解释得非常准确。

孔子的自由

己所不欲，勿施于人。

——出自《论语》

那么什么样的状态是无害于他人的呢？我们不妨回忆帕累托有效的定义：如果一种资源分配是帕累托有效的，那就意味着不存在另一种资源分配可改进该分配以使得某些成员（至少一位）的境况变好并不使其他成员的境况变坏。显然，帕累托有效保证了个人无法进行损害他人利益的行为。因此，做“帕累托有效”的事情是无害于他人的事情，按照《人权宣言》对自由的定义，这意味着有多少“帕累托有效”的事情可做，就有多少“自由”。例如，前面“2人分金币”例子中的“2人社会”一共产生了3种帕累托有效的分配，那么我们就说这个社会的自由度为3。利用帕累托有效分配的数目来定义自由，使得我们可以在一般均衡的框架下为“自由”确立界说：按照福利经济学第一定理，一般均衡总是帕累托有效的，所以一个社会可以产生多少均衡，就意味着这个社会有多少自由。不过，由于一般均衡是一种理想化的帕累托有效分配，所以利用一般均衡的数目来定义自由一般来说会过于苛刻严格。只有在最理想化的市场经济社会中，利用一般均衡的数目来定义社会自由的程度才是恰当的。对于非理想化的社会模式，利用帕累托有效分配的数目来定义自由是较为恰当的，这足以刻画孔子“己所不欲，勿施于人”的自由思想。

需要强调的是，将一个社会中帕累托有效分配方案的数目作为度量该社会自由的定义，与康德、孟德斯鸠和罗尔斯关于自由的定义还是有区别的。按照第5章对“集体共识”的定义，在产权合理界定的背景下，无法进行帕累托改进的分配意味着社会成员就该分配达成集体共识。如此一来，那些可被改进效率的资源分配方案是不被计入“自由”的。只有当一个资源分配方案被社会成员相互达成共识，才可以被计入“自由”。显然，这种由帕累托改进所延伸的自由有别于其他广义的自由，结合第5章对集体共识的定义，笔者把这种由帕累托改进所延伸的自由命名为“共识性自由”。

共识性自由

> 在产权合理界定的背景下，社会所容纳的无法进行帕累托改进的“资源分配方案”的数目。

无法进行帕累托改进，则意味着资源分配是帕累托有效的，所以共识性自由的大小也等价地取决于帕累托有效分配的数目。既然帕累托有效分配（集体共识）的数目决定了社会自由的大小，我们又知道不同制度下社会的自由程度是不同的，那么这是否意味着制度、自由和均衡之间存在着某种联系？为了理解这种潜在的联系，我们首先需要对制度有一个恰当的定义，这将在下一章讨论。

7 秩序与制度

公元前221年，秦统一六国之后，秦王嬴政采用三皇之“皇”、五帝之“帝”将自己加封为“皇帝”，史称“始皇帝”，他建立起来的秦帝国是中国历史上第一个统一多民族的中央集权国家。在统一六国之前，有一次，嬴政读了韩非的著作，在了解到其治国思想后，十分佩服，感叹道：“寡人得见此人与之游，死不恨矣!”

那么韩非的著作到底阐释了怎样的治国之道，以至于嬴政发出如此感叹呢?

孔孟时代，儒家秉承的是“人性本善”的理念[①]，认为可以依靠人的自我修养和道德理念创造一个理想中的大同世界。为了实现这种理想的大同社会，孔子和孟子提倡“王道”思想，要求诸侯以“仁政”治理国家。但是战国末年，随着诸侯兼并的加剧，社会更加动荡不安，儒家弟子荀子认为孔孟的“人性本善”思想过于理想化以至与现实脱节。这使得荀子对人性有了新的思考，他认为“人之性恶，其善者伪也”，从而提出“性恶论”。基于这种性恶观念，荀子

① 不过，有学者认为“性善说”是孔子去世以后约一百五十年才被首次提出(黄仁宇，2014)，相比于孔子，孟子则明确地提出：“人性之善也，犹水之就下也。人无有不善，水无有不下。”

倡导以“王霸”思想治理天下。所谓“王霸”，兼具“王道”与“霸道”，用仁义争取人心，实现“王道”政治，同时又以武力压服，用刑法来进行威慑，实现“霸道”政治。韩非是荀子的学生，他继承了荀子“性恶论”，发展了霸道理论，并提出“法、术、势”的“帝王之术”来指导国君如何实现霸道，从而成就了法家学说。韩非的帝王之术以严密的逻辑，系统地论证了“中心化”的组织与管理之法，即使到了今天仍备受组织管理者们的推崇。与韩非思想相似的学说，则要等到两千年之后，意大利学者马基雅维里（1985）在其《君主论》中才会有所涉猎。

正因为嬴政非常佩服韩非的“帝王之术”，所以全然实行其法家学说，却忽视了“王道”思想，结果过于霸道，秦帝国在盛极一时之后就被推翻了。后来汉王朝在实行法家思想的同时，也推行王道思想，才有了长治的局面。

◆ 什么是秩序

王道的理念建立在“人性本善”的前提下，所以倡导以仁政来型塑社会规则；韩非的法家思想建立在“人性伪善”的前提下，所以倡导以律法来约束百姓的行为规则。不管是孔孟的王道思想还是后来韩非提倡的法制思想，都是希望建立某种规则来约束百姓，以形成有序的社会秩序。这其实就引出了制度的理念，按照诺斯（2014）的制度理论，制度是一套社会的博弈规则，或者更规范地说，它是一些人为设计的、型塑人们互动关系的约束。一般来说，制度包括人类设计出来用以型塑人们相互交往的所有约束，这些约束既可以是正式的，如人为设计的规则，也可以是非正式的，如社会惯例，甚至两者兼有。韩非的法家思想主要希望利用正式的规则来约束百姓的互动，孔孟的王道思想则更像是利用正式和非正式的规则来约束百姓的互动[②]。两种思想代表了两种不同的社会制度，但是它们最终的目的是一致的——那就是希望社会形成秩序，从而减少社会运行的不确定性，增加社会的稳定性。

通过前面的讨论，我们应该对制度有了一个初步的认识：制度是一套正式或者非正式的社会规则，它的目的是减少社会运行的不确定性，增加社会的稳定性。简单来说，建立制度的目的是确保社会形成秩序。前面第2至6章所讨论的自由市场其实就是一种制度，它给出人们生产和交易的各种行为规则，然后大家在这套规则下互动，最终达成对资源分配的共识，即一般均衡。在第6章中，我们指出实现一般均衡需要6个基本条件[③]：信息自由流通、无交易费用、产权界定合理、理性人假设、边际效用递减、边际报酬递减。不过，这6个条件一般情况下不可能全部实现，所以真实社会中对资源分配达成的共识，一般不可能覆盖到整个社会的所有成员，总会有一部分人对资源分配方式不满意。这与现实中的情形很类似，对于某一种社会资源的分配总会有人不满意，但由于大多数人都满意，所以“少数服从多数”，这种分配方案可能就被社会所“强制”执行了。从这个意义来说，真实的资源分配方案与理想的资源分配方案总会有一些不同，这些少许的不同在一般情况下不会影

---

②在黄仁宇(2014)看来，孔孟的儒家礼仪就是维护大明帝国封建制度的宗教。在儒教礼仪之下，制度的运转以道德的规章替代了严谨的法制。而文官集团作为礼仪的践行者，名为公仆，实为统治者，即使是皇帝也必须受到儒教礼仪的约束，从而成为被文官集团所驾驭的工具。这样的社会中，在正式的道德规章之外，还存在着许多不成文而又获得广泛认可的“非正式规则”。文官集团往往利用这种非正式规则获取利益，从而使得大明帝国实际上沦为文官集团的统治工具。

③ 见第6章的图6.1。

响社会的稳定性。从技术上来讲，如若人类社会逐渐完善这6个条件，则真实社会中的资源分配方案就会越来越靠近理想的分配方案。

现在我们暂且假定上面的6个条件都得到满足，以至于对资源分配的共识能够覆盖到社会的所有成员。这个假定可以被看作最理想的情况，就像物理学中研究自由落体运动时不考虑空气的阻力，并不影响人们对自由落体运动规律的探索，只要空气的阻力足够小即可。真实社会对这6个条件的偏离，就好似自由落体运动遇到了空气阻力的影响。我们希望通过对这种理想制度环境的探讨来深入理解秩序的概念。

那什么是秩序呢？

如果自由市场的运行只产生了一个一般均衡，即所有社会成员就资源分配只达成了一个共识方案，那么社会其实已经形成了秩序。这是因为每一个成员都对资源的分配满意，那么就不存在改变这种分配的内部力量去破坏它，从而分配是稳定的。从这个意义上来说，均衡其实就代表了一种秩序。哈耶克(2000)喜欢将这种人类相互之间基于合作共识所达成的均衡称为“人类合作的扩展秩序”。

但是在第6章中我们已经指出，即使上面的6个条件都得到满足，自由市场最终产生的“一般均衡”可能并不是唯一的，即产生多重均衡。这意味着社会成员可能会就资源分配形成多个共识，而我们不能判定哪一个共识对于社会成员来说是最优的，这就是“阿罗不可能定理”。同时在第6章的最后，我们也指出这种共识的数目代表的是社会的共识性自由，共识的数目越多则代表社会越自由。因此，多重均衡的出现从自由的角度来看，并不是一件坏事。但是多重均衡的出现导致了社会成员对于资源分配选择的不确定性，这时还可能产生秩序吗？

我们的回答是：可以。

事实上，多重均衡所形成的秩序才是我们真正关心的情形，因为现实中几乎不可能遇到只有一个均衡的情形。在真实世界中，人与人之间的互动抉择往往是不确定的、多样化的。为了讨论多重均衡是否可能形成秩序，我们考虑最理想的情形，即假设形成一般均衡的6个条件都得到满足。第6章中的“点对点（peer-to-peer）”经济就是满足这6个条件的一种理想情形，它可以依靠区块链运行。在这个“点对点”经济中，社会成员是机会公平的，这表现为每一个均衡分配以“等概率”出现：均衡分配代表社会共识，因此等概率发生意味着每一个社会成员的意愿以同等机会得到满足。第6章中“2人分金币”的例子是最简单的“点对点”经济，下面我们利用这个例子来说明如何定义秩序。

分金币与秩序

第6章“2人分金币”的例子中一共有3种帕累托有效的金币分配方案：(2,0)、(1,1)、(0,2)。由于3种分配全都是帕累托有效的，所以2位商人将面临如何抉择的困境。现在，我们引入“机会公平”，即假设每一种分配方式以同等概率(1/3)出现（因为有3种分配）。在第6章我们已经知道，当每一种帕累托有效分配以同等概率出现时，每位商人的期望收益均为1枚金币，这体现了罗尔斯的机会公平。如果我们把“秩序”看作分配方式的集合，那么由于3种分配方式以同等概率出现，不平均秩序$\{(0,2),(2,0)\}$将以2/3的概率出现，而平均秩序$\{(1,1)\}$将以1/3的概率出现。这意味着相比于平均秩序，不平均秩序更可能发生。我们将最可能发生的秩序称为“自发秩序”。

注：“秩序”本身有限制的意义，将它定义为分配方式的集合，则意味着限定了分配的方式。

第6章已经指出，由于“点对点”经济是特殊的阿罗—德布鲁经济，这个经济中的帕累托有效分配都是一般均衡分配[④]，所以我们可以把“2人分金币”例子中的3种帕累托有效分配都看作是一般均衡分配。

首先，我们通过这个简单的例子来说明第6章中定义的“共识性自由”与《人权宣言》中的自由或者孔子的自由观“己所不欲，勿施于人”是相容的。

在《人权宣言》中，自由被定义为有权做一切无害于他人的任何事情。在“2人分金币”的世界里，3种均衡分配(2,0)、(1,1)、(0,2)都是帕累托有效的，所以从其中一种均衡分配变换到另一种均衡分配并不会伤害两位商人的利益。因此，两位商人可以在3种均衡分配之间随意地切换，这可以理解为他们的社会自由度为3。如果还有一种非帕累托有效的分配作为选择，那么该选择只会让其中一位商人得益，而另一位商人受损(或者两人都受损)。增加这种非帕累托有效的分配作为选择，看似把社会的自由度增加到了4，但是却不满足《人权宣言》中自由的定义。按照孔子的话来讲就是“己所不欲，勿施于人”——增加自己的利益，而损害别人的利益，是不可取的。

从这里可以看到，我们所定义的“共识性自由”并不是任意的自由，它是基于帕累托有效的概念进行定义的。所以切不可混淆“共识性自由”和人们在广义语境中所讲的“自由”。广义的自由可能导致不好的结果。例如，20世纪80年代末期，东欧一些计划经济国家(如苏联、波兰等)信奉以新自由主义学说为理论依据的“华盛顿共识”，采取“休克疗法”来发展经济，倡导快速从计划经济模

---

④ 见第6章对福利经济学第二定理的讨论部分。

式转向自由化和私有化的市场经济模式，但最终却导致经济发展的停滞。这里，新自由主义的自由是较为广义的自由，与我们所定义的"共识性自由"有着根本的不同。至于为什么这些东欧国家在转向市场经济的过程中会导致发展停滞，我们准备到第10章中再来讨论，这里暂且留下不表。

其次，我们用这个例子来说明第6章定义的"共识性自由"和"机会公平"与罗尔斯正义理论的内在逻辑也是一致的。

3种均衡分配(2,0)、(1,1)、(0,2)相当于两位商人有3种共同许可的分配协议(共识)，这可以看作3种一致的社会契约。从这个意义上来讲，我们所说的共识性自由是社会契约下的自由，它体现了罗尔斯正义的第一原则，即每一位社会成员的自由需要建立在所有社会成员在产权合理界定下的共同协议，自由的行为不能伤害到其他社会成员的利益。不过，罗尔斯正义的第一原则并没有告诉我们一种标准，以至于可以利用这种标准去区分出3种帕累托有效的分配(2,0)、(1,1)、(0,2)哪一种更公正。在新古典经济学的体系内，这种选择问题受到阿罗不可能定理的诘难，以致社会成员无法选出一个更好的分配来。不过，根据罗尔斯正义的第一原则，自由意味着公民的选择具有平等的权利，因此，(2,0)、(1,1)、(0,2)三种分配方式应当以同等权利被社会制度所允许，否则就可能会伤害某位商人的诉求权利。例如，分配(2,0)如果不允许被执行，那就意味着商人1永远失去了获得2枚金币的权利。显然，从数学的角度来看，同等权利意味着3种均衡分配有同等机会(也就是同等概率)发生。换句话即是说，如若让3种分配方式以同等概率(1/3)发生，则可以保证每位商人所偏爱的分配能够得到平权出现的机会，因此公民诉求的平等权利能够得到保证。而根据第6章的公式

(6.1)和(6.2),3种分配方式以同等概率(1/3)发生暗示每位商人的期望收益均为1枚金币。这意味着两位商人在收益上是“机会公平”的,从而体现罗尔斯正义的第二原则。所以,均衡分配以“同等概率”发生可以保证自由平权和机会公平,即满足罗尔斯的正义第一原则和正义第二原则。

上面的论述显示出了罗尔斯正义思想与我们按照一般均衡分配(帕累托有效分配)的方式定义共识性自由的契合度。按照罗尔斯的想法,正义第二原则应该屈从于正义第一原则。根据上面的分析,我们在进行“等概率假设”(即机会公平——所谓正义第二原则)时,首先需要找到所有可能被制度所允许的一般均衡分配。而这些均衡分配(集体共识)正是罗尔斯所言及的正义第一原则所说的“每个人对与其他人所拥有的最广泛的平等基本自由体系相容的类似自由体系”。所以我们定义共识性自由的逻辑,其实正是按照罗尔斯正义第一原则优先和第二原则次之的顺序进行的。

最后,我们用这个例子来说明如何定义秩序。

“2人分金币”的例子给出了3种均衡分配方式(2,0)、(1,1)、(0,2),它们看似造成了两位商人对分配抉择的不确定性。但细心地检查之后,可以发现这3种均衡分配方式能够被分别归纳为“平均分配”和“不平均分配”两类。为了与均衡分配的概念区别开来,现在我们引入秩序的定义(Tao,2016):秩序是均衡分配的集合。

秩序的定义

> 秩序是均衡分配的集合。

集合是数学中的一个概念。它是指具有某种特定性质的具体的或抽象的对象汇总而成的集体。前面我们提到3种均衡分配可以被划分为“平均”和“不平均”两类。这种分类其实就是把均衡分配划归为了2种集合，所以按照秩序的定义我们可以把均衡分配划归为两种秩序：

$$平均秩序 = \{(1,1)\} \tag{7.1}$$

$$不平均秩序 = \{(2,0),(0,2)\} \tag{7.2}$$

这里的“平均秩序”和“不平均秩序”分别规制了社会成员的分配方式。比如在“平均秩序”中，两位商人只能平均分配2枚金币，这是强制性的，是一种秩序约定。而“不平均秩序”又规制了两位商人只能按照“只允许一个人得2枚金币”的强制规则进行分金币。从广义的语义来讲，秩序是指相对稳定的关系模式、结构和状态。用集合的方式来定义秩序体现了这种关系模式。因为我们讨论的是经济系统，秩序可以指相对稳定的经济分配关系，所以我们不妨称这种秩序为“经济秩序”。

涌现的观念

在近代经济学历史上，新古典学派与奥地利学派可谓最重要的两大流派，两派相互争执已长达百年之久。新古典经济学信奉价格协调下资源分配的一般均衡，并以此实现经济效率。但正如之前已经指出的，经济效率本身并不意味着公平，并不一定确保社会的正义性。相比之下，奥地利学派坚信自由竞争会自发生成秩序，在这个自发秩序中，整个社会的知识得到最高效的利用，从而资源分配效率也会达到最高（韦森，2014）。并且由于这个不断扩展的秩序是自发生成，所以是自然公正的，体现了一种介于“自然”和“人为设计”之间的某种“道”。奥地利学派关于“自发秩序”的阐释非常接近中国先秦时期老子关于“道”的释义，但不管是奥地利学派还是老子的“道”，始终流于对自发秩序形而上的论证，无法对自发秩序给出严格的数学描述。这与新古典学派利用数学工具将资源均衡分配以公理化的形式进行描述形成鲜明的对比。不过，笔者下面将指出，新古典经济学与奥地利经济学是可以相容的，只要我们用前面的“秩序定义”将均衡和秩序严格地区分开来。

新古典经济学的最终目的在于实现一般均衡，即实现资源的帕累托有效分配，从而保证经济效率。不过，正如我们之前所指出的，一般均衡的资源分配可能并不唯一，如若社会结构本身允许多个一般均衡分配的存在，那么新古典经济学就会面临“社会选择”的困境，这被阿罗不可能定理所诘难。与之相反的是，奥地利经济学否认“均衡”，并认为市场在竞争中会自发生成秩序。在奥地利经济学者看来，均衡是一种静止的状态，一旦出现就意味着竞争的结束。相比之下，秩序是一种动态的过程，它的各个微观部分随着时间流逝而不断演化，但却维持着一种宏观的结构。在奥地利学派中，自发秩序观念的集大成者是哈耶克，他把整个人类社会的演化看作是一种不断扩展的自发秩序的演进（哈耶克，2000）。在哈耶克看来，这种扩展的秩序与生物有机体很相似，但又存在着区别，例如，人类扩展秩序的演化涉及文化与制度的演进，因此不能简单地将两者进行等同。20世纪后半叶，随着控制论、协同学、系统论等学科的发展，哈耶克又将“自组织”的观念与自发秩序联系起来。直到20世纪80年代末期，复杂系统学科的兴起为“自组织”给出了一个更加专业的名称“秩序的涌现”（霍兰，2001）。

那么，什么是涌现呢？

简单来说，涌现就是所有宏观结构中最大概率发生的那一个[⑤]（Tao, 2018）。

涌现秩序

> 众多微观个体形成的所有宏观秩序中，最大概率发生的宏观秩序就是涌现出的秩序。

为了简单起见，我们利用“2人分金币”的例子来说明涌现是如何发生的。观察方程（7.1）和（7.2）不难看到，由于“平均秩序”仅包含1种均衡分配，而“不平均秩序”包含2种均衡分配，所以利用“等概率假设”可以很容易地计算“平均秩序”将以1/3的概率发生，“不平均秩序”将以2/3的概率发生。这样，按照概率的大小来看，“不平均秩序”发生的概率高于“平均秩序”。根据“涌现秩序”的定义[⑥]：涌现秩序是一组微观个体形成的所有宏观秩序中最大概率发生的秩序。按此定义，“2人分金币”世界中的涌现秩序是“不平均秩序”。值得注意的是，我们对涌现秩序的定义与哈耶克对自发秩序的定义是一致的。哈耶克把自发秩序定义为：所有秩序在演化过程中幸存下来（自然选择[⑦]）的一种秩序。对比两个定义不难领会，涌现秩序与自发秩序实际上是

---

⑤ 需要稍加说明的是，本书关于“涌现秩序”的定义只是一种较为通俗的表达，从而便于使用更易懂的例子来解释涌现的特征，一个更加严格的涌现秩序被笔者定义为：“一组微观个体所形成的所有宏观秩序中，如果存在一个宏观秩序，它发生的概率随着微观个体数目的增加而趋于1，那么这个宏观秩序就是涌现秩序。”

⑥ 有学者认为统计学中的中心极限定理也可以被看作是涌现的例子（米勒和佩奇，2012）：服从同样概率分布的随机变量进行加总，只要随机变量的个数足够多，它们加总之后的均值就会服从一个正态分布，而不管这些随机变量之前服从的是什么样的概率分布。不过，在笔者看来，中心极限定理中正态分布的涌现模式也可以被“最大概率发生（最可能者幸存）”的涌现定义所描述——这意味着正态分布出现的概率随着随机变量的个数趋于无穷而趋于1。

⑦ 哈耶克（2000）认为达尔文是在阅读了亚当·斯密的经济学著作之后才发展了“自然选择”理论。

相同的概念[8],所以在之后的论述中我们不再区分自发秩序和涌现秩序,并将它们视为相同的语义。在"2人分金币"的世界中,"不平均秩序"就是自发秩序,相比于"平均秩序"而言,"不平均秩序"存活的概率将更大,因而会更容易幸存下来(发生)。

◆ 新古典经济学与奥地利经济学的统一

有了前面对秩序的定义,我们可以解释为什么新古典经济学与奥地利经济学是相容的。新古典经济学主要论证竞争经济是否可能产生资源的均衡分配,并将如何实现这个均衡分配作为研究目标。但是新古典经济学无法处理多个均衡分配的情形,这就为奥地利经济学方法的进入带来了可能。奥地利经济学侧重于研究秩序,而不是均衡。在奥地利学派的语义中,秩序是动态的宏观概念,并不是像均衡那样处于静态。前面我们将"秩序"定义为"均衡分配"的集合,从而使得"均衡分配"是"秩序"所包含的元素。例如,"不平均秩序"{(2,0),(0,2)}包含2个均衡分配,意味着它是包含2个元素的集合。然后,我们又利用"机会公平"避免了新古典经济学中的社会选择困境,即当出现多个均衡分配时无法选出最好的那一个。由于均衡分配都是帕累托有效的,所以我们假设每一个均衡分配都是无差异的,因此不需要进行任何的选择。如此一来,只需要假设这些均衡分配以同等机会(等概率)发生[9],然后观察均衡分配能够组成的所有秩序中哪一个秩序最可能发生,这个最可能发生的秩序就是自发秩序。赋以每一个均衡分配以同等机会发

⑧ 笔者将"最可能发生的事件"定义为"自然选择的事件"(Tao, 2018)。

⑨ 对于非理想的市场经济,不同均衡分配发生的概率可能会不同。当然,这时的均衡分配可能已不再是一般均衡了。

生，体现了机会公平与共识性自由。另外，由于“秩序”是“均衡分配”的集合，所以“秩序”并不是静态的而是动态的。这是因为在“秩序”中，社会状态允许在各种“均衡分配”之间进行“机会公平”的切换。因此，我们所给出的“秩序”概念调和了静态“均衡”与动态“秩序”之间表面上的不相容性，从而为新古典经济学与奥地利经济学找到了一个理论衔接点。更直观地说，“秩序”好像放映一部影片，而“均衡分配”就好像组成影片的每一帧画面。尽管每一帧画面都是静止的，但是所有画面组成的影片呈现在观众面前就是动态的景象。

如果用影片与画面来类比秩序与均衡分配这两个概念，那么作为一个不那么严谨的比喻，票房最高的影片就好比是“自发秩序”。在同一时期的所有影片中，票房最高的影片在电影院得到放映的频率会更高，因为观众更愿意买票来看。所以在这一时期，人们谈得最多的电影就是票房最高的影片，而有些影片由于票房很少几乎很少有人会注意到它们的存在。那么自发秩序有什么特殊意义呢？为了解释这个问题，我们还是回到“2人分金币”的世界。这里的自发秩序是“不平均秩序”{(2,0),(0,2)}。看似两位商人之间的金币分配是不平等的，但是他们却没有理由对分配结果有任何不满。这是因为两位商人有同等机会去获取2枚金币，而且不管哪一种结果都是帕累托有效的，从而不会损害他们任何一个人的利益。分配的过程强调的是机会公平而不是结果公平，这是罗尔斯正义的体现。由于在这个理想的竞争世界里，产权规则和竞争规则被程序公正地制定，并平等地开放给每一位社会成员（即机会平等），这时任何个人都不会对分配结果心存不满，因为符合他们利益的结果是以同等机会出现的，他们不用担心自己“总是”最不幸的人，他们唯一可埋怨的只是暂时的“运气不佳”。

值得注意的是，所谓的自发秩序只不过是因为它相对于其他的秩序来说发生的概率更高而已。当社会按照公正的程序运行时，也可能会出现其他发生概率较低的秩序，它们被看到的可能性很小。另外，在“2人分金币”的例子中，自发秩序{(2,0),(0,2)}发生的概率为2/3，另一个秩序{(1,1)}发生的概率为1/3，似乎并没有显示出自发秩序发生概率压倒性胜过{(1,1)}。这其实只是因为我们讨论的是一个“2人社会”。当我们讨论一个“n人社会”，其中n又很大时，那么自发秩序发生的概率就会大幅度增加。例如，2019年中国的人口大约为14亿，意味着n=14亿，这时自发秩序发生的概率就会非常接近1。此时，其他的秩序也可能发生，但是发生的概率非常小，以至可以被忽略不计[10]。

最后我们简单地讨论一下新古典经济学与奥地利经济学融合的可能方向。通过前面的论述我们已经知道，新古典经济学主要考虑竞争经济是否可能产生资源的均衡分配，但是这个理论体系无法很好地处理多个均衡分配的情形。奥地利经济学则强调经济系统的动态演进，更侧重于社会秩序的涌现。我们前面将经济秩序定义为均衡分配的集合，均衡是静态的，秩序由于是均衡的集合从而可以是变化的(从一个均衡演化到另一个均衡)，这种方式将新古典经济学的均衡传统与奥地利经济学的演化传统衔接了起来——我们找到竞争经济产生的所有均衡分配，然后通过涌现的方式找到最可能出现的经济秩序——它是均衡分配的集合，这个

---

⑩ 对此不妨打个比方，1万年才发生一次的秩序，这意味着您在1万年里只能看到一次该秩序出现，由于人类的寿命只有100年左右，所以这个秩序对一个人很短的生命时间而言相当于并不存在。因此在有限的生命时间里，人类看到的秩序可能都是自发秩序，其他的秩序则被尘封在遥远的历史中。

秩序是经济系统的宏观规律——自发秩序。我们会在第8章具体讨论这种自发秩序，并且在第9章显示自发秩序这种宏观经济规律会如何影响一个国家GDP的构成。笔者建议把这种衔接新古典经济学与奥地利经济学的新研究范式称为“新古典演化经济学”。显然，如果竞争经济只产生一种均衡分配，那么新古典演化经济学与新古典经济学别无二致。从这个意义来说，新古典演化经济学是新古典经济学在多重均衡情形下的自然推广——严格来说，是基于涌现[11]这个观念所做的推广。

新古典演化经济学

如果一个经济博弈系统产生多个均衡分配，赋予每一个均衡分配以相应的概率，并保证所有均衡分配的概率总和为1。然后看哪些均衡分配所组成的秩序发生的概率最高，这个发生概率最高的秩序就是自发秩序——作为宏观经济规律。研究这个宏观经济规律所导致的经济总量分析就是新古典演化经济学。如果经济博弈系统只产生一个均衡分配，那么新古典演化经济学就与新古典经济学别无二致。

◆ 制度的定义

前面关于秩序与均衡的讨论都是在机会公平的理想市场背景下进行的。但是我们关于秩序的观念完全可以推广到任何的社会制度背景下。不过，在此之前我们必须仔细地区分秩序与制度两个概念之间的差异。

---

⑪ 笔者在2018年的工作中建议用“涌现演化”(即“最可能者幸存”)替代“适者生存”(Tao, 2018)，以定义生物学中的“自然选择”行为。这方面的早期文献综述可见Whitfield J.Survival of the Likeliest[J].PLOS Biology，2007(5)：e142。

经济学文献中有两个很有影响力的制度理论。一个来自诺斯(2014),他认为制度是一套社会的博弈规则,或者更规范地说,它们是一些人为设计的并型塑人们互动关系的约束。另一个是刘易斯的均衡制度理论(Lewis, 2002),他将制度看作一组竞争均衡。两个理论各有优势,不过后者似乎与我们定义的秩序重合了。前面我们将秩序定义为一组均衡分配,将其与刘易斯的"均衡作为制度"比较后,不难看到刘易斯所定义的"制度"等价于我们定义的"秩序"。

那么制度与秩序到底是不是一回事呢?

为了弄清楚这个问题,我们首先考察一下"均衡作为制度"这个想法的逻辑由来。制度本身是一个非常复杂的概念,目前还没有任何一个理论可以囊括其所有的特征,所以青木昌彦建议可以通过精炼其核心特征来构建制度的定义(Aoki, 2015)。威廉姆斯曾指出英文中的"制度(institution)"一词事实上可以追溯到拉丁词"status"(Williams, 1985),后者表示被建构的稳定状态。基于此,青木昌彦认为"制度"的原初意义应该根植于"均衡"这个观念(Aoki, 2015)。青木昌彦的看法与新古典经济学是一致的。在新古典经济学中,埃奇沃思认为竞争均衡组成一条契约曲线(瓦里安,1997),从而等价于一组社会契约。同时,卢梭(1980)的社会契约理论正是将制度看作社会成员之间的一组社会契约。

综合一下卢梭、埃奇沃思和青木昌彦的观点,我们可以理出一个"均衡作为制度"的逻辑框架。社会成员在给定的规则下进行竞争从而形成一般均衡,它是所有社会成员一致同意的资源分配方案,并且是帕累托有效的。任何偏离一般均衡的方案都将损害某些社会成员的利益,那些受损的社会成员在未来的竞争中必将想方设法纠正偏离均衡的方案。所以,偏离均衡的方案在理论上是不稳定的。相比之下,一般均衡方案由于被所有社会成员所同意,因而更容易成为社会契约。根据卢梭(1980)的社会契约理论,制度由社会契约所构成,所以制度可以看作均衡分配方案所构成的策略集合。

刘易斯的“均衡作为制度”与诺斯的“博弈规则作为制度”之间至少有一个很不同的地方。因为两组不同的博弈规则可能导致一组相同的竞争均衡,如果按照诺斯的理论,两组不同的博弈规则应该对应两个不同的制度。但是按照刘易斯的“均衡作为制度”的理论,如果两组不同的博弈规则产生相同的一组竞争均衡,那么两组不同的博弈规则仍旧只对应一个社会制度。这个特征体现出了刘易斯理论的优势:将制度看作博弈的均衡具有唯一性。反观诺斯的制度定义,他将制度看作一组博弈规则将不具有这种唯一性。

尽管刘易斯的“均衡作为制度”理论有其优势所在,但是它也有自己的缺陷。前面我们在阐述“均衡作为制度”的逻辑脉络时,其实有一个很强的假设,那就是我们其实是默认在一个理想市场经济下来考虑制度的。比如,我们假定社会成员在给定的博弈规则下竞争会形成一般均衡,从而得到稳定的社会共识,然后基于这个稳定性来刻画制度的“稳定特征”。但是在博弈规则下竞争就一定带来均衡吗?显然不是。一套博弈规则产生均衡是有条件的。而且即使一套博弈规则产生了均衡,这个均衡又一定是稳定的(即帕累托有效)吗?恐怕也不一定。前面我们说均衡稳定,那是指的一般均衡——一般均衡是帕累托有效的,所以我们才说它是稳定的。但并不是任何博弈规则下的均衡都是帕累托有效的,有些博弈规则产生的均衡可能就会浪费社会资源,例如著名的“囚徒困境”。

囚徒困境

警方逮捕A、B两名嫌犯，但并没有足够证据指控二人入罪。于是警方将两名嫌犯分开囚禁，并分别与二人见面，同时告知他们：

(1)如果A和B都供述罪行，那么每人被判5年；

(2)如果A供述，B不供述，那么A可以被释放，而B被判20年(反之亦然)；

(3)如果A和B都不供述，那么他们分别被判1年。

在“囚徒困境”的例子中有3条博弈规则(1)、(2)和(3)。在这3条规则下，每位嫌犯为了保证自己的利益最大化(被判最少时间)，都会选择供述。为什么呢？比如以嫌犯A为例。如果嫌犯B选择不供述，那么A选择不供述被判1年而选择供述将被释放，为了利益最大化，A会选择供述。反之，如果嫌犯B选择供述，那么A选择供述被判5年，而选择不供述被判20年，为了利益最大化，A会选择供述。同理，B也会选择供述。所以最终的均衡是(A供述，B供述)，他们分别被判5年。但只有策略(A不供述，B不供述)才能保证A和B同时利益最大化——这样他们分别被判1年。因此，帕累托有效的选择显然不是(A供述，B供述)，这意味着两位嫌犯有策略改进的空间。这里两位嫌犯所选择的均衡(A供述，B供述)被称为“纳什均衡”[12]，这个选择既不是一般均衡，也不是帕累托有效的均衡。从这个意义来看，纳什均衡并不一定意味着形成了共识。如果纳什均衡不是帕累托有效的，则它可能只是指代某种集体的妥协[13]。

---

⑫ 纳什均衡，又称为非合作博弈均衡，它指代一种局中人的策略组合：任何一位局中人在此策略组合下单方面改变自己的策略(其他局中人策略不变)都不会提高自身的收益。

⑬妥协意味着有社会成员的境况本可以得到改善，但却由于制度环境、技术水平或者外在环境等相关条件的制约而无法得到进一步的改善，从而维持在一种效率较低的状态。囚徒困境中的妥协就源于两位局中人无法进行信息的交流。

“囚徒困境”的例子清楚地说明了有些博弈规则产生的均衡并不一定就是帕累托有效的。所以“均衡作为制度”并不能保证这样定义的制度一定就是稳定的（达成集体共识）。均衡的稳定性还取决于博弈的规则是什么。如果是“点对点”经济那样的理想市场经济，那么我们可以说它产生的均衡一定是帕累托有效的，从而是稳定的。但是在现实世界中，类似“点对点”经济那样的理想社会是稀有的。在第6章我们已经知道，一个社会想要形成这样的经济需要满足6个条件[14]：信息自由流通、无交易费用、产权界定合理、理性人假设、边际效用递减、边际报酬递减。其中任何一条不满足都可能导致博弈规则产生不了帕累托有效的均衡。一旦这种情况发生，社会成员往往会选择损失成本更低的“均衡”，尽管这种均衡并不是帕累托有效的。

所以在诺斯（2014）看来，制度并不是基于均衡来建立的，而是具有某种“路径依赖”的特征。这种路径依赖可能来自历史、宗教、习俗、文化、资源禀赋、社会价值等一系列因素。而且，甚至制度本身就可能不是帕累托有效的，它会导致资源浪费，一个社会之所以会选择这种“资源浪费”的制度仅仅只是因为社会成员们觉得，要改变它所付出的代价可能比继续维持它的成本还要大，既然如此，还不如保持现状更好。中国历史上的许多制度改革即是如此，为了改变原有的制度模式，往往需要付出巨大的代价，比如战国时期秦国的商鞅变法、西汉时期的王莽新政、北宋时期的王安石变法等。对于这些变法的案例，利用刘易斯的“均衡作为制度”理论其实是较难解释的。变法意味着社会从一种制度变到另一种制度，如果以“均衡作为制度”的观念来定义制度，那么相当于从一个均

⑭ 见第6章中的图6.1。

衡跳到另一个均衡。按照“均衡作为制度”这个定义的初衷——“稳定性”,变法前后的两个均衡都应该意味着社会成员达成了某种共识,但实际的情况是商鞅和王莽身死而王安石被罢贬。如果按照一般均衡(稳定性)的意义,变法者至少应该是新制度下的受益者(或中立者),但这与实际情况相差甚远。一旦变法开始,社会成员似乎就已经身不由己了,最终结果也是原有制度与改革意向的某种妥协——新的制度仍旧会保留过去制度中想要变革的部分。而一旦社会进入到这种妥协,尽管它并不是帕累托有效的制度,还存在很大的改进空间,但却由于路径依赖的原因被自我强化而继续运转下去⑮。这有点像“囚徒困境”,本来社会成员可以有更好的制度选择,但由于个人害怕损失更大的成本而选择了一个不那么好的制度。

从以上论述来看,“均衡作为制度”的观念只有在理想市场经济中才是一种好的制度定义。现实世界由于各种与理想市场经济的脱节,使得“均衡作为制度”的观念往往不合时宜。从这个意义来看,诺斯的“博弈规则作为制度”是一种更好的定义制度的方式,它并不要求制度一定是帕累托有效均衡的结果,而只是提供了一些人为设计的并型塑人们互动关系的博弈规则。至于这些博弈规则是否产生帕累托有效的均衡则显得不那么重要,因为制度本身就可能是无效率的。所以,今后我们均采用“博弈规则作为制度”的观念。

制度的定义

制度是一套社会博弈规则的集合。

---

⑮ 这被称为“锁定效应(Lock in effect)”(阿瑟,2018)。

基于上面对制度的定义,我们可以看到“制度”和“秩序”之间的根本性差异。制度是博弈规则的集合,而秩序是均衡分配的集合。一般来说,均衡分配是由某种博弈规则所导致的。所以,从这个意义来看,秩序也是由制度所决定的,即构建制度的目的是希望社会形成秩序。好的制度可以造就很好的秩序,但是差的制度却可能导致混乱的秩序。

那么不同的制度到底会导致怎样不同的秩序呢?在下一章中,我们将对这个问题做一个深入的调查——不同制度下最可能生成的秩序是什么?前面已经提到,这种最可能生成的秩序被叫作“自发秩序”。

8 自发秩序

中国文化讲求一种“天人合一”的“中和”之道，并认为“道”直达宇宙间最和谐的美。在这种古典静谧的美妙思想境界之上，有着先秦时代的圣人们对于人世间秩序最深切的期盼。不管是儒家圣人孔子所倡导的“中庸”之道，还是道家圣人老子所倡导的“天道”，都盼望着带给人间最和谐的秩序。

不同于孔子希望以“王道仁政”的思想来型塑人与人之间相处的秩序，老子更推崇一种社会的自然秩序。在老子看来，万物都有着自己的发展规律，不能刻意为之，否则，就会破坏事物的内在平衡。所以他讲到“天地相合，以降甘露，民莫之令而自均”，希望君王能够奉行自然之道引导百姓不争，这样社会就会安定，物资的分配自然也就均衡了。为了达至这种自然之道，老子倡导“无为而治”，并劝导世人“是以圣人处无为之事，行不言之教。万物作，焉而弗辞，生而弗有，为而弗恃，功成而弗居。夫唯弗居，是以不去”。

尽管老子倡导的“无为”之道，立意高远，思想透达人类心灵的深处，但始终流于形而上的境界描述。就以老子所盼望的社会自然秩序来说，没有人知道它到底会呈现为怎样的社会状态。

相较老子过于高远的自然秩序，哈耶克所设想的自发秩序则有着相对明确的含义。哈耶克将自发秩序看作所有的秩序中幸存下来（自然选择）的那一个。在上一章中我们将秩序定义为均衡分配的集合，并把自发秩序定义为发生概率最高的秩序。不同的社会博弈规则（也就是制度）可以导致不同的秩序，这意味着不同制度下的自发秩序也可能是不同的。在这一章中，笔者准备介绍两种不同博弈规则下的自发秩序。

首先，我们来看机会公平的理想市场经济会产生怎样的自发秩序。

◆ 指数收入分布

在第6章中我们已经知道理想市场经济指代6个基本前提[①]（信息自由流通、无交易费用、产权界定合理、理性人假设、边际效用递减、边际报酬递减）都得到满足的社会。这种理想市场经济的代表就是“点对点”经济，它可以在区块链上运行。为了读者们更容易理解“点对点”经济，第6章还构造了一个“2人分金币”例子，它可以被看作最简单的一种“点对点”经济。“2人分金币”的世界里一共有3种可能的均衡分配方式(2,0)、(1,1)、(0,2)，它们形成两种可能的经济秩序：平均秩序{(1,1)}与不平均秩序{(2,0),(0,2)}。“点对点”经济描述了一个机会公平的世界，其中每一个均衡分配将以相同的概率发生。这样一来，不平均秩序由于包含了2种均衡分配，因而会以更大的概率(2/3)发生，从而是这个“2人分金币”世界里的“自发秩序”。

① 见第6章中的图6.1。

到目前为止，我们的分析都是基于“2人分金币”那样简单的2人世界，这种简单的情形与现实世界显然是不符的。即便是在这样简单的世界里，我们也没有找到任何有意义的关于自发秩序的数量规律。另外，想必读者也会感到困惑的是，“2人分金币”世界里的自发秩序{(2,0),(0,2)}发生的概率为2/3，它不过比“平均秩序”{(1,1)}发生的概率高出1/3而已，与我们所想象的那种发生概率压倒性超过其他秩序的“自发秩序”相去甚远。既然一个秩序可以被称为“自发秩序”，那意味着它发生的概率应该高到几乎等于1，以至于其他秩序的发生概率完全无法与之相比较。

为了看到一个更现实的自发秩序，我们需要把“2人社会”推广为一个“n人社会”，其中n是一个非常大的数。事实上，这样的n人社会才更加接近第6章中所设想的“点对点”经济。这样的经济是一种去中心化的机会公平的经济网络，网络中的每一个节点都对应一个居民（或者家庭），居民既是企业又是消费者，他们不光供给产品和服务，同时相互之间又交易这些商品，生产交易过程不存在任何的第三方作为担保（Einav et al., 2016）。我们用图8.1显示了n=4的“点对点”经济，其中由于没有第三方交易平台，我们设想利用区块链技术来充当瓦尔拉斯拍卖者。在这个经济网络中，每一个节点所对应的个人其权利和义务都是平等的，所有的信息都是互联共通的。在这样一个没有中心节点的网络中，节点之间的地位随机更换，看似杂乱无章，但是笔者却已经证明（Tao, 2016, 2021a），如果经济网络中的居民数量超过某个很大的阈值时，该网络会生成一个自发秩序，它是一个指数收入分布，见图8.1。

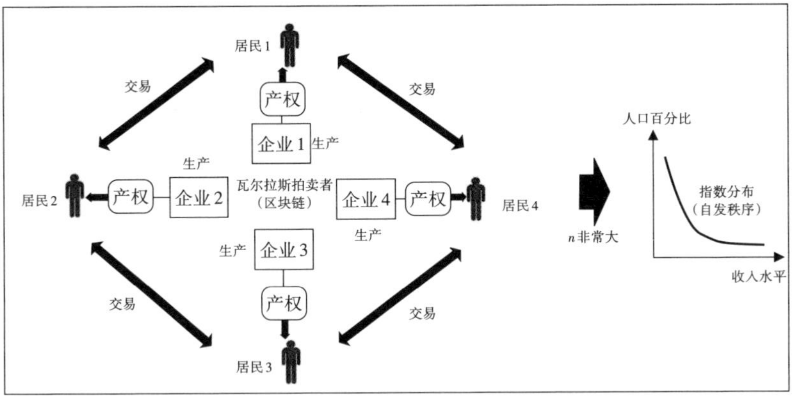

图8.1 ◆ “点对点”生产交易网络的自发秩序

作为“点对点”经济网络中的自发秩序，指数收入分布的函数形式为：

$$p(t > x) = \exp\left(-\frac{x-\mu}{\theta}\right) \tag{8.1}$$

这里笔者并不准备介绍指数收入分布（8.1）的推导过程，因为那会使用许多专业的数学技术，感兴趣的读者可以直接阅读论文Tao（2016,2021a）。

不过，我们可以尝试对指数收入分布（8.1）的意义做一些简单的解释。

指数收入分布（8.1）的经济含义是：收入大于 x 的人口比重为 $p(t > x)$。其中，人口比重 $p(t > x)$ 与收入水平 x 成反比：收入大于 x 的人口比重随着 x 的增加而呈负指数关系逐渐减少。简单来说，收入越高的人占总人口的比重会越小。这是现实社会中显而易见的现象，因为富人总是少数，并且越有钱的人会越少。另外，可以看到，n 非常大时的自发秩序（8.1）与 n=2 时的自发秩序{(2,0),(0,2)}在形式上很不相同，这其实是一个由“量变”引起“质变”的结果。在“2人分金币”的世界里，n=2的自发秩序{(2,0),(0,2)}发生的概率为2/3，它比起自己的竞争对手"平均秩序"{(1,1)}只高出1/3的概率，并没有太大的优势。不过，随着社会人数n逐渐地增大，其对应的自发秩序发生的概率也会随之增加，而等到n超过一个很大的阈值时，对应的自发秩序就蜕变为了指数收入分布(8.1)，它发生的概率已经几乎等于1。由于指数收入分布(8.1)发生的概率是如此地接近于1，与之竞争的其他秩序发生的概率相较之下就显得微不足道。对此我们不妨在数量上打个浅显的比方，如果其他秩序在1年的时间里会发生一次，那么对于人类的有限感官来说，这些秩序发生一次的持续时间会是一个非常短暂的瞬间，很可能在我们觉察到这些秩序发生之前，它们就已经成为我们生命历程中的过客了。简单来说，对于n很大的"点对点"经济中居民的有限感官，除了指数收入分布(8.1)是一种常态现象，其他收入分布相当于"不存在"。这种"常态现象"代表一种"自发"语义，因而我们才将指数收入分布(8.1)称为"自发秩序"：它发生的概率是如此地接近于1，以至于它无法避免自己不被发生。

当然，指数收入分布(8.1)是机会公平的理想市场经济中的自发秩序，在这个秩序中，对资源分配的共识扩展到机会公平所覆盖的人群范围，所以可称之为"人类合作的扩展秩序"(哈耶克，2000)。只有当一个社会越靠近这样一种理想的市场经济，这个社会的收入结构才会越接近一个指数收入分布。要想实现这样的理想市场经济，不仅需要依靠社会的宪法制度来保证产权的合理性，还需要社会的技术发展到一定的高度去保障信息自由流通以及减少交易成本。所以，理想市场经济必须等到人类文明发展到一定高度之后才可能出现。如果产权界定合理、信息自由流通、无交易费用等前提条件被破坏，那么社会的收入结构就会不同程度地偏离指数收入分布，甚至在极端时完全不同于指数收入分布。

下面我们就来讨论一种社会组织模式，它奉行的不是机会公平的社会博弈规则，相反，在这个社会组织中的所有社会成员都奉行强者愈强的“丛林法则”。我们来看一下这样一种社会组织会生成什么样的自发秩序。

◈ 帕累托分布

“丛林法则”是自然界里物竞天择、弱肉强食的一套规律法则。大自然中的任何生物为了繁衍下去都不得不遵循这样一套残酷的自然法则，因为自然界中的资源有限，只有强者才能获得最多的资源。对现代人而言，或许很难想象弱肉强食的丛林法则会将人类世界变成怎样一番景象。但这就是人类的祖先智人在丛林中生存时所奉行的法则，即使后来智人得以进化，并发展出高度规模的农业社会，丛林法则依旧流淌在他们进化的血液里。春秋战国时代，诸侯们角逐天下，强者为尊，无不是受丛林法则的影响。

不管是人类还是其他的群体生物，在奉行丛林法则的生存规则时，都会产生所谓的“王者”，它是物资竞争中最大的受益者。

为什么会如此呢？

20世纪的网络科学家们在将人类社会看作一个关系网来进行研究时，发现人类社会的关系网会有一个或者少数几个中心节点出现的特征，这与自然界在丛林法则之下会产生王者很类似。后来，两位网络科学家巴拉巴西和阿尔伯特在研究这样的网络结构后发现（Barabasi and Albert, 1999），产生这种中心化网络的原因是“马太效应”。马太效应这个名字取自圣经《新约·马太福音》里的一则寓言："凡有的，还要加倍给他叫他多余；没有的，连他所有的也要夺过来。"这与丛林法则的逻辑是一致的，在残酷的竞争中，拥有物资的受益者会拥有更多的物资，最终出现独占最多物资的少数几个强者。因此，马太效应暗示了一种优势积累的效应，即所谓强者恒强，其最终导致了一个中心化的网络结构。

马太效应

马太效应是指任何个体、群体或者地区，一旦在某个方面（如金钱、名誉、地位等）获得成功和进步，就会产生一种积累优势，从而有更多的机会取得更大的成功和进步。简单来说，就是好的愈好，坏的愈坏，多的愈多，少的愈少，强的愈强，弱的愈弱。

将马太效应的逻辑放进人类的关系网中，则意味着网络中的新节点最有可能连接（依附）到那些已经存在大量连接的节点上。显然这种连接方式与机会公平的规则是相违背的，机会公平意味着新的节点应该以等概率的方式连接到已有的节点上。我们把马太效应的逻辑放进人类的收入分配网络中也是一样，社会中所创造出来的新财富最有可能落到已经拥有大量财富的人手中。按照这样一种富者愈富的规则，社会也将生成一种自发秩序，它是一个幂函数形式的收入分布（Angle, 1993）：

$$f(t > x) = \left(x/\mu\right)^{-\beta} \tag{8.2}$$

幂函数分布（8.2）被称为"帕累托分布"，这是一个奉丛林法则为博弈规则的社会最可能出现的收入规律。帕累托分布（8.2）的经济含义是：收入大于 x 的人口比重为 $f(t > x)$。其中，收入大于 x 的人口比重随着 x 的增加而呈负的幂函数关系减少。这里笔者同样不准备给出帕累托分布（8.2）的推导过程，感兴趣的读者可以阅读笔者论文(陶勇,2014)。需要提及的是,按照第7章对秩序的定义,作为一种经济秩序,帕累托分布(8.2)仍旧是由一组均衡分配所构成,只不过这些均衡分配并不一定就是帕累托有效的——就像第7章“囚徒困境”中的纳什均衡。相比之下,组成指数收入分布(8.1)的那些均衡分配都是帕累托有效的。

19世纪的意大利经济学家帕累托在调查了16—19世纪一些欧洲国家的居民收入数据之后,最早发现了富人阶层呈现出幂函数形式的收入法则(8.2),这也是收入分布(8.2)被命名为“帕累托分布”的原因(Pareto, 1897)。现在帕累托分布也被演绎为所谓的20/80法则,即社会上20%的人占据了整个社会80%的财富,这导致了一种财富的两极分化现象。按照马太效应,一个富人由于拥有很多的财富,因而有机会比穷人拥有更丰富的社会资源,进而又有获取更多财富的机会。相比之下,穷人因为财富有限,无法与富人拥有相同的社会资源(比如公平的就业与受教育的机会),从而失去了获取更多财富的机会。

马太效应是自然界弱肉强食、适者生存所遗留下来的一种现象,从早期的原始社会在分配资源的过程中产生马太效应,并演变到奴隶社会,再经过文明程度的提升,演变为封建社会,进而跨入民主社会。在整个人类文明的演化过程中,马太效应一直流淌在人类进化的血液里。早期原始社会中发生的适者生存的淘汰经历,使得那些在这个过程中幸存下来的基因储存着马太效应的记忆。当然,随着文明的不断进步,民主公平的理念在与马太效应的角力中逐渐占据上风。特别是随着民主制度的建立,机会公平逐渐成为全人类所共同追求的理想,从而挤压了马太效应生存的空间。尽管如此,马太效应仍旧具有它存在的理由。

我们已经知道信息自由流通、无交易费用、产权界定合理、理性人假设、边际效用递减、边际报酬递减等6个条件共同导致一个机会公平的社会经济网络，并驱使这个网络自发达成所有社会成员都一致满意的资源分配共识②。理性人假设、边际效用递减等条件可以归结为人性，它们比较容易实现。其他条件，如产权界定合理，可以利用严明的法治和民主分权实现。但是信息自由流通、无交易费用却依赖于社会的技术水平，在社会的技术水平还没有达到某种高度的时候，这2个条件是难以得到满足的。而且，只要信息自由流通、无交易费用、产权界定合理这3个条件中的任何一条被破坏，机会公平都可能会被破坏，从而马太效应就会产生作用。这就不难理解，为什么即使是在现代社会，马太效应仍旧存在。另外，就算不考虑民主分权，实现所谓的“严明法治”其实也是需要在社会技术发展到某种程度时才可能实现的。如果一个社会的技术落后，想要实现法治的社会结构其实是相当困难的。特别是随着社会组织规模的扩大，在技术落后的情况下运行整个社会的成本也会随之迅速地增加。要维持法治的运行，需要有足够的信息传递手段，在没有电子通信与互联网甚至机动车的时代，其所耗费的人力和物力是难以想象的。比如，战国时期的秦国，独居关中施行法家治国，经过长时间的经营，发展了巨细的吏治体系，并造就了它独霸诸侯的局面。但是当秦始皇统一中国之后，将法家吏治体系以很短的时间推广到全国时，由于信息技术的落后，导致难以承担的巨大人力与物力成本。我们不能说这就是秦帝国灭亡的原因，但若说成是原因之一恐怕并不为过。待到刘邦建立汉王朝之后，施行黄老之术，经文景之治休养生息，直至汉武帝以儒治国，并最终以乡绅治理体系取代了秦国的吏治体系。从这个意义上来说，当技术还不足以支撑法治的良序

---

② 见第6章中的图6.1。

社会结构时，构建严明法治社会的成本是巨大的。即使到了21世纪的今天，信息技术尽管得到了前所未有的发展，但是仍旧不足以消除掉所有的交易成本和信息传递成本。

◆ 自发秩序的经验证据

通过前面的讨论我们已经知道，指数收入分布(8.1)是去中心化经济网络中的自发秩序，帕累托分布(8.2)是中心化经济网络中的自发秩序。前者由机会公平的制度规则所导致，后者由丛林法则的制度规则所导致。

为了让读者朋友更容易理解两者之间的差异，我们不妨再介绍一下指数收入分布所独有的一个"神奇"数学特征。指数分布(8.1)具有所谓的"无记忆性"[③]——在服从指数收入分布的社会中，每位成员未来的收入与他(她)已有的财富积累无关，比如，已知A君现有存款1000万元，B君现有存款0元，那么"无记忆性"则表现为A君和B君在未来获得同样收入(例如100万元)的概率相同，这是一种"机会公平"的特征。相较之下，帕累托分布(8.2)则具有"记忆性"，即社会成员的收入与他(她)已有的财富积累相关，此时A君更可能获得未来的100万元。除了具有"无记忆性"，指数收入分布所导致的收入不平等也是有限的，这反映为指数收入分布的基尼系数[④]不会超过0.5(陶勇，2014)。但是帕累托分布的基尼系数则可能达到1。

---

③ "无记忆性"意味着数学关系 $p(t \geqslant x+s \mid t \geqslant x)=p(t \geqslant s)$，这个关系在连续随机变量的情形下一定导致指数分布(8.1)。在笔者看来，"无记忆性"反映的正是罗尔斯的"无知之幕"所描述的理想社会关系。

④ 基尼系数是衡量一个国家或地区居民收入差距的常用指标，它的取值在0到1之间，取值越小则意味着社会收入差距越小，反之则收入差距越大。

随着文明的进步，我们目前所处的时代几乎不可能像蒙昧的原始社会那样纯粹地奉行着丛林法则，因此，应当预期，现代社会的收入分布结构是指数收入分布和帕累托分布两者之间的某种妥协。这被反映为现代人在一种“抑恶扬善”的文明中净化自己的心灵。尽管每一个人的内心可能都住着“弱肉强食”的欲望，但却在道德的修养中努力想要摆脱它的纠缠。自从19世纪意大利经济学家帕累托在高收入阶层发现“帕累托分布”这一收入分布的经济现象之后，大量的学者对许多国家及历史时期的居民收入数据进行了广泛的调查，不仅包括20世纪的欧洲、美洲、亚洲等地区（Dragulescu and Yakovenko, 2001; Nirei and Souma, 2007; Newby et al., 2011; Jones and Kim, 2018; Tao et al., 2019; Tao, 2021a, 2021b），还包括中世纪的欧洲（Hegyi et al., 2007），甚至处于奴隶社会的古埃及（Abul-Magd, 2002）。研究发现，古埃及社会贵族的财富也服从帕累托分布。如果我们注意到古埃及处于奴隶社会，此时奴隶是没有产权的，那么这其实意味着奴隶社会整个社会的收入结构都应当遵从帕累托分布。只是随着社会文明的进步，社会的收入结构才开始发生变化，最终驱使帕累托分布被挤压在高收入阶层。

从人类社会的演化情况来看，人类文明已经先后经历了原始的采集—狩猎社会、奴隶社会、封建社会、不同形式的民主社会等各个阶段。而随着现代文明的不断推进，人类的产权保护意识和民主法治环境都得到了巨大的改善。而随着现代科技与信息技术的提升，人与人之间的交易成本也在不断地降低。按照这个演化的趋势，我们预期当今世界那些成熟市场经济国家在制度和文化的构建上应当逐渐地靠近建设机会公平的理想市场经济所要求的6个条件。这意味着，我们可能会在这些成熟市场经济国家观测到指数收入分布(8.1)的经济现象。

那么，这个猜测是正确的吗？

英国是率先开启工业革命，并发展成民主法治政体的国家，因此我们不妨先来看一下英国的居民收入分布情况。

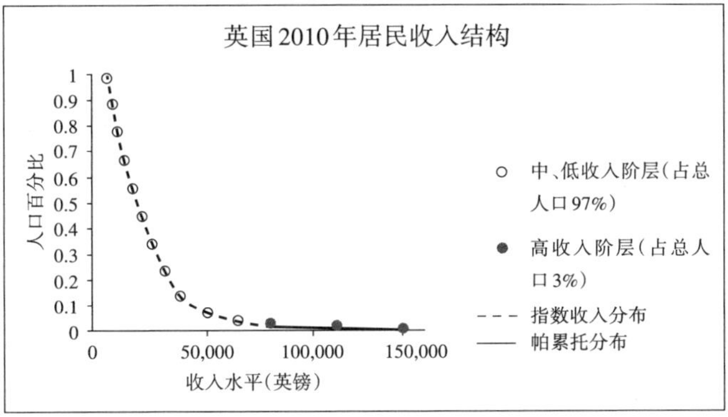

图8.2 ◆ 英国2010年居民收入结构

图8.2显示了英国2010年的居民收入结构，从图中可以看到2010年的英国有97%左右的居民服从指数收入分布⑤，我们用空心圆点表示这部分人口的数据，他们代表着社会的中、低收入阶层，另外我们用虚线来代表指数收入分布。在统计学上，一般使用拟合优度R^2来度量理论曲线与实际数据的吻合程度。拟合优度R^2的取值在0到1之间，R^2越接近1则意味着理论曲线与实际数据吻合得越好。

拟合优度R^2

R^2是度量理论曲线与实际数据吻合程度的统计量，它的取值在0到1之间，R^2越接近1则意味着理论曲线与实际数据吻合得越好。

⑤ 严格来讲，2010年的英国只有90%左右的居民会服从指数收入分布，因为在低收入端会有一部分失业人口不服从指数收入分布。但是依靠指数收入分布的累积分布形式(8.1)并不能反映出失业人口的情况，一般来说，只有利用指数收入分布的密度函数形式才能较好地反映出失业人口的收入结构，对此可见附录B的讨论。不过，一般情况下，失业人口占总人口的比重很小，所以在本书正文中将其略去不谈。

从图8.2可以看到指数收入分布(8.1)与英国中、低收入阶层的数据吻合程度非常高,其R^2值达到了0.99。因此,从统计学上我们可以严格地确证英国有97%左右的人口服从指数收入分布。这也意味着,随着民主政体和科技水平的快速发展,英国已经在逐渐地靠近一个机会公平的理想市场经济。但是图8.2也显示2010年的英国有3%左右的高收入人口并不服从指数收入分布,这部分人口代表着英国社会的高收入阶层。尽管这3%的人口不服从指数收入分布,但是他们却服从帕累托分布。通过前面的讨论已经知道,帕累托分布(8.2)源于马太效应,据此我们不妨解释一下为什么英国社会有3%左右的高收入人口不服从指数收入分布(8.1)。第4章已经谈到,交易成本的存在会导致大企业自发形成,这些企业往往具有垄断特征,从而会引发马太效应。尽管大企业是不同的个体户企业为了降低相互之间的交易成本自发组织而成,但是这种垄断企业的领导者将会是马太效应的受益者。这意味着,英国那3%左右的高收入人群中存在着大企业或相应组织的受益者,从而会服从帕累托分布。

尽管图8.2只检查了2010年英国的收入分布情况,但实际上笔者已经在2019年和2021年的两项工作中分析了2000年到2015年英国的居民收入数据(Tao et al., 2019; Tao, 2021a)。分析的结果显示,这15年间英国的收入分布均呈现出两段结构[⑥]:大约97%的中、低收入居民服从指数分布(8.1),大约3%的高收入居民服从帕累托分布(8.2)。连续15年的稳健结果显示出了两段结构的可信度。而且笔者的分析并不局限于英国,在2019年的工作中,笔者与

⑥ 本章中的指数收入分布(8.1)是收入的累积分布形式,如果使用其密度函数形式,那么可以更精细地发现人类收入分布的结构由三段构成:除了中、低收入居民服从指数收入分布以及高收入居民服从帕累托分布之外,还存在很少量的失业人口并不服从指数收入分布(Tao, 2021a)。笔者在本书的附录B中显示了指数收入分布(8.1)的密度函数形式,并利用英国的居民收入数据显示了这种三段收入结构。不过由于失业人口占总人口的比重很小,所以在本书正文的论述中将其略去。

合作者还收集了2000年之后世界上66个市场经济国家的居民收入数据，数据样本覆盖到欧洲、北美洲、拉丁美洲和亚洲的主要国家。这些国家均显示出与英国相同的收入分配结构：大约90%～97%的中、低收入居民服从指数分布（8.1），大约3%～10%的高收入居民服从帕累托分布（8.2）。

笔者并不准备展现所有66个国家的居民收入数据，对此感兴趣的读者可以阅读笔者论文（Tao et al，2019）。为了行文简单，这里主要展现四个具有代表性的市场经济国家：中国、英国、加拿大和美国。其中英国、加拿大和美国是发达国家的代表，我们在图8.3中展现了最新近可获得的数据，分别是2017年、2018年和2019年。这3个国家的中、低收入居民均服从指数收入分布。除此之外，我们也在图8.3中展示了2015年中国的居民收入数据，中国是发展中国家的代表，其中有97%左右的中、低收入居民服从指数收入分布（8.1）。从拟合优度来看，每个国家指数收入分布曲线与真实数据的拟合优度R^2值都超过了0.99。此外，从图8.3还可以看到，4个国家的高收入居民均服从帕累托分布。

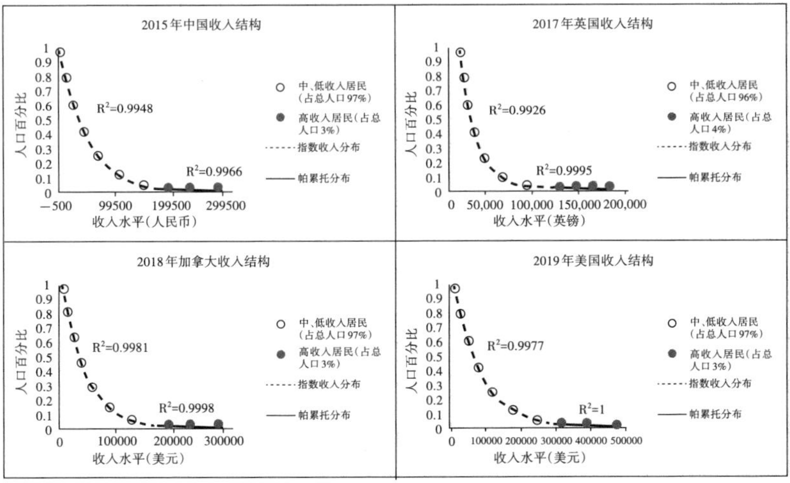

图8.3 ◆ 中国、英国、加拿大和美国的居民收入结构

另外，值得注意的是，与英国、美国、加拿大等发达市场经济国家不一样，中国是一个从计划经济模式转型为市场经济模式的典型国家。因此，中国是一个检验指数收入分布(8.1)有效性的绝佳样本。按照前面的理论分析，指数收入分布(8.1)是机会公平的理想市场经济的自发秩序，该分布只有当社会制度靠近理想市场经济模式的时候才可能显现出来。按照这个分析，我们推断计划经济国家的收入分布结构应当不同于指数收入分布。这意味着，中国处于经济体制改革阶段的居民收入数据可以用来检验我们的理论推断。对此我们用中国1978—2000年的数据来检验理论推断，如图8.4所示。为了行文简单，我们主要调查中国1978年、1980年、1990年和2000年的居民收入数据(Tao, 2021b)。中国是在1978年开始市场经济改革的，因此1978年可以看作计划经济与市场经济的分界线。不过考虑到经济改革效果的滞后性，我们可以把1978年和1980年的中国都看作计划经济模式阶段。在图8.4中，圆点代表真实收入数据，虚线代表指数收入分布。从图8.4可以看到，1978年的中国居民收入结构显著地不同于指数收入分布，数据分布的形状与指数收入分布的形状有着很大的差异。而且这个结果是稳健的，比如图8.4显示中国1980年的居民收入结构与1978年是一致的，拟合优度R^2只有非常细微的改进。通过1978年和1980年的数据分析，我们可以推断，处于计划经济模式的中国，其居民收入结构不服从指数收入分布。一般来说，经济体制改革需要在一段较长的时间之后才会显现出其所导致的效果，所以接下来我们以十年为一个观察期来调查中国居民收入结构的变化。从图8.4可以看到，自1980年起，经过十年的市场化改革之后，中国的居民收入结构开始向指数收入分布进行转变——1990年时中国的居民收入结构发生了很大变化，指数收入分布曲线与实际数据的拟合优度R^2值从1980年的0.97左右提升到1990年的0.98左右。再经过十年的发展，2000年时中国中、低收入居民的收入结构已经几乎与指数收入分布一致了。结合图8.3和图8.4，这些实证结果说明从1978年开始，经过近40年的市场化改革与发展之后，中国已经成功地转型为市场经济国家。不过，需要指出的是，图8.4并没有将3%左右的高收入居民的数据与指数收入分布进行拟合，这是因为这部分居民的收入结构服从帕累托分布。

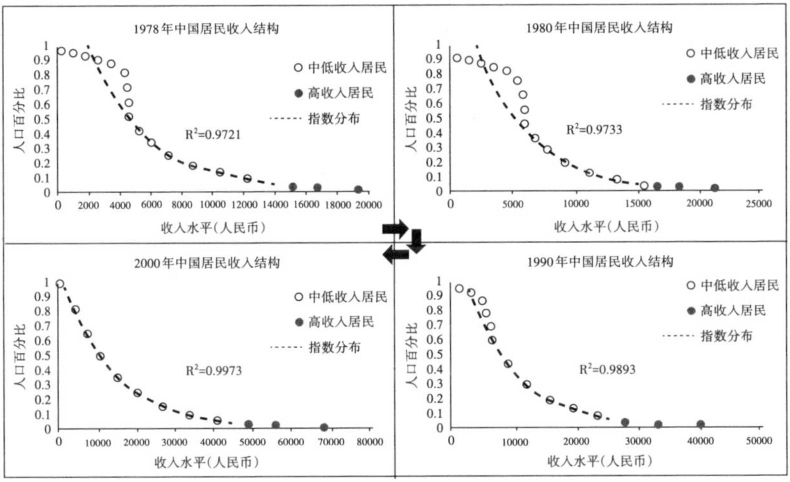

图8.4 ◆ 中国自改革开放以来居民收入结构的演化

中国市场化改革前后收入结构的演化规律，是对“指数收入分布是理想市场经济自发秩序”这一结论强有力的证据。值得注意的是，有一部分经济学者认为对数正态分布是描述中、低收入居民收入结构的普适规律。但是，从1978年到2000年，中国中、低收入居民的收入结构呈现出非常显著的函数形状变化，这是难以简单地用一个对数正态函数来描述的。事实上，笔者并不相信存在所谓普适的收入分布规律。根据前面对制度和秩序的讨论，不同的制度可能导致不同的自发秩序，社会的收入结构与其所推行的制度有着直接的联系。例如，指数收入分布(8.1)是机会公平的理想市场经济中的自发秩序，只有当一个社会所推行的制度模式接近于理想的市场经济时，这个社会才可能呈现出指数收入分布的经济规律。

尽管中国收入结构的演变对于验证“指数收入分布作为理想市场经济的自发秩序”是一个强有力的证据支持，但是另一个让人疑惑的问题却随之而产生：

为什么中国可以成功地实现市场化改革？

我们知道，与中国几乎同一时期实行市场化改革的一些计划经济国家(如苏联、波兰等)在改革的过程中导致经济发展的停滞(Murrell, 1992)。为了回答这个问题，我们首先需要对经济发展的内在规律有所了解。在所有促进发展的因素中，技术进步是推动经济增长最重要的因素。在下一章我们将会看到技术进步与指数收入分布的形成有着直接的联系。

9 技术的本质

宁静的小镇，空气中弥漫着蓝色大海般梦幻的情调。

一米阳光从橡树繁茂的枝叶间透过，晶莹明亮的露珠闪烁着绚烂的光华。恍惚间，露珠偷偷地从一片树叶上滑落，半晌，一声轻盈的滴答，琉璃盏般精致的夜光杯内，剔透而平静的鸡尾酒上泛起了华美的涟漪，微微的凌波荡漾开来。甜美的味道仿佛穿越时光，令人久久不能忘却。

好似天籁般轻柔的音乐响起，像是叮咚的泉水在山间流淌。

优雅的女士拿着一杯咖啡，舒适恬淡地坐在屋外的花园木椅上，闻听花香鸟语。

图 9.1 ◆ 宁静的清晨

这就是技术带给人类美好而舒适的生活画面。技术创造了财富，成就了人类社会的经济繁荣。我们的世界因为技术而发生了巨大的改变。

但是，技术是什么？它从何而来？到目前为止仍旧没有一个满意的答案。

技术似乎是我们人类社会独一无二的东西。不管是我们受制于技术，还是受益于技术，人类的生活都已经离不开技术。如若没有了这些技术，我们就会重新回到原始社会的生活状态，胆战心惊于风餐雨宿、躲避猛兽的不安生活。人类是如此迷恋着技术，或许真像海德格尔所说的那样，技术可能不是人造的或者人可以控制的工具，它的统治来自技术自身的存在，人类生活必须向它屈服并进行适应（阿瑟，2018）。也或许，技术就像生命体一样，它不断地进化，从简单到复杂。而人类社会就像被技术所寄生的宿主，技术在生长，而我们只是不断供给它成长的养料。所有这些养料则来自人类不断开采和利用着的地球资源。

技术的本质是复杂的，所以海德格尔把它想象为了生物。也或许像阿瑟（2018）所谈到的，技术本身是优雅的，是一门艺术，就像音乐一样，我们都见过作曲家的乐谱，我们也认识其中的每个音符。但如果有人问什么是音乐，构成整个音乐的每个音符都来自哪里，那就是一个非常深刻的哲学问题了。

那么技术的本质到底是什么呢？

为了回答这个问题，我们需要思考一个与技术相伴随的观念——知识。

因为，对于人类来说，使用技术离不开知识。

◆ 知识是什么

尽管知识是哲学认识论领域非常重要的一个概念，但是到目前为止，人类还没有一个统一而明确的关于知识的定义。就哲学认知来看，知识是符合文明方向的，人类对物质世界和精神世界探索的结果。而探索的过程，就是人类不断在自然界摄取信息的过程。从这个意义上说，知识与信息有着非常紧密的联系，至少我们可以把知识看作是“有用的信息”。

按照这个看法，为了理解知识，还需要弄清楚信息是什么。

现在学术界一般将香农(Claude Shannon)于1948年10月发表在《贝尔系统技术学报》上的论文《通讯的数学理论》作为现代信息论研究的开端(Shannon, 1948)。在香农看来，信息是用来消除随机不确定性的东西，而信息量的大小取决于它消除不确定的程度，即我们有：

$$\text{获取信息} = \text{消除不确定性} \tag{9.1}$$

为了理解等式(9.1)，不妨考虑一句简单的陈述“明天太阳从东方升起”。这句话肯定是对的，至少在我们目前的认知范围内，太阳不会从西方升起，所以这句话并没有告知我们任何有用的信息。直白一点说，这其实是一句多余的话。既然获取信息就是消除不确定性，而我们又没有从这句话中获取到任何有用的信息，那其实意味着这句话包含的信息量应该为0。现在我们从概率的角度来证实这个论断：“明天太阳从东方升起”这句话所讲述的事情发生的概率显然为1，这意味着它一定会发生，因此不具有任何的不确定性，也就是说，需要消除的不确定性为0。由于获取的信息就是消除的不确定性，所以“明天太阳从东方升起”这句话的信息量为

0。这个论证告诉我们，信息其实可以通过概率进行定义：一个事件发生的概率越高，那么它所包含的信息量就会越少；反之，一个事件发生的概率越低，那么它所包含的信息量就会越多。基于这个革命性的观念，香农发现信息可以用一个简洁的数学公式表示出来：

$$I(X) = -\log P(X) \tag{9.2}$$

为了准确理解信息的概念，我们需要一点关于对数函数的知识准备。公式(9.2)表示，如果事件 X 发生的概率为 $P(X)$，那么它所包含的信息量 $I(X)$ 为 $-\log P(X)$，这是一个对数函数表达式。利用公式(9.2)很容易证实，“明天太阳从东方升起”这句话所包含的信息量为0。因为这句话所描述的事件发生的概率为1，所以我们有 $P(X=\text{明天太阳从东方升起})=1$，代入方程(9.2)就得到信息量 $I(X)=-\log 1=0$。

这里，对数函数 $\log P(X)$ 的底数可以取为2、e或者10，但对我们来说这些底数的取法并不重要。在信息论中，当底数取为2的时候，信息量的单位为“比特”，当底数取为e的时候，信息量的单位为“奈特”，当底数取为10的时候，信息量的单位为“哈特莱”。只不过通常情况下大家把底数取为2，所以我们才比较熟悉“比特”作为信息的单位。为了行文更加简单，本书不对信息的单位做特别的区分，都统一用比特来表示。有了信息量的计算公式(9.2)，我们可以很容易地计算出不同的事件所包含的信息量。比如，掷一枚硬币这件事所包含的信息量为多少呢？由于硬币只有正反两面，每一面发生的概率都为1/2，所以掷一枚硬币这个事件所包含的信息量[①] $I(X)=-\log(1/2)=1$（比特）。这样，我们看到，1比特的信息量就是从两个等可能事件中任取一个时所包含的信息量。同理，我们也可以计算掷一次骰子所包含的信息量为 $I(X)=-\log(1/6)\approx 2.58$（比特）。

◆ 麦克斯韦的“精灵”

有了上面关于信息的知识准备，我们不免产生疑问，香农到底是如何想到利用公式(9.2)来定义信息量的？为了回答这个问题，需要稍微提及一点物理学的知识。在统计物理学中，物理学家们使用指数函数(8.1)来描述物质的能量分布，这被称为“玻尔兹曼分布”。我们知道对数函数的逆函数就是指数函数，无独有偶，信息量的定义式(9.2)也是一个对数函数。那么这是巧合吗？

当然不是。

19世纪下半叶，英国物理学家麦克斯韦在研究玻尔兹曼分布之后发现：一个物理系统的温度与该系统所有分子的平均运动速度成正比。这意味着，如果物理系统中所有分子的平均速度越快，那么这个系统的温度将越高。基于这个结论，麦克斯韦发现一个很有趣的悖论。设想一个隔热的箱子被隔热板分为两个部分A和B，隔热板中间有一个小门（见图9.2），假如一开始A和B的温度是一样的，那么按照温度与平均速度的关系立即可推测A、B两个部分中各自分子的平均速度是一样的。不过，因为分子是做随机的运动，所以不可避免地会撞到隔热板上的小门。这时麦克斯韦设

① 这里简单地把底数取为2，以保证信息的单位为比特，凡本书利用公式(9.2)计算具体的信息量时均采用这个原则。

想在小门的位置处安排一位精灵，它只将B部分中撞到小门的速度快的分子放进A部分。这样一来，A部分中分子的平均速度就会高于B部分，从而导致A部分的温度高于B部分。然而，这将导致一个热平衡系统自发地具有温差，即成为所谓的“第二类永动机”，从而是一个有违常识的悖论[②]。麦克斯韦在这里的推理肯定是有问题的，否则不可能产生悖论。我们很容易想到是小门处的精灵导致了这个悖论，但这个问题却一时难倒了19世纪的所有物理学家。

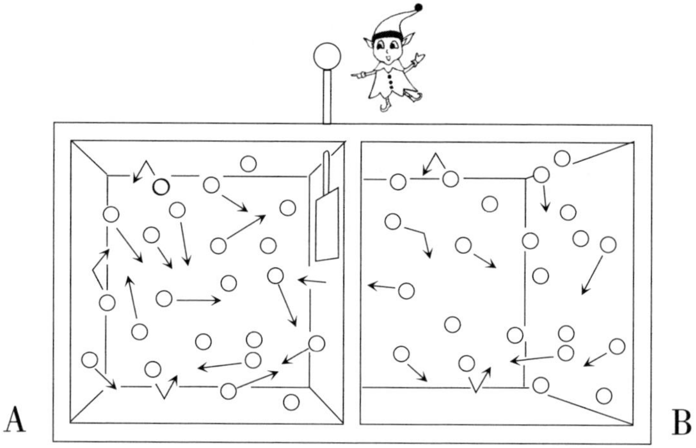

图9.2 ◆ 麦克斯韦的“精灵”

直到1929年，一位来自匈牙利的学者Leo Szilard认为悖论的关键在于“测量行为”(Szilard, 1964)。小门处的精灵在将快分子放进A部分之前一定会测量不同分子的速度，否则它难以知晓哪个分子的速度会更快，而“测量速度”这一行为其实就是获取分子的信息。自从玻尔兹曼分布在19世纪被发现之后，物理学家开始意识到物理系统的熵可以被写成对数函数形式，它与公式(9.2)的数

② 从单一热源吸热使之完全变为有用功而不产生其他影响的热机被称为第二类永动机。这类永动机意味着热力学第二定理被违反——想象一下，一杯红墨水和一杯蓝墨水混合之后，还能够将它们重新分离开来吗？显然这是有悖常识的。

学形式一样。Leo Szilard的聪明之处在于他突发奇想地将熵定义为信息。“热平衡系统自发地具有温差”在物理学上意味着一个孤立系统自发地进行熵减，但这违背了热力学第二定律。按照热力学第二定律，孤立系统的熵不会自发减少，那么减少的熵到哪里去了呢？Leo Szilard认为减少的熵就是小门处精灵测量到的分子速度信息。利用精灵获取的信息去补偿系统减少的熵，就不会再违背热力学第二定律，从而不会再出现所谓的“第二类永动机”。Leo Szilard的想法带来了一个新的思想上的飞跃：

$$\text{获取信息} = \text{负熵} \tag{9.3}$$

这个思想的飞跃不光解决了困扰19世纪无数物理学家的难题，还为信息科学甚至智能科学的发展奠定了思想的萌芽。麦克斯韦的“精灵”在小门处的各种操作在19世纪的物理学家们眼中就是一个“机械”的过程，他们并没有将其与“智能生物”相联系。殊不知若非这个精灵拥有灵智，它又如何能够去识别“快”和“慢”的区别呢？

待到20世纪中叶，奥地利物理学家薛定谔进一步将负熵解释为生命出现的原因，这也影响了后来生物学的发展。不过，我们并不准备深入薛定谔的思想，而是将注意力重新放到香农关于信息的定义式(9.2)上。现在我们知道这个式子在更早的时候被解释为“熵”，它的出现被联系到玻尔兹曼分布，而玻尔兹曼分布在数学上是一个指数函数。在第8章中，我们通过大量真实的数据显示出世界上不同的市场经济国家很大一部分人口都服从指数收入分布(8.1)。既然人类社会同样出现了指数函数分布，那么其中也会产生“信息”吗？

如果是这样，信息又代表什么呢？

◆◇社会中的技术

20世纪50年代以前，经济学家们普遍认为一个国家的GDP（国内生产总值）主要靠投入劳动和资本得到。然而，1956年经济学家索洛发现一个国家的GDP除了由劳动力和资本决定外，还依赖于一个神秘的变量T，稍后他就将这个神秘的变量解释为“技术进步”，并认为技术进步才是推动GDP不断增长的最主要驱动力（Solow, 1956）。自从索洛的发现之后，现代经济学普遍认为GDP主要由劳动力、资本和技术决定：

$$\text{GDP} = Y\left(\text{劳动力}, \text{资本}, \text{技术}\right) \tag{9.4}$$

需要澄清的是，除了劳动力、资本和技术之外，决定GDP的还有其他的生产要素，如土地、自然资源等，只是为了行文更加简练，笔者暂且将其他生产要素略去。从收入的角度来看，GDP其实就是一个国家所有居民的总收入。所以，如果提前知道了一个国家的居民收入分布，那么本质上就可以算出这个国家的GDP。例如，假想一个2人社会，该社会的收入分布为均匀分布：每人收入相同，且为1000元。那么利用该分布就可以知晓这个2人社会的GDP为2000元。同样道理，如果已知一个国家的居民收入分布服从指数收入分布(8.1)，那么理论上就可以利用指数收入分布(8.1)算出这个国家的GDP。不过，由于指数函数在数学结构上的复杂性，想要利用它算出GDP需要借助专业的数学工具。考虑到本书的通俗性，这里并不准备利用指数收入分布(8.1)去算出GDP。当然，这个工作在更早的时候已经被笔者完成了（Tao, 2021a, 2021c）。如果读者朋友们有兴趣利用指数收入分布(8.1)去计算GDP的话，那么就会发现GDP中所投入的“技术要素”恰好就是这个社会所有成员分散决策所带来的信息量。当然，要想严格地证明这个结论是一件非常困难的事情，它需要大量的数学准备，对此证明感兴趣的读者可以阅读笔者的论文(Tao, 2021c)。尽管在本书中笔者不准备对该结论给出严格的证明，但还是可以用较为简单的方式来解释：为什么收入分布服从指数函数的形式时，社会的技术刚好就是这个社会所有成员分散决策所带来的信息量。

为了理解下面的阐述，读者朋友们需要先行掌握指数函数的乘法性质和概率论中独立事件的数学知识。

我们不妨考虑一个n人社会，它的收入结构服从指数收入分布(8.1)：居民i采用经济决策a_i获得收入x_i，其中$i = 1,\cdots,n$。按照指数收入分布(8.1)，这意味着居民i获取收入x_i的概率正比于一个负指数函数：

$$P\left(a_i\right) \sim \exp\left(-x_i\right) \tag{9.5}$$

假设每位居民做经济决策的行为是独立的(分散决策)，那么n个居民各自做经济决策的联合事件a可以写为：

$$a = a_1 \cap a_2 \cap \cdots \cap a_n \tag{9.6}$$

这里$\cap$代表交集符号，所以方程(9.6)代表n个独立事件的交集。

显然，n人社会的GDP是所有人收入的加总：

$$\mathrm{GDP} = x_1 + x_2 + \cdots + x_n \tag{9.7}$$

根据概率的独立性公式，联合事件a发生的概率为：

$$P(a) = P\left(a_1\right)P\left(a_2\right)\cdots P\left(a_n\right) \sim \exp(-\mathrm{GDP}) \tag{9.8}$$

为了得到方程(9.8)我们利用了方程(9.5)和(9.7)，读者朋友只需要做很简单的代数运算就可以证实这个事情。

最后，对方程(9.8)的左右两边分别取对数就得到：

$$\mathrm{GDP} \sim -\log P(a) \tag{9.9}$$

方程(9.9)中对数函数的底数为e,而其中的正比符号“~”意味着$-\log P(a)$可以对GDP产生贡献,但由于不是等号,还会有其他的生产要素对GDP产生贡献,比如劳动力与资本等。根据信息的定义式(9.2),我们知道$-\log P(a)$代表的是信息量——它代表n个居民各自独立做经济决策的联合事件a所包含的信息量。如果将劳动力和资本都包含进来,那么方程(9.9)可以被一般性地写为:

$$\mathrm{GDP} = Y\left(\text{劳动力},\ \text{资本},\ -\log P(a)\right) \tag{9.10}$$

方程(9.10)已经被笔者严格地证明,感兴趣的读者可以阅读论文(Tao, 2021c)。将方程(9.10)与方程(9.4)进行对比之后容易发现:

$$\text{技术} = -\log P(a) \tag{9.11}$$

方程(9.11)是本章的核心结果,它给出了对技术最本质的定义:社会中的技术是社会成员相互之间分散决策所带来的信息量——社会成员各自独立做经济决策的联合事件a所包含的信息量。

我们回忆,在第8章得到指数收入分布(8.1)是因为假设社会实现了一般均衡,也就是每位社会成员在资源分配上达成了共识,从而做出各自满意的经济决策。从这个意义来说,n个居民各自做经济决策的联合事件a代表的就是社会在资源分配上达成均衡这个事件,即一个均衡分配由社会成员的一组分散决策$a = a_1 \cap a_2 \cap \cdots \cap a_n$所导致,因此我们也可以用$a$指代一个均衡分配。以新古典经济学的术语来说,$P(a)$代表的是均衡分配$a$发生的概率。结合方程(9.11),说明技术是社会中发生均衡分配a这个事件所包含的信息量。从信息的角度来看,方程(9.11)是讲,一个社会的技术水平越高,那么这个社会所拥有的信息量就会越大。从概率的角度来看就是,一个社会当前的技术水平越高,那么这个社会当前所处的资源分配方式 a 发生的概率就越低。按照这个解释，人类社会演化到当前如此高的技术水平应该是一个小概率事件。这意味着产生一个高度科技文明的概率是非常低的。从地球生物圈来看，至少已经有上千万个物种[3]曾存在过，但似乎只有人类发展出了高度的技术文明。而从整个宇宙来看也是如此，因为到目前为止似乎并未发现除了地球文明之外还有其他拥有高度技术水平的星球文明。

此外，等式(9.6)已经告诉我们事件 a 代表的是所有社会成员各自独立做决策的联合事件，并且因为指数收入分布(8.1)是"点对点"经济网络这种去中心化市场经济的自发秩序，那么这意味着事件 a 其实代表的是所有社会成员做分散决策的联合事件。从这个视角来看，方程(9.11)暗示社会成员的分散决策与社会的技术进步存在着直接的联系。

下面我们具体来讨论这一点。

◆ 分散决策与技术进步

哈耶克(2000)曾将人类社会所形成的自发秩序比喻为一种群体间不断扩展的合作秩序，在这个秩序中的每一位成员都能够更好地运用自己所掌握的知识，从而使得整个社会的生产力得到最大程度的提升。在他看来，市场是一种收集信息的制度，而市场的运行就是一个信息收集的过程，它使得广泛的信息公之于众并使其得到利用。这些分散的信息是任何强大的中央计划机构都无法全部知道、占有或者控制的。

③ 这显然是一个非常保守的估计，真实的数据应该远超这个量级。

为什么呢？

哈耶克(2000)认为“那些成百上千个具体事物的琐细知识，只有可以从中获利的人才会去学习……他自己的资本能用于哪一类国内产业，哪些产品有可能具有最大价值，他在自己所处的环境下所做出的判断，将会大大优于任何政治家或者立法者代替他所做出的判断”。为了论证这个事情，哈耶克使用了演化论的观点：“对未知事物的适应能力，是一切演化过程的关键，现代市场秩序在不断进行自我调整时所针对的事件，是任何人都不可能全部掌握的。个人或组织在适应未知事物时可以利用的信息，肯定是不完整的，它们是由一些信号(譬如价格)经过环环相扣的众多个人来传播的，每个人都以不同的组合方式，传递着抽象的市场信号流。但是，整个行为结构倾向于利用这些局部的和零散的信号，适应任何个人都不知道或预见的条件，即使这种适应绝没有达到完美的程度。这就是这一结构得以生存的原因，也是利用这一结构的人得以生存和繁荣的原因。这种适应未知事物的自发产生秩序的过程，不可能为它特意计划一种替代方案。”

哈耶克以上论证的一个关键点在于他认识到世界的复杂性和不确定性，这些复杂和不确定是任何个人都无法提前全部预知的。这就好比地球上的生物演化过程，在数十亿年的漫长演化中，没有任何一个物种可以预知地球环境改变的全部信息，只有那些适应改变的物种才可能在自然选择的进程中存活下来。因此，哈耶克认为，只有扩大人类社会分散决策的权利才可能使得人类社会在演化的过程中不断地壮大与繁荣。在分散决策的过程中，做出不同决策的个体就好比地球上曾经出现的不同物种，只有那些适应了外部复杂性变化的决策个体才能够幸存下来。而这些幸存下来的个体们所形成的资源分配方式就是最优的，这是自然选择的结果——也就是自发秩序。为了实现分散的知识得到最充分的利用，哈耶克认为只有通过个人自由和分立的财产才能做到，即通过将财产支配的权利交给个人，促使决策因分散而得到优化——只有个人能够按照自己的决定（各为其主）运用他的知识时，才可能使这个人所拥有的许多具体知识全部得到利用。没有任何人能够把自己的全部知识传达给别人，因为许多他能够亲自加以利用的知识，是在制订行动计划的过程中才变得明确起来的。例如，社会中各种物资的相对匮乏程度，会随着个人在自己所处环境下所经手的具体工作而出现。换句话说，除了个人所拥有的知识之外，他也在自己所处的环境中发现新的有价值的信息，这些信息可能转瞬即逝，只有广泛分散的个体在自己所处的特殊环境下才可能洞若观火。而正是这些新的有价值的信息，成为人类社会得以不断发展的新知识，这表现为社会的技术进步。

尽管哈耶克的论证在思想上具有很强的穿透力，但是我们仍旧无法从这些文字中理解分散的决策是如何通过市场行为整合为技术进步的。例如，为什么这些决策不会相互冲突？

之所以会出现这种困惑，是因为哈耶克并没有为他所倡导的自发秩序理论找到一个严谨的数学模型。哈耶克不断地通过语言描述来赞美自发秩序，并且他也设想了一种去中心化的自由市场来实现这种自发秩序。但缺乏严格的数学语言，使得哈耶克的自发秩序思想具有迷惑性。事实上，通过第8章的讲解我们知道，任何社会制度都会形成自发秩序，但并不是每一种自发秩序都像哈耶克所阐释的那样美好。只有那种理想的去中心化的“点对点”经济才可能形成哈耶克所向往的自发秩序——指数收入分布（8.1）。

因此,要想理解哈耶克的分散决策促发技术进步的思想,我们还必须从指数收入分布(8.1)着手。当一个去中心化的社会形成指数收入分布(8.1)这种自发秩序的时候,n个社会成员分散决策 a_1, a_2,…,a_n 的联合事件 $a = a_1 \cap a_2 \cap \cdots \cap a_n$ 发生的概率刚好就是一个联系到GDP的指数函数 $P(a) \sim \exp(-\text{GDP})$,见方程(9.8)。将其取对数之后,信息因子(9.11)就出现了,它被我们解释为社会技术。这意味着在指数收入分布(8.1)这个自发秩序中,社会成员做分散决策的联合事件所包含的信息量就是社会的技术水平。由于是在自发秩序(8.1)之中,社会成员的决策一定是一般均衡决策,即大家都对彼此之间的决策行为达成共识,这使得分散决策不会相互冲突。不过,要想实现这种理想化的自发秩序——社会成员之间总会达成资源分配的共识,需要社会满足第5章中实现理想市场经济的6个条件[④]。现实社会当然会对这些条件有所偏离,所以在资源分配的过程中共识并不总是发生。但随着社会的不断发展,人类相互之间达成共识的数目在不断地增加,共识所覆盖的人群范围也在增大。在下一节我们马上会看到,正是共识数目的增加导致了社会技术水平的提升。

在哈耶克的论证中,并没有涉及人类社会是否达成共识的问题,他只是设想人类社会会形成一种自发秩序,在这个秩序中分散的决策促发生产力水平的提升。但是通过前面的讨论,我们看到并不是每一种自发秩序都可以达成哈耶克所期盼的那种效果,只有那种可以容纳社会共识形成的自发秩序才可能整合分散的决策,并使之避免冲突,从而有益于社会的技术进步。

④ 见第6章中的图6.1。

◆技术、自由与李约瑟问题

下面结合第6章中共识性自由的概念，进一步剖析技术对于人类社会而言更深层的意义。

社会的技术水平就是社会成员相互之间分散决策所带来的信息量，这是利用指数收入分布(8.1)导出的结论。但是在第8章中，我们知道之所以得到指数收入分布，是因为假设每一个均衡分配发生的概率相同(即所谓机会公平)。因为方程(9.11)中的 $P(a)$ 代表均衡分配 a 发生的概率，按照“等概率”假设，意味着 $1/P(a)$ 表示整个社会所允许的均衡分配的数目。例如，如果一个社会中每个均衡分配发生的概率为1/2，那么按照“等概率”设定，这个社会总共只能允许2种均衡分配。第6章我们已经将一个社会的共识性自由定义为该社会所允许的均衡分配(帕累托有效分配)的数目 $1/P(a)$，即有：

$$\text{社会的共识性自由} = 1/P(a) \tag{9.12}$$

因为对数函数有性质 $-\log P(a) = \log[1/P(a)]$，所以将方程(9.12)代入方程(9.11)就得到：

$$\text{技术} = \log(\text{社会的共识性自由}) \tag{9.13}$$

方程(9.13)的含义是，社会中的技术进步本质上是由该社会的共识性自由所驱动。但需要强调的是，这里的“自由”是由“集体共识”所定义，而不是指那种广义的自由。只有所有社会成员都达成一致协议(共识)的有效资源分配方案才能被计算进社会的共识性自由中，因此共识性自由的大小就是达成共识的有效资源分配方案(帕累托有效分配方案)的数目。通过方程(9.13)我们还可以从一个独特的视角来理解技术进步与共识性自由之间的关系。共识性自由的大小取决于帕累托有效分配方案的数目，由于每一个帕累托有效分配方案都是无法进行帕累托改进的（这意味着效率的最大化），在面对同样的资源约束下，想要得到更多这种有效率的分配方案显然只有技术水平提升到一定程度才可能。打个简单的比方，对于同一道数学题，一种解法相当于一个有效率的（分配）方案，如果可以有更多的解法则意味着解题技巧得到了提升（技术进步）。

利用共识性自由与技术的关系，笔者尝试谈一下"李约瑟问题"：为何近现代科技与工业文明起源于西欧而不是中国或其他地方？

在第1章中我们曾谈到中国自汉代起就采取了"罢黜百家，独尊儒术"的政策，从而造就了一个极具刚性的社会秩序。在这个秩序中人与人之间的伦理关系被高度约束，诸如幼者必须追随长者，女人必须服从男人，没有知识的人必须听从于有教养的人。自汉代之后，儒家思想逐渐成为统御华夏的指导思想，并且时代越是向前发展，统治者对它的依赖程度也越大。儒教秩序不仅钳制民众的个性自由，甚至在其发展的后期也开始抑制统治者的个性释放。比如，黄仁宇（2014）就描述了明朝中后期的景象，由于受到儒教秩序的束缚，万历皇帝与群臣就立储问题难以达成一致，结果使得万历皇帝因失望而懒政，这种君臣共识的不一致最终导致了明帝国的衰落。且不论这是否真是明帝国衰落的缘由，但从黄仁宇绘声绘色的描写来看，从朝廷到整个社会的面貌，以儒学为政治基础的国家很可能是缺乏共识性自由的[⑤]。与中国汉文明独尊儒术不同，西欧在构制封建帝国时所发展的基督教尽管与儒教作用类似，但却是综合古希腊文明与希伯来文明而成。比如受到希伯来文明的影响，西欧在创建政教秩序时吸收了其“一神论”世界观，摒弃了古希腊的“多神”世界观，这为人与人之间的“众生平等”提供了精神依据。因为平等与自由是相互依托的关系，以自由作为精神品格的古希腊文明并不会就此消失，所以在文艺复兴之后，自由理念在西欧很快就全面复苏。并且在希伯来文明“一神论”的影响下，古希腊时尚存的奴隶制度也在西欧被瓦解掉了。根据方程(9.13)，一个国家技术水平的高低取决于这个国家共识性自由的大小，因此我们能够从汉王朝之后的中国与罗马帝国之后的西欧各自共识性自由的程度来理解为什么现代科技会起源于西欧：近现代科技在文艺复兴之后的西欧产生，源于自由思潮的复兴。

细心的读者可能会问：既然古希腊文明崇尚“个人自由”，那为什么古希腊没有产生现代科技文明？

为了回答这个问题，我们仍旧要回到第6章对共识性自由的定义。共识性自由并不是指广义的个人自由，而是基于社会共识的集体决议。社会共识意味着帕累托有效的集体决议，要想实现有效率的资源分配，我们必须要确立合理的产权，但是古希腊时代保

⑤ 儒家希望以“克己复礼”的方式实现一种理想的社会治理模式，这压抑了人性私欲的释放，从而造就了一个扭曲的世界。在这个世界中，人们只能以“阴阳两面”的方式生存，阳的一面代表儒家所倡导的礼仪，阴的一面代表对个人私利的攫取。而其结果则是，儒家所寄希的高尚人格也最终不能为这样的社会所容——海瑞本是一位清正廉洁的儒家典范，但却被儒家文官集团所排挤孤立。这样的社会鼓励中庸，压抑创新，皇帝励精图治或者宴安就乐、首辅擅专独裁或者精于调和、将领富于创造或者沦于苟安、文官廉洁奉公或者贪污舞弊、思想家极端进步或者绝对保守，对于儒教秩序而言都无关宏旨(黄仁宇，2014)。

留了奴隶制度。要知道奴隶连自己的人身产权都不能保证，又何谈有效率的资源分配呢？因为奴隶制度的存在，古希腊时代的资源分配是很难达成大范围社会共识的。即使可以在制度的约束下形成不稳定的共识，其共识的有效数量或者共识性自由的大小也是有限的，按照方程(9.13)，这难以促发技术的快速发展。只有等到希伯来文明的介入，破坏掉古希腊尚存的奴隶制度，古希腊文明的自由精神才可能真正催生出成就现代科技文明的“土壤”——市场经济。

方程(9.13)也使得我们可以洞悉人类社会的演化方向。从宏观的历史视角来看，人类社会之间的竞争几乎都是技术水平更高的文明淘汰掉那些低技术的文明。这意味着如果人类是向着拥有越来越高技术文明的社会演进，那么人类必将走向越来越自由的时代。在这个演化的过程中，人类互动创造大量的信息，从而使得社会的技术得到提升。但如果人类社会一直这样演化下去，那么人类的未来又将走向何处呢？这个问题我们留待第14章再来讨论。

在这里，细心的读者可能还会发现一个问题。既然每一个均衡分配以同等概率(机会公平)发生，而根据方程(9.11)技术水平又由这个概率来确定，那岂不是会自相矛盾:既然每一个均衡分配发生的概率相同，岂不意味着社会的技术水平总是一样的，又何来技术的进步呢?

为了回答这个问题，我们需要回到方程(9.4)。这个方程意味着一个GDP水平对应于一个技术水平，而一个GDP水平本质上可以由不同的均衡分配达成，即社会成员可以通过不同的共识策略实现同一个GDP水平。换句话即是说，机会公平指的是达成同一个GDP的不同均衡分配发生的概率相等。按照这个逻辑,可以预期当技术水平提升时,GDP也跟着提升,此时会产生更多的均衡分配[⑥],其中每一个均衡分配发生的概率相比于GDP更小时产生的均衡分配所发生的概率要低。

为了更直观地理解这个问题,我们考虑一个简单的社会:假设GDP为1时允许有2个均衡分配,而GDP为2时允许有3个均衡分配。

当GDP为1时由于只有2个均衡分配,所以按照等概率的要求每一个均衡分配发生的概率为1/2。根据方程(9.11),这个社会的技术水平等于 $-\log(1/2)=1$(比特)。同理,当GDP为2时每一个均衡分配发生的概率为1/3,那么这个社会的技术水平等于 $-\log(1/3)\approx 1.58$(比特)。尽管GDP为2时的社会技术水平(1.58比特)比GDP为1时的社会技术水平(1比特)更高,但是前者所产生的均衡分配发生的概率更低,只有1/3。

这个例子清晰地显示,所谓的机会公平(等概率)是针对一个给定GDP下的那些均衡分配而言的。不同GDP所对应的均衡分配其发生的概率可以不同,这并不违反等概率(机会公平)要求。并且这个例子也暗示,当一个社会所包含的信息量越大(技术越高),则这个社会文明发生的概率就会越低,从而产生的均衡分配的数目(即均衡分配发生概率的倒数)也会越多。产生均衡分配的数目越多,则说明人与人之间交换和生产的网络结构越来越复杂,这意味着产业结构更加地复杂多样化。从这个意义上来说,随着社会

---

⑥通过对现实世界的观察也可以发现,随着技术的不断进步,人与人相互可接纳的共识也在逐渐增加。例如,早期的人们可能只信任贵金属或者纸币等实物货币的购买力,并不信任非实物的虚拟货币的购买力。但是随着互联网技术的出现和完善,2022年的中国几乎每个人都在使用数字货币作为商品交易的媒介(同时也信任纸币的购买力)。

的技术进步,我们不光预期社会越来越自由,而且社会的产业结构也会更加复杂。前面提到社会技术的提升与社会的共识性自由的增加具有直接的联系,那么是不是充分的社会自由就一定会带来经济的快速发展呢?

答案当然是:否。

经济的发展有其固有的规律,肆意跨越规律可能付出不可知的代价。

10 经济发展之谜

《论语》是儒家文化的核心著作之一，也是中华文明的瑰宝，它不仅记载了孔子关于社会教育、人伦关系、个人道德修养及品格完善的理念，还记载了他就社会治理所发展的政治主张。关于社会的治理，《论语·子路篇》曾讲到一则故事：子夏为莒父宰，问政，子曰"无欲速，无见小利。欲速则不达，见小利则大事不成"。

这个故事说的是，有一年孔子的学生子夏即将被派到莒父（今山东省莒县境内）去做地方官。临走之前，子夏专程去拜访他的老师，请教"如何才能治理好一个地方"的为政之道。孔子告诉他："做事不要单纯追求速度，不要贪图小利。单纯追求速度，可能反而达不到想要的目的；只顾眼前小利，不讲长远利益，那就什么大事也做不成。"孔子希望用这句话告诫他的弟子，为政者不可急功近利，不能不顾客观条件的限制而速求效果，否则可能适得其反。后来，"欲速则不达"成为华夏文明的千古警言，它时时刻刻告诫着华夏子孙们，做事不能盲目地追求速度、急功近利。只有厚积才能薄发，成功的首要条件是积累，以少为多，以慢为快。

尽管这已经是两千年前所提出的智慧，但是孔子的告诫对于当今时代的经济发展同样适用。

◆ 工业化的困惑

从20世纪英国、美国等发达国家的成功发展经验来看，经济发展走的似乎是一条经济体从“主要以农业为基础”转变为“以工业和服务业为基础”的发展道路。若以这样的发展道路作为发展中国家的参考路径，那么工业化几乎是经济发展的必经之路。所谓工业化，主要是指工业在一国经济中的比重不断提高以至取代农业，成为经济主体的过程。简单来说，就是传统的农业社会向现代化工业社会转变的过程。这一过程的特征主要表现为农业劳动力大量转向工业，从而导致农村人口大量向城镇转移，以至于城镇人口超过农村人口。人类历史上最早的工业化过程其实是一种自发的社会现象，始于18世纪60年代的英国。当时以大规模机器生产为特征的工业生产活动开始向原有的生产方式和狭小的地方市场提出挑战，起因是旧的生产方式已无法满足日益增长的市场容量的需求。时至今日，随着发达国家工业化的成功，许多欠发达国家和发展中国家也寄希望通过工业化来实现经济发展的现代化。

然而对于大多数欠发达或发展中国家而言，工业化的尝试并不总是顺利的。有些国家希望通过工业化提高本国在出口市场上的竞争力，结果却反而导致其对进口的依赖，像农业大国印度就由于工业化而忽视了农业的发展，反而导致其对食物进口的依赖（林恩，2009）。有些国家希望通过工业化诱导人们进入城市，却既不能满足他们对基础设施的需要，也不能为他们提供足够的就业机会，像阿尔及利亚很早就尝试进口整套的制造工厂，却没有足够的高技能人员去运营操作，结果不仅工业化得到的好处与预期不相符,反而还对新城市和农村都造成了伤害(林恩,2009)。不过,对于有些发展中国家而言,工业化的进程却为其带来了经济上的飞跃。比如,1978年的中国是当时世界上最贫穷的国家之一,人均国民收入只有156美元左右[①],只是当时撒哈拉以南非洲国家平均水平的三分之一左右(林毅夫,2012)。但在此之后的四十余年里,随着工业化进程的加快,中国经济得到飞速发展,并于2010年超过日本,成为世界第二大经济体。

为什么有的国家会比其他国家在工业化的进程中更成功呢?不同国家在资源、历史文化、市场容量和对外开放程度以及对基础设施和教育的支持力度上都是存在不同程度差异的,这些差异都可能是造成工业化不同结果的原因。但是不管如何,工业化想要成功,一定与生产技术的进步脱不开关系,没有生产技术的进步,工业化进程只能是空中楼阁。但现在的问题是,同样是引进发达国家的先进技术,为什么有些国家工业化进程顺利,而有些国家就不那么顺利呢?到底是什么决定资源在生产中得到最有效率的利用?换句话即是说,是什么决定一国经济发展所使用的技术最适合?这是本章将着重讨论的问题。为了回答这个问题,我们首先来看新古典经济学是如何看待经济发展以及与之相伴的技术进步的。

◆ 新古典增长理论

第9章说到一个国家的GDP主要由三种要素决定:劳动力、资本和技术。其他的生产要素还包括土地、自然资源等,不过为了分

① 数据来源:世界银行。

析更简单，我们暂不考虑这些额外要素。新古典经济增长理论主要研究如何投入和配置这三种要素以实现可持续的经济增长。经济学家索洛率先对这个问题进行了系统的研究，他发现这三种要素中推动经济快速发展的主要驱动力是技术（Solow, 1956）。但是在索洛的理论中，技术是外生给定的，与经济体本身无关，所谓“外生”是指经济体无法自己涌现出技术来，因此在索洛的理论看来，发展中国家和发达国家之间的技术只有“量”而没有“质”的区别。若假定发达国家与发展中国家拥有相同的技术，索洛理论则预言：由于资本积累的边际报酬递减，发达国家的人均收入增长率将逐渐降低到零，而经济增长率则最终会收敛到该国的人口增长率；相比之下，发展中国家人均收入的增长率将会比发达国家快，并逐渐收敛到发达国家的人均收入水平。

但实际上，世界上的主要国家与地区的人均收入增长率从工业革命前（1000—1820年）的平均0.05%增加到工业革命后（1820—1998年）的平均1.21%，并未有收敛到0的迹象（Maddison, 2001）。而且，绝大多数发展中国家并未如索洛理论所预期的人均收入水平将收敛到发达国家的人均水平。例如，据世界银行的调查报告，1960年的101个中等收入经济体，到2008年只有13个发展成高收入经济体（Agenor et al., 2012）。为了解释为何发达国家的经济增长率没有收敛到人口增长率，经济学家卢卡斯（Lucas, 1988）和罗默（Romer, 1986, 1990）等尝试将技术内生化，从而导致技术本身可以从经济体中涌现出来，因而不再是与经济体无关的外生要素，这就是著名的“内生增长理论”。这个理论的基本思想很容易理解，企业家通过投入劳动力进行生产，然后积累资本，并利用积累的资本搞研发，从而促进技术进步。这本质上意味着技术可以在经济活动的过程中被生产出来，从而不再是索洛模型所刻画的“技术是外生的”。一旦技术可以从经济中涌现出来，那么就可以提升资本的利用效率，从而打破“资本积累的边际报酬递减”困境。这样一来，经济的生产能力就可以得到不断提升，从而使得一个国家的经济增长可以长期高于人口增长。尽管内生增长模型可以解释发达国家持续增长的现象，但却不能很好地解释为何众多发展中经济体仅有少数能够收敛到高收入国家的水平，而绝大多数则长期陷于低收入或中等收入陷阱。

这就回到笔者刚才所提到的问题：同样是引进发达国家的先进技术，有些发展中国家工业化进程顺利，但有些国家就不那么顺利。

为了解释大部分发展中国家都没有收敛到高收入国家经济水平的现象，我们需要仔细考察内生经济增长理论对“技术”的定义。在内生经济增长理论看来，技术就是通过投资而生产出的一种“资本”，即通过投入资本生产出一种新的“资本”。由于资本可以生成资本，这就导致了一种马太效应：即一个单位的资本生成更多的资本，从而可以催生比原来一个单位资本所带来的产量更多的产量，这相当于提升了资本的边际效率。这个理论的逻辑链条没有错，但是它却依赖于一个很强的假设：投资研发一定可以导致研发成功。显然，这个假设成立是有条件的。很难想象，在一个知识匮乏的原始人类社会，积累资本进行研发就一定可以成功。而且我们可以将目光放到人类社会之外去看，一些昆虫社会如蚂蚁社会，已经可以培植真菌和养殖其他昆虫，俨然进入了农业社会的模式（霍尔多布勒和威尔逊，2019；威尔逊，2019）。这些蚂蚁也在积累“资本”，但是并没有证据显示它们已经发展出严格意义上的科学技术。因此,仅仅将技术进步看作投资研发的过程,有点过于简单,很难进一步推进我们对于技术本质的理解。而如果不能深入地理解技术的本质,那么就难以理解为什么不同国家推行工业化的结果会大相径庭。现在,我们不妨超越内生经济增长理论的框架,回到第9章对于技术本质的剖析。

◆技术选择与要素禀赋

在第9章,我们论证了社会的技术水平就是社会成员相互之间分散决策所带来的信息量,这与现有的内生经济增长理论仅仅将技术解释为“研发的结果”不同。由于信息与知识之间的深刻联系,我们的解释已经触及了技术最本质的含义。这里再次回顾一下这个解释的理论基础。

如果一个社会像“点对点”经济网络这种去中心化市场经济那样运行,那么这个社会就会生成自发秩序——指数收入分布(8.1)。在这个秩序中,n个社会成员分散决策行为 $a_1, a_2, \cdots, a_n$ 的联合事件 $a = a_1 \cap a_2 \cap \cdots \cap a_n$ 发生的概率刚好就是一个联系到GDP的指数函数 $P(a) \sim \exp(-\mathrm{GDP})$,见方程(9.8)。将其取对数之后,信息因子(9.11)就出现了,它被我们解释为社会技术——社会成员做分散决策的联合事件 a 所包含的信息量。从这里看到,我们论证社会技术与信息量之间关系的前提是假设了指数收入分布(8.1)成立。这意味着指数收入分布的出现引致了技术的涌现。

另外,在第8章我们已经知道指数收入分布(8.1)是“点对点”经济网络的自发秩序,在这种理想秩序中社会成员的分散决策一定导致一般均衡分配,由于这些均衡分配总是帕累托有效的,从而是稳定的。既然指数收入分布(8.1)的出现引致了技术的涌现,同时这个分布下的资源分配是帕累托有效的,那么这似乎预示着技术与资源的帕累托有效分配之间存在着某种潜在的联系。这就回到之前我们想要解决的问题:什么决定了资源在生产中得到最有效率的利用?也就是说,技术选择与帕累托有效之间是否存在具体的关系?这对于理解不同国家工业化成功与失败的缘由非常重要。

在没有特别说明的情况下,下文中的“均衡”均代表“一般均衡”,从而“均衡”也就指代“效率”。

为了严谨地论证技术选择与均衡(效率)之间的关系,我们将动用比较专业的数学技术。考虑到可能会有读者朋友不习惯抽象的数学语言,我们用更为通俗的语言来描述技术选择与均衡的关系,但会放弃一点严谨性。新古典经济学尽管将技术看作推动经济增长的主动驱动力,但是却没有意识到社会技术与均衡之间可能会存在联系。在新古典的均衡理论中,研究资源分配(配置)主要基于两个方面:人与物,它们分别对应于劳动与资本。劳动与资本之间的关系既可能是互替的,也可能是互补的。如果关系是互替的,则意味着生产相同数量的产品时增加资本投入可以减少劳动投入,反之亦然。如果关系是互补的,则意味着生产过程中增加资本投入时也需要增加劳动投入,反之亦然。那么劳动与资本投入多少可以使得最终的产出达到最优呢?事实上,第5章所讲的均衡分配(配置)就可以给出劳动与资本的最优投入量,简单来说,新古典经济学的均衡理论其实研究的就是劳动与资本等要素之间的最优投入问题,但其中并不涉及技术投入之后对均衡的影响。社会技术对经济的影响,只有在经济增长理论中才会被注意到。按照我们对社会技术的解释——它代表的是社会成员相互之间分散决策所带来的信息量,因此不能将其归于人与物这两种生产要素。

为此，我们不妨将社会技术看作一种“信息要素”，以区别于另外两种生产要素——劳动与资本。

那么，将社会技术作为信息要素会对理解技术与均衡之间的关系带来什么样的不同呢？

既然技术是一种新的生产要素，并且它是生产产品所不可或缺的，这就意味着投入劳动力与资本的时候，必须同样投入信息要素。现实的生产环节也确实如此，比如生产一台空调，除了投入劳动力与资本，还需要有制造空调这种产品的知识才行，而知识就是有用的信息。劳动力与资本只有在知识的催化下才可能生产出新的产品。但是与劳动力和资本所不同的是，信息的积累方式很不一样。劳动力可以通过增加人口积累，资本可以通过经济增长积累，但信息却是人类在不断探索大自然的过程中逐渐积累的——按照第9章我们对技术的解释，技术进步依赖于人类社会共识性自由的增加。

现在我们来系统地分析一下技术与均衡之间的关系，为了论述更为简单，下面就以图10.1来进行说明。

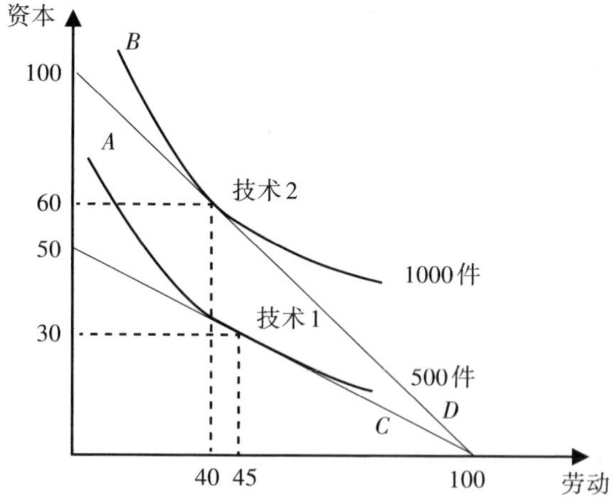

图10.1 ◆ 技术的最优选择

一般来说,经济体中的劳动力与资本数量总是受到限制的(否则就不存在均衡分析了,只需要不断地投入劳动力与资本就可以无限地得到产品)。图10.1中,我们用直线*C*和*D*来代表这种资源限制。比如,直线*C*所允许的最大劳动力数量是100,其所允许的最大资本数量是50。同理,直线*D*所允许的最大劳动力数量是100,其所允许的最大资本数量是100。为了论述更为形象,这两条直线可以被想象为分别对应于一个发展中国家和一个发达国家,前者资本存量较低(最多才50),后者资本存量较高。有了劳动力与资本,想要生产出产品来,我们还需要有技术才行。图10.1提供了两类技术集[②],一类是较低生产力的技术集*A*,一类是较高生产力的技术集*B*。前一类技术可以带来500件产品,而后一类技术可以带来1000件产品。

在经济学中,寻找均衡分配(配置)本质上就是求一个最优解的问题,这反映为图10.1中曲线与直线相切。在数学中,这样两条线的"切点"往往代表一个最优化问题的解。在图10.1中,发展中国家所对应的资源限制"*C*线"不可能与备选技术集"*B*线"相切,它只能与备选技术集"*A*线"相切,相应的切点为(劳动=45,资本=30,技术1)。这就是说,该发展中国家最优的生产方式是从备选技术集"*A*线"中选择技术1,并投入45单位的劳动力和30单位的资本去生产出500件产品。只有这样的组合方式才能产生最高效的资源利用率,避免浪费,并最大限度地降低成本。同理,发达国家所对应的资源限制"*D*线"也不可能与备选技术集"*A*线"相切,它只能与"*B*线"相切,切点为(劳动=40,资本=60,技术2)。这意味着,对于发达国家而言,从备选技术集"*B*线"中选择技术2,并投入40单

② 图10.1中的曲线*A*和*B*均代表集合,组成曲线的点则是集合的元素——代表生产技术。

位的劳动力与60单位的资本是最优的生产选择，这时会带来1000件产品的产量。

在图10.1中，发展中国家选择技术1最为有效，它所对应的资本劳动比率为30/45 < 1，这意味着相对于劳动力而言该国资本较为匮乏，所以技术1可以被称为“劳动密集型技术”。相比之下，发达国家选择技术2最为有效，它所对应的资本劳动比率为60/40 > 1，即相对于劳动力而言该国资本更为丰富，所以技术2可以被称为“资本密集型技术”。通过这个分析，我们可以发现对于不同发展阶段的经济体，其选择的最优技术与其所拥有的劳动力及资本存量有关。在经济学中，我们一般将社会所拥有的劳动力和资本存量叫作该社会的要素禀赋。而已有劳动力与资本的比率则被称为要素禀赋结构。按照要素禀赋的术语，图10.1展示了一个经济规律（Tao, 2021a）：一个社会要想最大化经济效率，它所推行的技术必须与其自身的要素禀赋结构相匹配。

技术选择与经济效率的关系

一个社会要想最大化经济效率，它所推行的技术必须与其自身的要素禀赋结构相匹配。

发展中国家如果资本较为匮乏，那么它就不应该不切实际地去引进资本丰富的发达国家所推行的资本密集型技术，否则经济发展难以趋近均衡，从而会存在资源错配或浪费。按照图10.1的逻辑，推行资本密集型技术，需要社会有一个更高的知识存量，但知识存量不是一蹴而就的，它可能涉及社会结构的改变。一个极端的情形是在一个原始社会中发展互联网产业，这显然是不现实的，它需要该社会的成员经过一个长时间的学习才可能实现。在这个过程中，也许可以通过外部力量强行构筑起一个互联网经济结构，但是在社会成员还没有足够知识储备的情况下，资源分配的公正性与效率都会受到影响。另外，图10.1中的发展中国家在资本积累到足够高的水平时——反映为资源约束从C线转变到D线，它的最优生产技术就需要从劳动密集型转变为资本密集型。这说明一个经济体的最优生产技术选择是随着其要素禀赋结构的改变而变化的（林毅夫，2014）。但我们并不是说，对于每个发展中国家，技术选择一定是从劳动密集型向资本密集型转变，图10.1毕竟只描述了一种特殊情况。事实上，技术选择与要素禀赋结构之间的动态关系可以是非常一般的，这种关系只视经济体具体的禀赋情况而定。

◆欲速则不达

前面我们利用图10.1说明了技术选择与经济效率（均衡）之间有其特殊的内在规律——并不是说这个社会使用的技术越先进，这个社会的经济就会发展得越好。不顾现有要素禀赋条件而盲目使用不合时宜的先进技术可能导致“欲速则不达”的后果。基于这个新的认识，我们可以较好地解释中国改革开放40多年的经济发展成就。

20世纪60年代的中国是劳动密集型国家，其拥有的资本相对更加稀缺。由于劳动力密集，此时劳动力的价格相对更加便宜。在这样的环境下，为了保证资源实现最优配置（即达到均衡），应该发展与其要素禀赋结构相匹配的产业技术——这种产业以劳动密集型技术为主。但是在第二次世界大战之后，一个很流行的经济发展理念是：一个欠发达国家要想追赶并超越发达国家，从而成为高收入国家，它应该拥有像发达国家那样的技术产业（林毅夫，2014）。而当时的发达国家，如美国，资本相对于劳动力更加的密集，所以发展的产业是资本密集型。受这种理念的影响，当时的中国不合时宜地选择资本密集型产业（重工业）作为主导产业来发展经济。现在我们知道，20世纪60年代中国的经济发展策略导致了严重的资源错配，大量的年轻劳动力从城市进入到农村，经济增长大幅下滑（Perkins, 1967; Lin et al., 2003; Yao, 1999; Lau et al., 2000; Meng et al., 2015）。这与前面所展示的技术选择与均衡的关系相符，一个劳动力密集的国家发展不相匹配的资本密集型技术产业，将驱使资源偏离甚至远离均衡配置，从而导致要素价格扭曲以及资源错配。如果资源偏离甚至远离均衡配置，则无法实现帕累托有效，从而社会就会存在浪费以致资源闲置，这样的社会可能是不稳定的。从当时中国所拥有的要素禀赋条件来看，发展劳动密集型产业才可能实现资源的优化配置——在此过程中，利用劳动密集型产业优化生产，并不断积累资本，待到资本存量与劳动力存量的比率达到一个较大值时，再来发展资本密集型产业才是合理的。从这个意义来看，对于一个赶超型的发展中国家而言，一条稳定而有效率的经济增长路径应该服从一种渐进匹配的过程，即技术选择需要与要素禀赋结构不断匹配。

20世纪80年代，随着改革开放的推进，中国转向劳动密集型产业。在这个过程中，为了保证社会的稳定，中国采取了渐进的“双轨”制度（Lin et al., 2003; Lau et al., 2000）。而正是这一改变，使得我们看到了一个发展中国家的经济发展奇迹。从1980年到2015年,中国GDP以8.7%的年平均增长率增加,人均收入从1980年的714美元增加到了2015年的13277美元,累计增长达到1759%(Wei et al., 2017)。相比之下,同一时期世界上还没有其他的国家有这么快的增长速度。但是从新古典经济学的角度来看,却很难理解这种政府干预的渐进式发展模式的合理性。这是因为现有的新古典经济学理论并没有讨论技术选择与经济效率的关系,相比之下,它只考虑到生产要素配置与经济效率的关系。从这个意义上来看,我们的理论拓展了新古典经济学的边界,根据我们的理论,只要遵循技术选择与经济效率的内在关系来发展经济,欠发达或者发展中国家将具有后发优势。因为发达国家已经有了更先进的技术,欠发达或者发展中国家可以通过引进技术来发展产业实现后发优势。但是如果在引进技术的过程中,不遵循技术选择与经济效率之间的关系,不顾及技术与要素禀赋结构的匹配,经济发展将难以趋近均衡路径,从而影响经济发展的效率。从这个意义来说,政府有其存在的重要意义,如果可以利用要素禀赋与技术选择的关系来构造某个指数,并用以测定社会经济是否偏离均衡,那么政府就可以通过观测该指数的演化情况,及时对产业布局进行调整以缓解经济对均衡的过度偏离。为此,笔者利用图10.1中资源(禀赋)限制线与备选技术线相切的思路构造了一个指数(Tao, 2021a):

$$H = 1 - \frac{r \times MRTS_{LK}}{\omega}. \tag{10.1}$$

我们可以稍用一点笔墨简单地解释一下指数(10.1)。这个式

子中的 r 代表资本的边际报酬，ω 代表劳动的边际报酬，$MRTS_{LK}$ 代表劳动力与资本的边际技术替代率。特别地，当 H 取值为0时[3]，则表示经济处于均衡状态。到这里可能会有读者疑问：按照第5章的讨论，一般均衡的出现依赖于6个前提条件[4]——信息自由流通、无交易费用、产权界定合理、理性人假设、边际效用递减、边际报酬递减。为什么到了这一章里，一般均衡的出现又取决于技术与要素禀赋的关系呢？这岂不是自相矛盾吗？

当然不矛盾。

一般均衡出现的6个前提条件中的“边际报酬递减”是由“社会技术”所决定的，如果技术和要素投入导致“边际报酬递减”被违反，那么一般均衡就会被破坏掉[5]。这也是为什么技术与要素禀赋的关系会影响均衡出现的原因所在。不过，需要指出的是，技术与要素禀赋的匹配只是形成一般均衡的必要条件而已，实现一般均衡的充分条件仍旧是第5章所总结的6个前提条件。这意味着，即使政府希望通过技术调整的方式帮助市场实现更高的效率，也应尽可能将其行动维持在这6个前提条件的范围之内。

---

③ 前面已经谈到资本与劳动之间既可能是互替的，也可能是互补的。如果它们之间的关系是互替的，那么 H 的取值就被限制在0到1之间，从而是一个很好的测度经济偏离均衡的指数。在现实中，我们可以用利率来表示资本的边际报酬 r，以及用最低工资来表示劳动的边际报酬 ω。而 $MRTS_{LK}$ 测度的是劳动力与资本的替代程度。利率和最低工资的真实数据较容易被收集到，相比之下，测度 $MRTS_{LK}$ 则要稍微困难一些。对指数(10.1)更详细的讨论已经超出本书的范围，感兴趣的读者可以阅读笔者论文(Tao, 2021a)。这里仅提及一下，调节利率 r 属于货币政策，调节最低工资 ω 属于财政政策。因此指数(10.1)意味着恰当的货币政策与财政政策有助于引导经济趋近均衡，这与凯恩斯宏观经济学的看法类似。

④ 见第6章中的图6.1。

⑤ 尽管高技术所带来的“边际报酬递增”对于经济的总量增加是很好的，但却可能破坏分配的稳定性。事实上，如果要素禀赋已存备适当，与之对应的高技术同样也只能导致“边际报酬递减”。由第3章的“经济学公理2”知道，“边际报酬递减或者递增”针对的是除技术之外的生产要素。就高技术本身而言，即使经济处于一般均衡，它直接带来的边际回报仍旧可以是递增的。

◆ 创造性破坏

前面我们就技术选择与经济效率(均衡)之间的关系对发展中国家的情况进行了讨论。那么这个关系是否对发达国家也会产生影响呢?

答案是肯定的。

发达国家已经处于科技的前沿,并且在不断研发最先进的技术,但如果新研发并投入的技术与它的要素禀赋结构不匹配,那么社会均衡一样会被打破。这可能表现为新的科技企业出现并取代了旧的科技企业,从而导致旧企业的人员失业,随之而来的是局部市场或者整体市场重新布局。在这个重新布局的过程中,要素禀赋结构也会随着技术的推动而改变,直到新的要素禀赋结构出现并与该技术匹配,从而达成新的均衡。换句话说,新技术的出现本质上是一种"创造性破坏"的过程,它打破原有的市场均衡,并创造新的市场均衡(熊彼特,1990)。但是在技术打破原有均衡的过程中,如果导致大量失业,则会影响社会的稳定性。因此,对于发达国家的政府来说,在出现技术变迁所引致的经济不稳定后,利用相关的政策缓解失业所带来的影响,对稳定社会具有积极的意义。总的来说,政策措施需要通过因势利导的方式来影响要素禀赋结构与产业(技术)结构的相容性,使得产业结构向着有利于均衡的方向演化。

通过对发达国家的论述,我们不难看到均衡和技术选择的关系与熊彼特的"创造性破坏"思想也是一致的。新技术的出现会打破社会原有的均衡,从而推动原有的产业结构发生改变,直到要素禀赋结构演化到与新技术相匹配,则新的均衡才会出现。从这个意义来说，经济中的技术涌现，就是不断打破旧的均衡，并创造新的均衡的过程。

◆ 休克疗法与渐进改革

在20世纪90年代之前，不少西方主流经济学家认为，改革政策的各个配套部分必须一揽子付诸实施，而且越快越好。甚至在一些经济学家看来，这种激进的改革方式其实是一个常识：如果你想要越过深渊，只能一步到位，不可能谨小慎微，分步跨越，这就是所谓的休克疗法。

但如果从前面技术选择与要素禀赋之间的关系来看，盲目实行休克疗法其实是存在很大隐患的。我们在第9章已经证明，社会发展所依赖的技术本质上就是社会成员相互之间分散决策所带来的信息量。这暗示，人类社会的经济类似于一个信息处理系统，其中每个人的知识、信息是有限的。这个信息系统会对每个人的信息进行筛选、加工、处理和储存，形成一个社会的信息知识存量。从这个信息或知识存量的累积性发展来看，社会的变迁只能是演进（渐进）的。毕竟人类社会中知识和信息的储备是在漫长的历史长河中逐渐累积起来的，并非一蹴而就。因此，避免信息和组织资源突然被破坏，可以降低改革的组织成本和信息成本。如果采用激进式变革，必然会破坏现存的组织结构和信息存量，这样人们便无法形成稳定的预期，从而增加改革的组织成本与信息成本（Murrel, 1992）。

基于以上观点，我们可以回答第7章提出的一个问题：20世纪

80年代末期，为什么东欧一些计划经济国家(如苏联、波兰等)倡导快速从计划经济模式转向自由化和私有化的市场经济模式(所谓一步跨越式)，却最终导致经济发展的停滞？

尽管社会自由可以导致技术的快速发展，但是这里的自由不是盲目的自由，而是基于帕累托有效分配(社会共识)的自由——共识性自由。而要趋近帕累托有效分配，产权合理界定、很低的交易费用这些条件都需要被考虑到。当一些东欧国家从计划经济模式快速转向自由市场模式的过程中，产权的界定如果没有得到合理的安排，那么就会影响效率。例如，那时候苏联原有的国营企业在转化为私营企业的过程中，如果产权界定不合理，就可能会诱生个人寻租及腐败，从而导致经济的资源分配偏离甚至远离帕累托有效，这样经济就难以趋于稳定。另外，在迅速跨向自由市场模式的过程中，技术产业的发展也必定会遭遇是否与已有要素禀赋结构相匹配的问题。如果发展的产业与已有的要素禀赋结构不相匹配，则可能导致经济失衡——哪怕经济短期内在快速增长，长期来看也会存在社会不稳定的风险。如果我们假设产权最终经过社会协商变得更加合理，那么是否就不需要政府介入引导发展了呢？当然不是。在技术与要素禀赋结构匹配的过程中，只要社会没有趋近均衡(路径)，那么社会就会存在不稳定的因素。特别是一步式跨越过程中，那些远远超越本国要素禀赋结构承载能力的技术产业，会将偏离均衡的程度拉得更大。这是一个“创造性破坏”的过程，很可能经济在要素禀赋结构与产业结构相互磨合并趋近新的均衡前，就会因为失业大潮而提前崩溃。所以政府作用不管是对于发达国家还是发展中国家都是不可或缺的重要依柱。但是我们仍旧强调，政府应尽可能将其作用维持在第5章所总结的6个前提条件[⑥]的范围之内，否则市场的效率会受到限制。维持在此范围内的政府“有为”可被称为“有效的无为”。“无为”指代不能跨过该范围——这是政府与市场的“边界”。

20世纪80年代，中国采用的是双轨渐进的制度，相比一步跨越式发展，政府在推行市场经济的同时也承担起经济调节、市场监管、公共管理和社会服务的职能，从而在经济遭遇效率下滑而导致不稳定时，能够通过政策缓解社会矛盾。更重要的是，中国在推行市场经济的过程中，根据自己要素禀赋是劳动力相对丰裕的特点，发展了以劳动密集型产业为主导的产业结构，从而使得低劳动力成本所生产的商品在国际上同类产品中更便宜，从而具有比较优势。这就使得中国可以在国际市场的中、下游制造业形成自己的规模经济，从而更快地积累自己的资本。

现在我们已经无法知晓为什么当时的中国会恰好走出一条符合要素禀赋与技术选择关系的渐进发展道路，但是我们知道同一时期推行休克疗法的东欧国家却遭遇了严重的经济下滑。例如20世纪90年代初期中国GDP年增长率近10%，而苏联/俄罗斯、保加利亚、捷克斯洛伐克、匈牙利等国却经历了GDP年均10%左右的负增长，见表10.1（张军，1997），对此各位读者可以加以对照。

---

⑥ 见第6章中的图6.1。图中的6个前提条件限定了政府与市场的“边界”，政府作用一旦跨过边界则可能影响市场的效率。

表10.1 ◆ 中国、苏联/俄罗斯和东欧各国的年增长率(%)

	1986—1989年	1990年	1991年	1992年
中国	9.8	4.1	7.7	12.8
苏联/俄罗斯	3.0	−2.4	−17.0	−19.0
保加利亚	5.2	−11.6	−23.0	−7.9
捷克斯洛伐克	1.6	−3.0	−15.9	−5.0
匈牙利	1.4	−4.0	−10.5	−4.6
波兰	2.7	−11.7	−7.7	−1.5
罗马尼亚	−0.9	−7.1	−13.7	−10.2

这是一个婆娑的世界，
一个沙画的世界。

‖ 心灵驿站·入夜 ‖

一座不夜城，华灯初上。

这不是江南的夜，秦淮不在，无花间荷月，无雕栏石桥。但胜于两江幻境之间，千与千寻的城，巨大而立体的五彩光屏与广阔的明镜江面，将整个城市投影成水天一色的月下街市。人人都驻足于两岸，观望这一绮丽的幻景。现代气息最为浓烈的设计在改变着人们对于城市的记忆，仿佛这座城本就该如此的灯火通明，金碧辉煌。

灯火摇曳着时光的隧道，顺着城市的欧街一路走来，北欧风格的庞大建筑，于朦胧的光亮中，烘托着夜色下的沉迷。音乐与杯盏的靡靡之音荡漾开来，欧街的一排米兰小筑，仿佛有些巴黎香榭丽舍大道的味道，橱窗里的轻裘绮罗琳琅满目，主题咖啡馆也在小提琴的曲调中微醺。

一条崎岖的路和着欧洲风情的街道，让这座城市的立体感更加的强烈，高楼山势嶙峋，温暖的华光星星点点，弥散开来。四周的高楼和着大大小小的3D屏幕，将城市变成了真实与虚拟的结合——人们似乎再也分不清现实与虚幻，也或许每个人都愿意在这个虚幻的世界中沉沦。

入夜的城，月色如丝，一条繁华的街道，归人忘了回家的路。

街道上，不知名的歌手在尽情地歌唱。夜色的怀抱下，繁忙工作后的人们，疲累的身体会不自觉迷恋在霓虹闪烁之间。壶觞中的颜色于梦幻中变化淋漓，人们偏爱这夜的繁华，也贪恋音乐的靡靡，觥光杯盏之间，念念红尘，少年心动。这是城的中心，炫目的灯光下，歌舞升平，人们聚集在这里，随着音律而驿动。这里有花月，也有美人，歌声婉转流莺之间，掌声雷动，歌手在人们的欢呼鼓舞中，享受着属于他们的快乐。

不知道为什么，这时候的我想起了山城巷里的青衣。

在一个寂寞的巷道深处，有一处梨园，水袖起落间，青衣回望我，喜怒哀乐都融入了粉墨，锁入了清秋。

“台上人唱着，心碎离别歌，……，戏幕起，戏幕落，终是客。”

这是一个婆娑的世界，

一个沙画的世界。

随着青衣的那一滴泪落下，渐渐地，这个城市的景物在我的眼中沙化。灯火辉煌变成了无数的流萤，随着吹起的风冲向每一条街道，然后齐聚向天空。

最后，一片沉寂。

文明篇

导读:

孔子游历诸国曾希望以“仁德”感召天下人,呼吁大家“克己复礼”以实现一个对资源分配达成共识的世界,他将这个世界称为“大同世界”。但是孔子低估了自私的力量,两千年来,中国人在仁德修养与人性自利的“天秤”两端徘徊,在向往大同世界的同时,却也在王朝的兴衰中“治乱循环”。近代西方市场经济兴起之后,倡导顺应“人性自利”以达成资源分配的共识,这似乎为大同世界的实现带来了新的希望。随着市场经济的发展,人类社会的技术开始以大爆发的形式快速提升,但与此同时,人类的“自利之心”对于地球的影响也在加剧——环境污染、大量物种灭绝、生态失衡。面对这一系列生态危机,技术于人类将何去何从?是进一步加剧危机,还是通往大同世界?在文明篇中,我们将揭开“技术”最为神秘的面纱——人类社会的自我意识。

11 两种文明的演进

前面我们用了9个章节的篇幅详细地介绍了人类的交换和生产行为。其中特别谈到,随着产权制度的完善以及社会技术的提升,人类社会逐渐发展出高度文明的社会结构,并且这个复杂的社会结构还在不断地演化,并向着结构更复杂、社会更自由、技术也更为先进的方向演进。尽管在第9章中我们已经知道,一个社会技术水平的提升与这个社会的共识性自由增加相关,但是这里仍旧存在一个很难解释的困惑:

为什么地球生物圈已知的所有物种中,只有人类演化出了高度文明的社会结构?

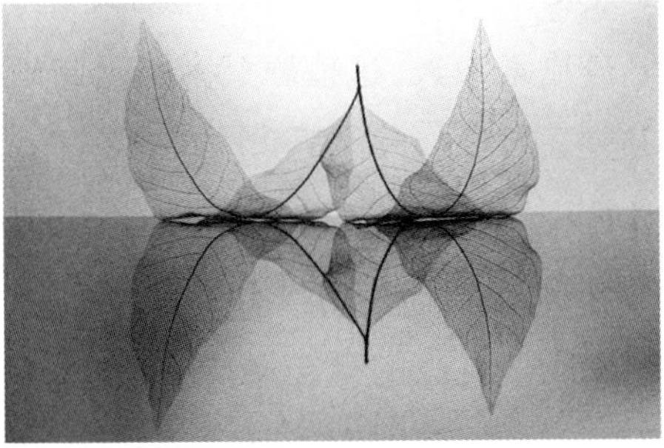

图11.1 ◆ 两种文明

◆智人的崛起

在过去近40亿年的时间里，名目繁多的物种在陆地上出现、演化然后灭绝或者被其他物种所取代，你方唱罢我方登场。尽管如此，在众多的物种里，并没有哪类物种可以在智力上空前发达，以至于其社会组织水平可以压倒性超过其他物种。不过，情况在距今600万年左右发生了改变（威尔逊，2019）。那时候，非洲东部和南部的灵长类动物中有一种猿类演化为两支物种，其中一支发展为了人类的祖先，另外一支发展为了今天的黑猩猩。目前已知的人类最古老的祖先大约生活在400万年前，它们被称为地猿，相比黑猩猩可以勉强靠后腿行走，地猿不仅可以靠着变长的后腿行走，同时还保留了长臂攀爬的能力。后来，地猿或者与之非常接近的一个物种逐渐演化成了南方古猿，并在大约300万年前开始打制石器，这件事情开启了被我们称为"旧石器时代"的社会变革。大约200万年前，南方古猿中有一部分成员离开家园踏上探险的旅程，足迹遍及北非、欧洲和亚洲的广大地带。现在，学术界往往以地名为那些分布在不同地区的原始人类命名（赫拉利，2014）：在欧洲和西亚繁衍的被命名为尼安德特人，在亚洲的被命名为直立人，在印度尼西亚的被命名为（爪哇岛）梭罗人和（弗洛里斯岛）弗洛里斯人……2010年时又在西伯利亚发现了丹尼索瓦人，这些原始人类遍布地球各大洲。但是，我们仍旧不清楚还有哪些人种至今没有被发现。

处于旧石器时代的原始人类发明了一种"石刀技术"，它可以被用来制作各种器械，比如捕猎的投石器、投矛器、弓箭等。另外，这些原始人类也发展出自己的社会结构——"部落"，甚至创作出舞蹈、绘画等艺术。不过，在旧石器时代，部落首领们的权力受到严格的限制，并不存在基于制度所确立的获得部落公认的权力。

首领往往是由于特殊的目的自然地产生，比如，熟悉宗教仪式的老人被推举为司仪，狩猎本领强的年轻人则被推举为狩猎团体的首领。部落的分工也是明确的，男人负责狩猎，女人负责采集周围可供食用的小动物、昆虫、植物根茎和果实等。部落中的男女地位几乎是平等，并且成员之间还有着很亲密的血族关系，所以每一个人都对他人负责，并且相互帮助(斯塔夫里阿诺斯，2012)。不过也有其他学者认为，原始部族由于资源的紧缺，对待年迈者与多出生的婴儿的方式是比较残忍的(赫拉利，2014)。

在大约10万年前，东非草原上的一支直立人的大脑结构发生了革命性的进化。现在并没有确切的证据表明这种改变的原因，我们仅能对此做一些简单的推测：古猿双腿直立，从而将双手解放出来，因此可以用手去做更多其他的事情，比如制作工具和使用燧石取火。利用双手制作工具这种细致的活动使得人类手掌和手指的肌肉不断地被修正，以适应更加细致的手工活动，这使得人类的进化越来越朝着注重神经系统复杂化的方向演变。但是，这也导致了手部肌肉强度的退化。另外，利用火可以吃到更容易消化吸收的熟食，从而使得人类的肠道即使变得更短也能很好地消化食物以获取能量。手部肌肉的退化与肠道的变短，使得获取的食物能量可以更多地输送给脑部以进行新的发育，这促使大脑结构变得更大，消耗的能量也更多。

当然，以上推测还只是一些可能的猜想。尽管如此，有一点可以确认，正是由于大脑结构的变化才使得东非草原的这一支直立人变得更加的聪明。所以，他们有了一个很酷的名字——“智人”。智人与现代人十分相似，大脑容量也相差无几，他们在大约7万年前开始迁徙到世界上的其他地方，在随后的几万年时间里，地球上的其他人类物种开始灭绝。现在我们已经无法知晓为什么其他人种会随着智人的扩张而灭绝①，但是在大约1万年前，正是这群智人进入了新石器时代。

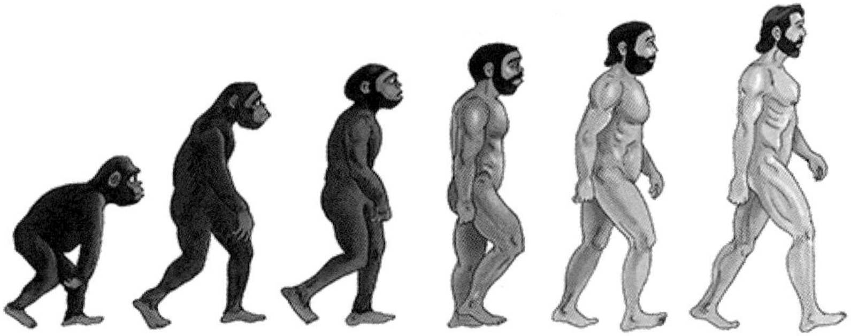

图11.2 ◆ 智人的演化

由于工具的使用，在旧石器时代，人类的技术已经有了很大的进步，从而可以获得更加丰富的食物。但随之而来的是人口的急剧增长。据估计，在旧石器时代初期，原始人类的人口数量大约为12.5万，而到了距今1万年前的旧石器时代末期，人类人口的数量就增加到532万左右，增长了40倍以上（斯塔夫里阿诺斯，2012）。如此一来，就算在工具的帮助下可以捕获到更多的动物以及采集到更多的植物果实根茎作为食物，但由于自然资源的限制，也难以维持不断增长的人口数量的需求。为了解决这个问题，原始人类开始自己圈养动物和种植植物，以突破自然资源的限制。当然，这个转变并非突如其来的灵感，由于长时间的采集活动，原始人类无意中观察到植物生长发育中的各种自然现象，然后开始有意识地采集种子进行播种，逐渐积累了栽培经验。对于驯养动物也是如此。从"食物采取者"到"食物生产者"的角色转变改变了人类生活

① 有一部分学者认为智人驯养家畜，而家畜携带病菌。智人由于与家畜一起长期生活，从而演化出抗体。如此一来，当智人来到其他人种的地方生活时，其他人种由于不具有病菌抗体，就逐渐灭绝了（戴蒙德，2000）。

的每一个方面，在此之后，人类开始通过改变环境来适应自己的基因，而不再局限于改变自己的基因去适应环境。比如，为了对抗寒冷的气候，人类不再是通过改变皮肤上的基因结构去发展更浓密的体毛，而是利用兽皮等材料来制作保暖的衣服。从成为食物生产者的那一刻开始，人类就跨入了新石器时代，同时人类社会也从原始的狩猎采集社会转变为了农业社会，靠种植植物和圈养动物就可以保证大半的食物来源。农业的出现使得人类的生产力得到极大的发展，部落的食物和物资开始丰裕起来，从而部落内部与部落之间会为了如何分配多余的物资而伤透脑筋。从这时候开始，物资的合理分配成了推动人类社会不断演化的一个重要驱动力，并随着人类一起进入工业社会，并且还将主导着社会继续地向前演进。

那么是不是农业的出现导致人类进化出高度文明的社会结构呢？恐怕答案并没有这么简单。因为在这个地球上，并非只有人类进入了农业社会。

◆ 蚂蚁的社会分工

蚂蚁是在白垩纪时期兴起的昆虫，从那时起到现在，蚂蚁已经跨越了大约一亿年的历史。而正是这种社会性昆虫中的一部分成员，在距离人类进入农业社会的6000万至5000万年前就已经完成了从狩猎—采集到农业的变革（霍尔多布勒和威尔逊，2019；威尔逊，2019）。尤其是旧世界的大白蚁亚科蚂蚁和新世界的美洲切叶蚁，它们发明了真菌栽培，并且这些真菌成了它们日常饮食的基本组成。大白蚁亚科中栽培真菌的白蚁大多集中栖息在热带非洲和东南亚，它们构建起被称作“黏土城堡”的巢穴，这种巢穴的中央是真菌苗圃。就像那些农业技术更加先进的人类部落会最先崛起一样,具有先进农业技术的蚂蚁社会也会确立起自己的生态优势。目前已知的蚂蚁农业社会大概有5个阶段:低级农业、羽瑚菌农业、酵母菌农业、高级驯化农业、切叶农业。

处于最后一个阶段的切叶蚁在蚂蚁种类中具有明显的生态优势,它们收集、加工腐烂的叶子碎片和死去的有机原料,依靠这些原料来制作培养基,从而种植特殊真菌。与人类制造石器类似,顶切叶蚁和美洲切叶蚁在进化的过程中习得切割收集、栽培收获活植物原料的技术,这些技术创新驱动它们进一步的进化发展。相比之下,绝大多数植菌蚂蚁并不会切割叶片当作共生真菌的培养基,而是收集各种已经死去的植物。与人类驯养动物一样,蚂蚁也会驯养其他的昆虫,比如蚜虫、介壳虫、木虱等。这些被驯养的昆虫为蚂蚁提供了一部分食物的来源,而蚂蚁则会为它们提供必要的保护和食物。随着种植和驯化能力的提升,蚂蚁社会出现了更加复杂的分工。大多数蚂蚁种群中的社会分工为蚁后、繁殖蚁、工蚁。而在切叶蚁里,工蚁又进一步分化出体型庞大的从事树叶采集、蚁巢防御的大工蚁和体形较小负责种植真菌和抚养后代的小工蚁,这与人类农业文明高度发达之后出现的社会分工非常类似。此外,蚁巢建筑规模的扩大也非常类似于人类农业社会中城市的兴起。

图 11.3 ◆ 切叶蚁

人类不光在种植、驯养能力、城市化进程方面与蚂蚁具有相似性，在驯化植物的过程中还发展出类似的互惠互生关系。例如，人类通过杂交的方式驯化农作物使其基因发生改变，以获得人类所需要的作物性状，但同时人类自身的基因也因为食用这些农作物而发生改变。这些驯化的农作物因此得以在地球上更加快速地壮大，而人类的身体也更加地依赖这些被培育的农作物所提供的营养。蚂蚁与其所栽培的真菌也处于这样的互惠互生关系，它们两者之间很可能存在某种交流，比如真菌向蚂蚁发出信号以求更加适合自己生长的培养基，从而维持营养的多样性，作为回报，真菌为蚂蚁提供蛋白、脂肪、碳水化合物以及特殊营养物质，如精氨酸。目前已经有一些研究考察了蚂蚁与其所培育的真菌之间交流的可能性（荷布多布勒和威尔逊，2011）。无独有偶，有部分学者认为人类与农作物（如小麦）之间也可能存在某种信息交流（赫拉利，2014）。

相比人类而言，蚂蚁提前了至少5000万年进入农业社会，它们不仅种植“农作物”和驯养“牲口”，甚至还产生了社会分工。在传递知识上，年老的工蚁会将寻找蚜虫的经验传递给年轻的工蚁，使得后者可以更快地寻找到蚜虫。尽管这些特征与人类社会是如此地相似，但是并没有任何证据表明存在一种蚂蚁社会产生了如同人类那样的“科技文明”。经过5000万年的农业社会的演化，蚂蚁仍旧停留在非常原始的农耕阶段。这说明要想解释人类进入高度文明的社会结构的原因，仅仅依赖农业技术的兴起是远远不够的。从第2章开始，我们从人类的交换、生产等行为一直讲到社会秩序的演进以及技术的涌现，其中技术的提升有赖于资源分配的社会共识的扩大与增长。而且我们还总结到：人类社会要想实现让资源分配的共识覆盖到整个社会，需要一个产权明晰、免费的交易和信息交流成本以及民主法治的社会结构。当这些条件都得到满足时，人类社会将涌现出理想市场经济所特有的自发秩序——指数收入分布(8.1)。从这个意义来说，指数收入分布可以被看作一个社会靠向理想市场经济的标志。当然，由于免费的交易和信息交流成本只有在完全理想化的市场经济中才可能出现，所以即使是非常成熟的市场经济国家也会有大约3%～10%的人口不服从指数收入分布。关于这一点，我们在第8章已经通过翔实的居民收入数据进行了论述。

如果可以将理想市场经济社会作为高度文明的社会结构的标杆，那么放眼当今世界就会发现，大多数的国家似乎都在向着这个标杆而努力地靠拢。从这个意义来看，为了弄清楚为什么只有人类社会才进入到高度文明的社会结构，我们可能需要认真地分析人类转向市场经济的原因。

◆ 打开文明的“封印”

在第2章中我们指出交换是人类最基本的经济行为之一。人类之所以会愿意进行交换，那是因为有产权的观念在做支撑。相较之下，并没有哪一种蚂蚁社会产生了产权及其衍生的交换行为。所以在笔者看来，正是因为产权和交换的产生，才使得人类社会不断演进，并从农业社会进一步发展到了工业社会。在第4章，我们曾对人类天赋各不相同的原因给出一个可能的解释：由于直立行走，导致女性臀部变窄从而产道宽度受限，以至于人类的婴儿不得不早产，从而具有高度的社会可塑性。当然，这只是人类具有不同天赋的一种可能解释,或许还有其他的解释,但是在这里就不做过多的追究了。我们只需要确立一个假设,人类的天赋是有差异的。只要这个假设成立,那么当人类进入到农业社会之后,社会分工就必然会产生,因为天赋会导致特定的技能。不过,社会分工蚂蚁也有,所以这并不算是人类所独有的能力。真正让人类跨出进化的关键一步是物品交换。自进入农业社会开始,生产对于人类来说已是一种日常的行为,那时食物和物资开始更加丰裕起来。但是不知道从什么时候起,人类开始相互交换各自的物品,以使自己得到更加多样化的物品进行享受。“禁止交换”好像一道封印在每个物种上的枷锁,最终人类打开了它。随之而来的是,最朦胧朴素的产权思想出现:只有属于自己的物品才能与他人进行交换。

在笔者看来,交换的产生是革命性的事件。人类可以用自己种植的农作物去交换别人饲养的牲口,也可以用自己缝制的衣服去换取别人制作的工具。一开始这种交换可能只存在于少部分人类之间,后来大家发现这样可以增加自己获取物品的效率,从而争相效仿。随之而来的是另一件革命性事件的发生——“一般等价物”出现。这个事件可能源于人们发现传统的交换方式还是不太令人满意。比如,A君想要用衣服交换B君的牛,但是B君这时不缺衣服而是缺大米。如此一来,A君要想交换到B君的牛,就必须首先用自己的衣服向另一个持有大米且愿意要衣服的C君进行交换才行。但是寻找这样的C君非常麻烦,这就带来了极大的交易成本,即为了与B君交换牛,会付出更大的代价。为了降低这种交易成本,人类相互之间开始协商一种大家都很稀缺并且可以持久保存的“物品”,比如贵金属(像黄金),这就是一般等价物的产生。一般等价物可以交换任何的物品,所以A君只需要将衣服交换成贵金属或者使用已储存的贵金属与B君交换即可。一般等价物出现之后，人类就进入商品经济时代，而一般等价物也在演变，随着国家的兴起与发展，过去作为一般等价物的贵金属也被纸质货币所替代。纸质货币的产生与国家机构的出现密切相关，它本质上是国家机构与民众签署的一种社会契约。

交换行为的产生，使得人类开始全面地审视自己对物品的产权：他们不得不考虑哪些东西可以交换，哪些东西不能交换，以及如何才能使自己交换到更多的物品。所有这些行为的发展使得人类的产权意识不断地得到修正。一开始是人身自由的权利，对自己劳动的支配权利，然后是自己生产所得的权利……每一次产权的向好修正，都会更加激励社会生产力的提升，那些生产力更低的社会将会在文明的竞争中被淘汰掉。

为什么产权的向好修正会提升社会的生产力呢？我们在第9章已经指出，社会技术的提升本质上源于社会共识性自由的增加。随着产权的不断修正，人类的共识性自由得到更大的扩展，随之而来的是社会信息存量的增加，从而导致技术进步。技术进步也意味着社会向着越来越复杂的产业结构演进，人类也越来越向着更加文明的社会前进。但是，如若没有"交换"，共识的形成及扩展则无从谈起，这也是为什么我们在经济篇中讨论一般均衡（即共识）会首先介绍交换行为的缘由。

不过，对于为什么人类社会会朝着技术越来越高的方向演化，除了从自然选择的视角说明高技术的社会形态淘汰低技术的社会形态之外，我们并没有一个很好的视角来解释驱动这种演化的本质力量。为了探索这股本质力量，我们还需要以更为宏大的视野来审视人类社会，并从中得到更加深刻的思想启发。

12 子非鱼

蜀山俊秀，天下闻名。

嶙峋的山势，幽回路转，盘旋着向上隆起。苍劲的松柏凸岩欲出，更为群峰增添了一分雄逸。峰际仿佛已穿透云端，袅袅的云袂环绕其间。

偶有白鹤飞过，几声长鸣。

群峰之下，竹林青腴，小河流淌，雾霭依依。轻舟顺河而上，逍遥间，山苑清幽，飞花逐露，似幻似真。微风拂过，柔柳轻扬，花雨朦胧，袅袅然，烟袂循循其中，晓堤漫漫，弱水流畅。岁月如白驹过隙，舟停处，一座阁楼若隐若现。

曾闻仙人好楼，此处已近仙境，雅对山，雅临水，雅揽月。池边鹭鸳，花前娉婷，良景风清，竹窗幽致。阁中雅士轻抚瑶琴，看浮生若梦，笑红尘人间，观庭前雪。

图 12.1 ◆ 水墨山水

这是笔者为道家学派代表人物庄子所幻想的一幅清修画面，他清高而厌恶名利，崇尚精神上的逍遥自在，思想广达至“天地与我并生，万物与我为一”。如此静谧而高雅的竹品阁楼，最适合庄子与其挚友惠施机辩论道，纵情山水墨迹。

惠施是先秦时期名家的重要代表人物，以巧辩而闻名于诸子百家。名家学派在中国历史上开创了严谨的逻辑思想研究，与其同时期的是古希腊的亚里士多德所发展的逻辑学。我们从一个很小的故事即可看出惠施巧辩的过人之处。

《庄子·秋水篇》曾记载了一个《子非鱼》的故事。有一次，庄子和惠施在濠水桥上一起散步游玩。

庄子看到鱼儿在水底游得自由自在，大发感慨：“你看鱼儿们多快乐啊！”

一旁的惠施看到庄子又沉浸在万物合一的幻想中，便反问道：“你不是鱼，怎么会知道鱼的快乐呢？”

庄子正在兴头上，不觉回答说：“你不是我，又怎知我不了解鱼的快乐？”

惠施见已抓到庄子话里的逻辑漏洞，所以淡淡地说道：“我不是你，当然不了解你；但你也不是鱼，同样不能了解鱼的快乐。”

庄子向往一种万物合一的美好境界，认为我心即是自然，所以他可以“感受”到鱼儿的快乐。如若没有外部力量的干预，庄子可以活在自己的思想境界里。然而，惠施的存在打破了这样一种主观唯心的体验，他指出了庄子话语里的逻辑漏洞，从而使得庄子的语言出现了自我违反的悖论。

这个有趣的故事背后其实隐藏了一个非常根本的哲学问题。庄子认为我们其实是无法分辨出外部世界的存在的，所以他以一种主观豁达的心态来看待自己与世界的关系。他曾讲到自己做梦变成了一只蝴蝶，醒来之后却疑问：到底是庄周做梦变成了蝴蝶，还是蝴蝶做梦变成了庄周呢？

不管是子非鱼还是庄周梦蝶，它们都隐藏着深刻的哲学内涵等待着我们去思考：我们感知到的外部世界是真实的吗？如何证明“庄周不是蝴蝶”？

下面，各位读者不妨跟随笔者一起进入庄子逍遥自在的竹品阁楼中，一探这个世界最迷人而又深刻的哲学问题。

◆ 数学史上的三次危机

人类最神奇的事情莫过于可以利用自己的大脑来理解世界，甚至是理解自己。为了理解自己，人类首先需要知道“自己”的存在，这就是神秘的“自我意识”。每一个人的心里都存在着一个“自我”，并将“自我”与其他事物区别开来，从而可以对其他事物进行理解。这种理解其他事物的综合能力形成了智能，它包括感知、记忆、学习、推理、决策等各种智能行为。在庄周梦蝶的世界里，庄周并没有将“自我”与蝴蝶分离开来，这导致他无法否证自己不是一只蝴蝶，从而使得认知出现了“故障”，丧失了自我。一旦“自我”不再存在，认知就会出现偏差。那么“自我”是如何产生的呢？这是一个非常有趣的问题。庄周当然不会知道两千多年后，数学家和逻辑学家会对“自我”这一现象产生浓厚的兴趣，并且这个现象与数理逻辑中出现的大量悖论存在着千丝万缕的联系，这就是令人着迷的“自指”问题。

何为“自指”呢？这需要从罗素的“理发师悖论”讲起。但是在此之前我们需要介绍一下数学史上曾出现过的三次危机（韩雪涛，2016）。

第一次数学危机发生在公元前5世纪的古希腊。那个时代著名的数学家、哲学家毕达哥拉斯创建了集政治、宗教与学术于一体的毕达哥拉斯学派，他提出“万物皆数”的命题，并以此作为该学派的哲学基石。在毕达哥拉斯学派看来，数是一种可以被感知的客观存在，世间万物的性质都是由某种数量关系决定，并且按照一定的数量比例构成和谐的秩序。比如，音乐的和谐是由高低长短轻重不同的音调按照一定的数量比例组成，天体之间的和谐也是各星球沿着特定轨道以特定速度运行的协调秩序……万物按照各自的数量法则运行，从而形成宇宙的大美。所以，毕达哥拉斯学派认为“美是和谐”。现今的史料显示，毕达哥拉斯学派内诞生了诸如“勾股定理”和“黄金分割比例”等著名的数学发现，它们都体现了宇宙中和谐的美：按照黄金分割比例完成的乐律会更加动听，按照黄金分割比例设计的雕塑、建筑会更加具有美学价值。不过，毕达哥拉斯学派所说的数仅指整数和有理数。其中有理数指代两个整数之比，例如2/3、5/6、11/12等都是有理数。在毕达哥拉斯学派看来，世间万物遵循的数量规律都只能被整数或者有理数表示出来。但戏剧性的是，毕达哥拉斯的一位学生希伯斯（Hippasus）却发现，腰为1的等腰直角三角形其斜边长度不可能是一个有理数或者整数，这个奇怪的长度就是我们现在所熟知的无理数 $\sqrt{2}$（见图12.2）。无理数的出现直接动摇了毕达哥拉斯学派的数学信仰，并深刻地影响到古希腊人对于世界的认知。这次数学危机直到公元前370年左右，以无理数被正式定义而结束，从此有理数与无理数以相同的地位登上历史舞台，它们一起组成了实数。

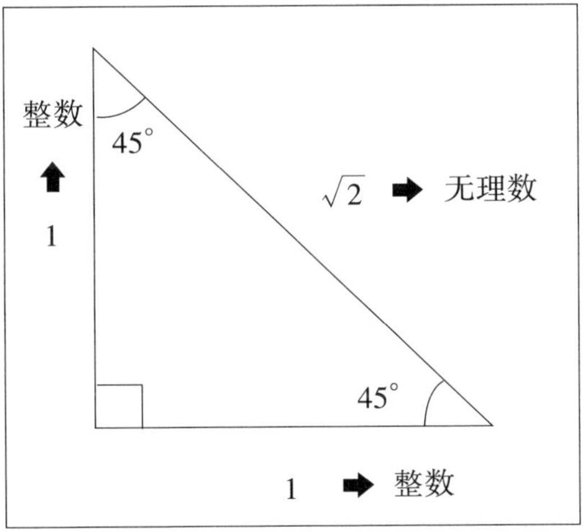

图12.2 ◆ 无理数的出现

第二次数学危机源于17世纪微积分的出现。由于笛卡尔的先驱性工作，数学家发现平面坐标中的点可以用二维数组来表示，由于“线”是由“点”构成，所以利用二维数组就可绘制出曲线，这就是著名的笛卡尔坐标系。我们知道，不管是天体的运行轨迹还是地球上物体的运动轨迹都可以用曲线表示出来。这就使得当时的数学家希望利用“笛卡尔坐标系”方法来描述物体的运动规律。最终解决这个问题的人是英国数学家、物理学家牛顿，他通过创建微积分这一有力的数学工具，发现了描述天体运行的万有引力定律和描述物体运动的“牛顿第二定律”。稍后，同时代的德国数学家莱布尼兹用更加自洽和完备的数学语言创建了微积分的形式体系。尽管微积分一经问世，就显示出解决各类数学问题的非凡威力，但不管是牛顿还是莱布尼兹都对微积分的基石——“无穷小”概念缺乏严格的解释。比如，在牛顿与莱布尼兹的微积分体系中，“无穷小”有时为0，有时又不为0，逻辑上显得比较混乱。这就招致一些人的反对，其中抨击最为猛烈的是英国大主教贝克莱。第二次数学危机以19世纪法国数学家柯西用极限的方法严格地定义了“无穷小”而结束，至此微积分理论方趋于完善。

第三次数学危机实际上是前两次数学危机的延续。上面我们已经知道第一次数学危机以定义无理数而结束，第二次危机以定义无穷小量而结束。自无理数被发现之后，数学家们认识到世界上可以被观测的数只有有理数和无理数两类，它们共同组成实数。显然，有理数与无理数都有无穷多个。那么它们两者中哪一类的数目更多呢？在定义无穷小之前，数学家对于无穷这个观念往往是尽量避而不谈的，并且一旦定义无穷小，那么就必然带来无穷大的问题。如何定义无穷大呢？这个问题的解决要等到19世纪的下半叶。那个时代的德国数学家康托尔创立了集合论，从而以公理化的方式来区分有理数和无理数到底哪一类的数目更多。利用集合论，康托尔发现：有理数的数目小于无理数的数目，但无理数的数目却与实数的数目一样多！我们已经知道实数是由有理数和无理数共同组成，按照包含原则，很难理解实数的数目会与无理数的数目一样多。因此，集合论创立之初就遭到许多人的猛烈批评。尽管如此，部分数学家却发现通过康托尔的集合论有可能建立起整个数学大厦的地基，这使集合论赢得了当时世界上最顶尖数学家之一的希尔伯特的支持。事实上，希尔伯特更是“野心勃勃”，他正妄图利用集合论以公理化的方式构筑起大统一的数学理论体系。但是，20世纪初的著名数理逻辑学家罗素却发现，康托尔的集合论潜藏着深刻的“悖论”（陈波，2017）。正是这一悖论的出现使得一众数学家转向了对“自指”问题的研究，并延续至今。

◆ 自指悖论与哥德尔不完备定理

为了证明无理数比有理数的数量更多，康托尔使用了一种被称为“对角线方法”的数学技术，也正是这一技术的使用揭示出集合论内隐藏的潜在危机。康托尔的对角线方法涉及比较专业的数学技术，但罗素将其翻译为一个非常简单易懂的命题。这使得每一个人都可以很容易地理解对角线方法所导致的悖论——“理发师悖论”。

理发师悖论

一位理发师只为不给自己理发的人理发，那么理发师可以给自己理发吗？

按照理发师的理发规则，如果他要给自己理发，那么他就破坏了自己理发的规则——他只为不给自己理发的人理发。如果理发师不给自己理发呢？那么按照规则，他又必须给自己理发。所以理发师不管是“给自己理发”还是“不给自己理发”都是不可以的，这显然是荒谬的！而这种荒谬结果的产生就源自理发师悖论陈述中的“自指”——说话者的陈述涉及了说话者本身。

自指

在自然语言和形式语言中,如果一个句子直接或间接提及自身,就被称为自指。

通过理发师悖论这个例子,罗素指出康托尔的对角线方法本质上就是一种自指逻辑,因而以此方法所建立的实数集合论是不可靠的,它会导致悖论。

理发师悖论只是自指所产生的众多悖论中的一种。事实上,在人类历史上,语言体系所导致的悖论几乎都与“自指”有关。比如公元前4世纪麦加拉学派的欧布里德提出的“说谎者悖论”:

我现在说的这句话是谎话。

假设这句话为真,根据这句话的语义,那么它为假;若假设这句话为假,那么根据其语义,它又必须为真。由于说话者将“自己”置于陈述中,所以导致他的陈述没有意义。

尽管“自指”带来如此多的悖论,但却并没有因此而打消数学家们对集合论的热情。相反,希尔伯特寄希望于在集合论的框架下证明如下2个“雄心勃勃”的命题:

希尔伯特问题

命题1(完备性与一致性):存在公理系统,其中的所有数学命题都可以彼此相容。

命题2(判定问题):对于任意的数学命题,都存在明确的程序可以在有限时间内判定其真假。

命题1和2就是著名的“希尔伯特问题”,希尔伯特企图利用它们来建立统一数学大厦的基础。在当时,绝大多数数学家和逻辑学家都坚定地认为希尔伯特问题是正确的。例如,20世纪的著名数理逻辑学家哥德尔一开始就是希尔伯特的坚定拥护者,他企图证明命题1成立。这个命题意味着,可以利用集合论构造一个公理化的数学体系,并且在这个体系中任何的数学命题之间不会相互导致矛盾。显然,如果命题1得证,那就从形式上证明了“数学统一框架”的存在性,后世的数学家只需要慢慢地找到这个“数学统一框架”即可。所以,命题1的成立与否具有纲领性的意义。但是遗憾的是,哥德尔却在1931年意外地证明命题1不成立,这个证明就是后来大名鼎鼎的“哥德尔不完备性定理”。

既然命题1已经不成立,那么命题2是否可以成立呢?遗憾的是,命题2同样不成立。否证命题2的工作由英国数理逻辑学家图灵(Alan Turing)于1936年做出,而命题2的否证也与命题1的否证紧密联系。不管是哥德尔还是图灵,在各自否证两个命题的时候所使用的技巧都是构造“自指命题”。简单来说,哥德尔将命题1翻译成一个“自指”的命题:

命题A:命题A是不可证的。

读者可以很容易检验,由于命题A的陈述中涉及自身,所以既不能成立,也不能不成立。这就是哥德尔不完备性定理所希望展示的基本精神:在数学公理系统中,存在既不能证明其真也不能证明其伪的命题。当然,要想将命题1按照数理逻辑的形式语言翻译为命题A,是一件相当不容易的事情,这里就不准备进行介绍了。

那么图灵又是如何来否证命题2的呢?图灵所做的是将哥德尔所翻译的命题A进一步改写成了计算语言,并构造出所谓的“通用图灵机”来将命题2作为程序输入,从而以达到“死循环”的目的来否定命题2。正是图灵将哥德尔的数理逻辑语言翻译为计算语言,才为现代计算机技术的发展奠定了理论基础。事实上,现代可编程的电子计算机就是一台“通用图灵机”(米歇尔,2011)。不过遗憾的是,现代计算机最终还是没能摆脱程序“死循环”的梦魇。比如,将具有“自指语义”的陈述输入计算机,则计算机可能会因为死循环而“死机”。

相比之下,人类的大脑可以轻松地知道这种“自指语义”会导致悖论,从而跳出逻辑演绎的死循环。事实上,在庄子与惠施《子非鱼》谈话的最后,当惠施利用庄子逻辑上的漏洞否定庄子的“知鱼乐”后,庄子马上就知道自己无法与惠施继续辩论下去了,从而转移了话题①。这也是人类大脑的高明之处,不会纠缠于自我违反的“悖论”争辩。从这个意义来说,“自指”好似一块天然的屏障,横亘在人脑和计算机之间,它使得机器学习的逻辑系统与人类大脑的运算系统有着本质上的不同。但从另一个角度来看,假如有一天机器学习系统具备了识别“自指语义”的能力,或许它有可能突破其与生命之间的屏障,从而拥有自我意识。当然,这个看法目前只能是一个猜测,因为人类其实还并不那么了解生命的真谛。

◆ 生命的定义

生命是什么?这可能是一个非常难以回答的问题。到目前为止,科学家们并没有一个关于生命的严格定义。以病毒为例,很多的生物学家认为它们并不是活的——因为它们不能在宿主细胞外繁殖。但是这种说法却忽视了麻风杆菌这样的生物,它们同样不能独立生存(沙马里,2018)。从这个简单的例子即可看出,科学家

① 庄子诡辩道:“请循其本。子曰‘汝安(焉)知鱼乐’云者,既已知吾知之而问我。我知之濠上也。”

们至今未能对生命的定义达成共识也就不足为奇了。不过，沙马里(2018)对生命提出了一个有趣的看法，他认为生命像一个容器，能够自我复制，并通过自然选择来适应周围的环境。

生命的定义

生命是一种能够复制和适应环境的自包含的实体。

不管是“自我复制”还是“自包含”其实都暗示了某种“自指”。前面我们提到实数是由有理数和无理数构成，然而实数却与无理数一样多，从包含的从属关系来看，这似乎预示着某种矛盾。同时我们在前面也提到，罗素从逻辑上发现康托尔证明“实数与无理数一样多”这个结论所使用的对角线方法就涉及自指。所有这些线索暗示生命也许与自指存在着某种联系。

细胞是一种能够自我复制的个体，它可以被看作最基本的生命单元。除了病毒外，一切生物都是由细胞构成的，单细胞生物仅由一个细胞构成，而多细胞生物则由许多形态和功能发生了分化的细胞构成。地球上的第一批细胞大约诞生于35亿到40亿年前，最早的细胞是原核细胞，它们结构简单，没有细胞核。后来，又出现了拥有细胞核的细胞，这被称为真核细胞。真核细胞可能由原核细胞逐渐进化而来，也可能由几种原核细胞共生进化形成，目前生物学界更倾向于后一种说法(靳德明，2017)。由原核细胞组成的生物被称为原核生物，如细菌和古菌。而由真核细胞组成的生物则被称为真核生物，它包括了从单细胞原生生物到动植物等多细胞生物在内的众多生物。

我们并不知道大自然中第一个细胞产生的具体原因，对此已经有许多假说被提出，如原始汤理论。但无论哪一种假说都无法从根本上解释细胞的起源，这就好比“先有鸡还是先有蛋”的问题。

不过，有一点可以确认的是，细胞的自我复制是为了复制自己所携带的遗传信息。所有细胞都将生物信息储存在DNA（脱氧核糖核酸）中。这种被称为DNA的分子完美地适合存储和传递遗传指令的双重任务，究其原因在于它是一个具有双螺旋结构的双链分子——这个结构既易于复制又易于修理。组成DNA的每一条链都由4种相似但又不相同的核苷酸组成（靳德明，2017），它们分别是腺嘌呤（A）、鸟嘌呤（G）、胸腺嘧啶（T）和胞嘧啶（C）。两条链按照反向平行排列，每一条链有等量的A和T以及等量的C和G，因此这种双链形态按照A对应T和C对应G进行排列，从而形成一个完美的“自指结构”，见图12.3。

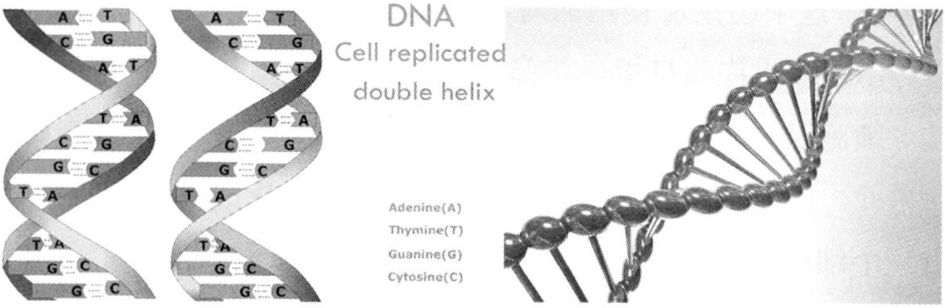

图12.3 ◆ DNA的双螺旋结构

DNA可能是大自然最完美的“自指结构”之一，它是生命演化不可或缺的结构。当然，除了这种天然的自指结构，著名荷兰画家埃舍尔还创作了许多人工的自指结构，比如《手画手》，见图12.4。

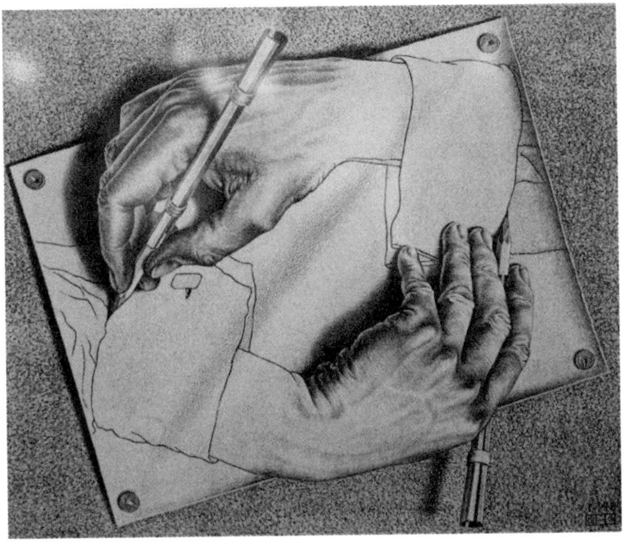

图 12.4 ◆ 手画手(图片引用自 Hofstadter, 1979)

不管是DNA还是《手画手》,它们都展示了某种自创生的"自指"。从"手画手"这幅画中我们无法分辨到底是哪一只手最先画出了另一只手,而生命的自我复制似乎正是在这样一种悖论中产生。

那么,自指与生命到底有一种怎样的联系呢?

◆ 生命是自指机器

现在重新回到这一章开头时关于自我的讨论,我们尝试从这样一种角度来解释生命的出现。前面通过对哥德尔不完备定理的讨论,我们推测人脑与计算机之间的一个区别在于,前者可以识别自指悖论,而后者却可能因为自指而导致死循环。另外一个显而易见的区别是,人脑拥有自我意识,而计算机却并没有自我意识。

这两条线索使得我们猜测自我意识是否可能源于某种自指结构。

基于这个猜测，笔者提出一种可能的生命观念(Tao, 2018, 2020, 2021d)：生命与非生命最根本的差别在于自我意识的存在，即认识到自己的存在及其与其他事物的区别。

就人类目前的认知来看，高等级的自我意识包括自我观念、自我知觉、自我评价、自我体验、自我监督和自我调节等各种心理认知能力。人类是按最简单的有机体、单细胞生物、多细胞生物、微生物、无脊椎动物、脊椎动物这个顺序一步一步进化而来，这个过程可以看作自我意识不断完善的过程。比如，对于简单有机体来说，它的自我意识是最原始的，只是将自己与外界区分开来，并通过从外界摄取能量维持生存。如果以“自我意识”作为生命与非生命的区别，那么生命的产生应该是一些非生命物质在某种特殊的环境下因涌现出某种“自指结构”而发生的蜕变。到目前为止，我们关于自我意识与自指之间的关系仍旧停留在数理逻辑演绎上的猜测，那么这是否可能存在潜在的证据呢？

为了回答这个问题，我们再次回到理想市场经济服从指数收入分布(8.1)这个话题。

在第8章中我们利用充分的数据展示了世界上那些成熟市场经济国家有90%左右的人口都服从指数收入分布(8.1)。在第9章中我们进一步指出指数收入分布(8.1)在数学形式上与统计物理学中的玻尔兹曼分布是一致的(Tao, 2021e)。两者的不同之处在于玻尔兹曼分布描述的是物质系统，而指数收入分布(8.1)描述的是人类社会这样的生物系统。两种在数学形式上相似的分布描述了两种非常不同的系统，一种是非生命个体组成的物理系统，一种是生命个体组成的生物系统。

那么，会不会存在某种差别隐藏在指数型函数分布中，从而导致了物理系统与生物系统的不同呢？

笔者发现：这个差别就是自指（Tao, 2021d）。

不管是人类社会的指数收入分布（8.1）还是物理系统的玻尔兹曼分布，它们都是微观个体行为在宏观水平上的涌现。人类社会的微观个体是“人”，物理系统的微观个体是“原子”。在第9章中，我们已经指出当人类社会服从指数收入分布（8.1）时，宏观上会涌现出“技术”，它是社会成员分散决策所带来的信息量。同样地，当“原子们”服从玻尔兹曼分布时，物理系统在宏观上会涌现出“熵”（Tao, 2020）。至于信息与熵的关系，在第9章中已经提到“获取信息=负熵”。

综上，不管是人类社会中的技术还是物理系统中的熵，都可以用信息量来表示，这暗示两个系统可能都是某种计算系统，从而会产生信息（下一章我们会更详细地讨论这一点，这里暂且按下不表）。但是笔者发现，不同于物理系统的“熵”，如果想要为人类社会的“技术”给出一个严格的定义，那么这个定义将是“自指”的。为了看到这一点，我们需要写下当人类社会服从指数收入分布（8.1）时在宏观上涌现的“技术”的数学表达式（Tao, 2020）：

$$T = N + \alpha \times N + \beta \times Y\left(N,T\right). \tag{12.1}$$

读者朋友们并不需要了解方程（12.1）的具体含义，只需要知道方程中的 T 代表技术（technology）。对方程（12.1）的由来感兴趣的读者可以阅读笔者论文（Tao, 2020）。这里想要指出的是，方程（12.1）隐含了一个“自指”的陈述。按照表达式（12.1），技术 T 被这个等式的右边所定义。但奇怪的事情是，方程（12.1）右边的 $Y\left(N,T\right)$ 以 T 为自变量，从而使得方程等号的左右两边都有 T。这就带来了一个逻辑上的悖论：

技术 T 被自己所定义！

那么方程(12.1)到底是先有等号左边的技术 T 还是先有等号右边的技术 T 呢？这就好似"先有鸡还是先有蛋"的问题。之所以会出现这种逻辑上的悖论是因为技术 T 的表达式(12.1)涉及了技术 T 自身，这是一种自指陈述。相比之下，定义物理系统中的熵并不涉及自指陈述。通过思考"技术 T 自己定义自己"这件事情，笔者对技术的出现有了一个新的看法：技术是自我创生出来的。

技术的自指性

人类社会中的技术是自我创生的。

由于技术水平的提升导致人类文明的进步，而技术 T 又是人类社会在宏观水平上涌现出来的量，我们很容易将技术 T 理解为人类的一种"群体智能"——社会技术的进步代表人类群体智能的提升。通过第9章对麦克斯韦"精灵"的讨论，我们已经了解到熵与信息的关系以及技术与信息的关系。所以，从信息或者知识的角度来看，将技术进步理解为智能的提升也是很自然的。如果类比生物学家威尔逊(Edward Wilson)的观点——他将社会昆虫看作超级生物，例如蚂蚁群(威尔逊，2019)，我们也可以将人类社会看作一个"超级生物"，而这个超级生物的智能就是人类的群体智能。笔者之所以会提出这种看法，是因为人类社会的技术是自指的。当把人类社会的技术看作群体智能时，由于这种智能是自指的，所以它自己创生了自己。这种"自己创生自己"的"智能"暗示了一种自我意识。基于这个看法，笔者做出一个猜测：服从指数收入分布(8.1)的人类社会将是一个具有"自我意识"的生命。

不过,当前的人类社会并不严格地服从指数收入分布(8.1),第8章的经验证据显示即使是成熟的市场经济国家,指数收入分布也不可能覆盖到整个社会。从这个方面来看,即使笔者的猜测是正确的,人类社会也只有一部分成员形成了所谓的超级生物。尽管是一部分成员所形成的超级生物,它所拥有的自我意识也可能是不容忽视的。

需要说明的是,将自指联系到生命的产生,并不是笔者所首创。在哥德尔和图灵将"自指"引入数理逻辑和机器计算的同一时期,冯·诺依曼的洞察力就早已深入到自指与生命之间的关系。在冯·诺依曼看来,生命之所以可以自我繁殖就是因为它是一台"自指"的计算机器(Neumann, 1966),他甚至指出"自指"和"热力学"一同导致了生物进化:如果一个系统实现了自指,那么它就可以克服熵增,从而完成自我复制和进化;反之,如果没有实现自指,那么它就会在熵增的作用下退化并消亡。冯·诺依曼根据这个想法设计了具有"自指"特征的计算程序——元胞自动机,并希望用它来模拟生命的过程。不过,元胞自动机只是从数学上构造的一种可能程序,它并非源于大自然中某种生物的结构,因此目前并没有证据支持元胞自动机描述了某种生命。

相较之下,笔者通过研究人类社会这个生物系统,发现了具有"自指"特征的指数收入分布(8.1),这可能为理解生命的起源提供新的视角。有趣的是,指数收入分布(8.1)在数学结构上与玻尔兹曼分布是一致的,不同之处在于后者联系热力学,前者联系自指。这意味着,我们利用指数收入分布(8.1)理解生命出现的逻辑与冯·诺依曼"自指+热力学"导致生命的逻辑非常类似——指数收入分布(8.1)可以被看作"自指+玻尔兹曼分布"的产物。

不过想要利用指数收入分布(8.1)证明人类社会是一个生命体,仅仅依靠它具有“自指”这个特征来作为判据,还是远远不够的。所以,我们只能将其称为一个“猜测”。

那么是否还有其他办法可以对这个猜测加以证实呢?

如果我们采用冯·诺依曼的看法,生命体是自指的计算机器,那么想要证明人类社会是一个生命体,我们首先需要证明它是一台计算机器。

有意思的是,把一个生物群落看作某种计算机器已经有人开了先河,比如蚁群计算。单个蚂蚁的智能不高,但是一群蚂蚁却可能涌现出让人惊叹的群体智能。仿照蚂蚁的行为设计一种计算程序,从而展现出某种体现群体智能的解决问题的能力——这就是蚁群算法(米歇尔,2011)。当然,群体智能现象并非蚂蚁所独有,在许多的昆虫和动物群落中都发现了类似的现象,这就为理解生命是一台计算机器提供了有趣的视角。

13 群体智能：科技抑或宗教

雅利安人是俄罗斯乌拉尔山脉南部草原上的一个古老游牧民族，他们至少在公元前4500年就居住在了高加索大草原。但是自大约公元前3000年开始，雅利安人中的一些部族陆续离开家乡并走上了迁徙之路。在浩瀚尘烟的历史画卷中，雅利安人的迁徙对人类文明史产生了巨大的影响，四大文明古国中的三个（古巴比伦、古印度、古埃及）陆续被其所摧毁……这既不是开始，也从来不是结束，为了个人生存与资源的争夺，人类之间的争斗与毁灭从来不曾中断过，这是自丛林时代开始就印刻在人类基因中的法则。

不过，公元前800年至公元前200年，世界上四个独特的文明开始孕育重新界定人与人之间相处之道的思想传统——中国的儒道思想、印度的印度教和佛教、以色列的一神教以及古希腊的哲学理性主义。这是老子和孔子、佛陀和《奥义书》作者、耶利米、苏格拉底所生活的时代。在这一具有高度创造力的时期，宗教与哲学的天才们为人类开创了一种全新的精神体验，从而为人与人之间的和谐相处带来了新的智慧。20世纪德国思想家雅斯贝尔斯将这个人类心灵觉醒的伟大时期称之为“轴心时代”（阿姆斯特朗，2010）。

宗教使得来自不同家庭的社会成员可以更加和谐地相处在一起(他们之间本来也许会因缺乏理解和信任而产生冲突),减少了相互之间的不信任,这与人类在相互争斗中的体验非常不同,后者使得人们相互之间的信任关系很不稳固。维持一个“人与人之间没有信任纽带”的社会运转,所耗费的成本是巨大的,但是宗教创造了新的信任关系,从而降低了维系一个社会运行的成本。在瑞士心理学家荣格(Carl Jung)看来,宗教是人类的一种集体无意识现象,简单来说,它是一种人类的群体行为。由于宗教这类群体行为降低了维系社会运行的成本,它似乎很像是人类的某种群体智能行为——帮助群体去解决个体难以解决的冲突。无独有偶,我们在第12章指出社会的技术进步其实也是一种人类的群体智能现象。这意味着,从降低维系社会运行成本的角度来看,科技发展与宗教其实有着相似之处。

那么科技与宗教哪一个更可能创造出促进人与人之间相互信任的纽带呢?为了回答这个问题,我们首先从群体智能这个话题讲起。

◆ 蚂蚁的群体智慧

巴西亚马孙热带雨林里数十万只行军蚁集体行进,它们一起寻找食物、制造巢穴、抵御入侵者,当洪水来临时它们中的部分成员甚至可以相互首尾连接起来形成一座“桥”以帮助群体内的其他蚂蚁跨过低洼的水塘。在这一系列的集体行为中,没有任何的指挥官来发号施令,它们似乎是“自组织”完成了这些单个个体难以完成的事情。单个蚂蚁没有很高的智能,但是一大群蚂蚁却展现出复杂的智能行为。有意思的是，为了展现这些高度智能的群体行为，每一只蚂蚁其实只需要做非常简单的事情。

例如，为了更迅速地将野外的大型食物运回巢穴，蚂蚁不得不找到巢穴与食物之间的最短路径，那么蚂蚁是如何找到这条路径的呢？生物学家发现，蚂蚁是靠一种名叫“信息素”的化学信号来寻找最短路径的。蚂蚁在爬行的过程中会释放信息素，这些信息素将随着时间流逝而逐渐挥发。一开始，从巢穴中出来觅食的第一组蚂蚁是随机地选择路径去寻找食物，一旦发现食物就会返回巢穴。

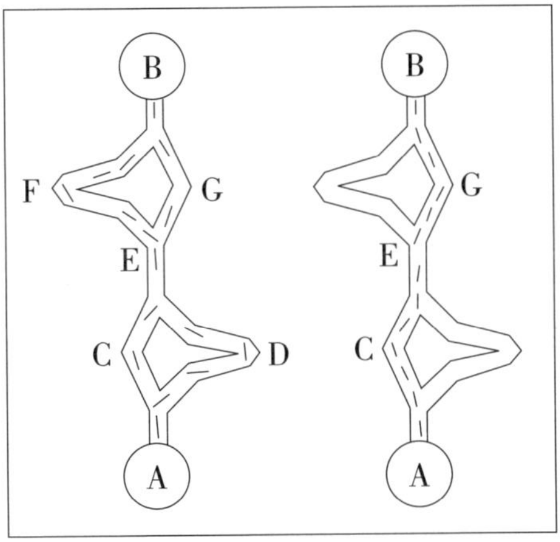

图 13.1 ◆ 蚂蚁群寻找最短路径

如图 13.1 所示，巢穴 A 中的蚂蚁需要找到 B 处的食物，然后将其运回巢穴。显然，这时候 A 到 B 的路径总共有 4 条，它们分别是 ACEFB、ACEGB、ADEFB 和 ADEGB，其中最短的路径是 ACEGB。由于蚂蚁爬行的速度相差不多，所以选择较远路径的蚂蚁往返巢穴花费的时间会更长，而选择较近路径的蚂蚁往返巢穴花费的时间会更短。如此一来，在更短的路径上花费同样行进的时间，往返的蚂蚁数量会更多,从而留下更多的信息素。后面从巢穴中出来的蚂蚁会选择信息素最多的路径,从而进一步在最短的路径上留下更多的信息素,其结果是吸引了更多的蚂蚁。因为信息素会随着时间而挥发,其他路径上由于很少有蚂蚁再光顾,信息素慢慢地趋于消失,此消彼长之下,最终只留下一条最短的路径覆盖着浓度最高的信息素,这就是路径ACEGB。在寻找"最短路径"的过程中,蚂蚁所做的事情其实非常简单:行进并释放信息素,寻找信息素最浓郁的路径,找到食物后选择信息素最浓郁的路径返回巢穴。

尽管单个蚂蚁的行为很简单,但是所有这些简单行为的叠加促成了寻找"最短路径"的群体智能行为。

寻找这种最短路径对于蚂蚁来说似乎很容易,但同样的问题却难倒了我们人类。比如,给定一组城市和每对城市之间的距离,如何找到访问每一座城市并回到起始城市的最短回路?这就是著名的"旅行商问题"。一个直接的方法是找到所有可能的回路,然后选择最短的。在只有几个城市的情形下,利用这个方法还是可行的。但是一旦涉及上百个甚至更多城市的情况,哪怕是利用计算机也会因为计算量太大而无计可施。后来,计算机科学家受到蚂蚁寻找最短路径行为的启发,通过模拟蚂蚁释放信息素的行为设计了"蚁群优化"算法,从而较好地解决了这个问题。

◆ 群体智能的涌现

群体智能不光只出现在蚂蚁群落中,事实上,生物学家们已经在蜂群、蝗虫群、鸟群、鱼群等生物群落中观测到千姿百态的群体智能现象(威尔逊,2008)。例如,一大群的沙丁鱼会"自组织"成为一个整体,并优雅地躲避掠食者袭击,甚至有水下摄影师拍摄到它们排列成一只巨大的“海豚”形状去迷惑掠食者,使得掠食者不敢靠近(见图13.2)。很难相信,这个群体中的每一只沙丁鱼会很清楚自己的目的是去排列成海豚,它们的行进是如此地整齐有序,好似经过严格训练的军队一般,但事实上并没有任何的指挥官来训练它们。这种整齐有序的同步行进的行为也在蜂群、蝗虫群、鸟群中被观察到。例如,当蝗虫群的种群密度较低时,它们的运动好像是杂乱无章的,但是一旦出现种群高达每10平方分米约7只蝗虫这种极高密度的情形时,整个蝗虫群就会从个体混乱的移动转变成高度一致的集体行进(费雪,2013)。

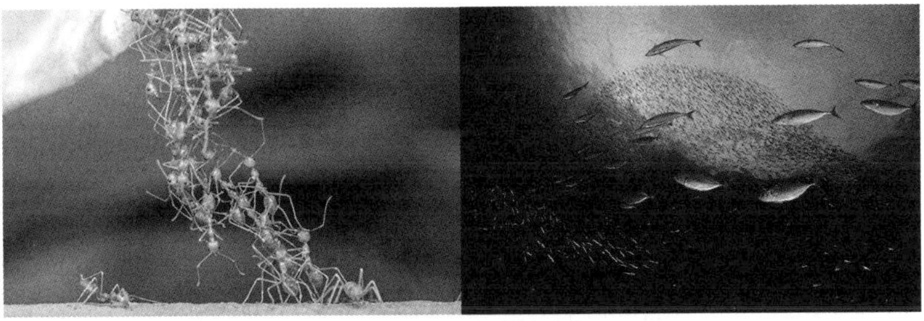

图13.2 ◆ 生物世界的群体智能

成千上万个体组成的群体,它们是如何做到高度有序的同步行进呢?研究复杂系统的学者发现,其实这些昆虫与动物要做到这样高度一致地同步运行,单个个体只需要遵从非常简单的行为规则——柏德三规则(费雪,2013)。

柏德三规则

1. 避免:避免碰撞到其他个体。
2. 定向:按照最接近自己的个体前行的平均方向前进。
3. 吸引力:向最接近自己的个体的平均位置移动。

生物群体中的个体只要按照避免、定向、吸引力的“柏德三规则”行动，那么整个群体就会呈现出高度同步的“整体行进”行为。但凡有在节假日拥挤景区中参观经历的人，可能都会对个人在群体中“不由自主”移动的那种“无奈感”有所体会。当一个人置身于较为拥挤的人群中时，人与人之间由于距离较近，为了防止自己碰撞别人，或者防止别人碰撞自己，往往不得不随着人群移动的方向前进。置身人口密集度很大的群体中，如果有人不随着人群移动，那么整个群体就可能会发生踩踏事件，从而使得群体崩塌，最终导致个人受到伤害。从这个意义来说，个人在密集的人群中随着群体前进的方向移动既是保护自己的本能，也是避免群体崩塌的无意识行为。除了这种随着密集人流移动所形成的人类群体行为，人类也可能与蚂蚁等社会性昆虫一样存在着群体智能现象。从逻辑上来讲，既然蚁群、蜂群、鱼群、鸟群等生物群落可以表现出群体智能行为，类似的行为也应当出现在拥有更高智能等级的物种之中。

作为大自然进化出的顶级生物，人类本身展现出了高度的智能，而大量的人类所组成的群体更加展现出了社会性的“群体智能”行为。经济学家亚当·斯密在《国富论》中曾利用“看不见的手”来形容人类的群体智能：人类作为社会群体中的一员，个体仅仅“追逐自身利益”，但是却在整体上“无意中”促进了社会利益的极大化。而随着人类群体智能的不断提升，进而催生了令人炫目的现代文明和科学技术。从第2章开始到第9章，我们用了很大的篇幅来介绍人类的经济行为——“交换”和“生产”，并且论证了在信息自由流通、无交易费用、产权界定合理、理性人假设、边际效用递减、边际报酬递减等6个前提条件[1]都得到满足的情况之下，交换和

① 见第6章中的图6.1。

生产行为将促使人们相互之间对资源的分配达成共识，而达成这种共识的一个“特征标志”就是社会形成指数收入分布(8.1)。特别地，我们在第9章中已经解释到，当指数收入分布(8.1)涌现的时候，社会的技术就是社会成员分散决策所带来的信息量。从群体智能的视角来看，社会中的个体从事交易和生产行为以满足自己的利益，这些个体相互之间的互动导致社会所蕴含的信息量不断增加，从而在整体上表现为技术进步，这是一种在宏观上涌现的群体智能行为。这种群体行为与昆虫或者动物依照简单的“柏德三规则”所产生的群体行为一样，都是涌现的结果。

不过需要提醒的是，这里提到的人类社会“技术进步或者群体智能”基于6个前提条件：信息自由流通、无交易费用、产权界定合理、理性人假设、边际效用递减、边际报酬递减。假如这些条件被违反，那么所谓的人类群体智能就会受到影响。当然，受影响的程度依赖于条件的被破坏程度，严重的情况下甚至会导致人类群体形成所谓的“乌合之众”(勒庞，2004)。

◆ 生活中的群体智慧

人类的群体智能不光有社会的技术进步这种看似与我们日常生活离得较远的现象，还包括其他更加贴近普通生活的例子(谢林，2013)。

这里简单地举两个例子。

第一个例子是笔者曾亲自做过的实验：随机准备一本书，然后召集志愿者，并为他们展示书的封面设计、页数、书名、出版社等信息，但是隐去了书的价格。在志愿者无法通过互联网查询相关信息的情况下，让他们完全按照直觉猜测书的价格。

实验的结果是，尽管志愿者们各自猜出的价格可能相去甚远，但是他们猜出价格的平均值却往往与书的真实价格惊人地一致。而且笔者发现，这个有趣的实验在志愿者人数很多的时候（一般需要30人以上）会更为成功。后来，笔者才知道英国有位叫兰·费雪的学者也做过相同的实验，而且他做得更加地细致：只有当志愿者相互独立地进行猜测，最终的结果才会更加准确。为了解释这个实验现象，兰·费雪介绍了“多样性预测定理”（费雪，2013）。

多样性预测定理

集体误差=平均个体误差–预测误差

这里首先简单地解释一下多样性预测定理中提到的三个概念：集体误差、平均个体误差和预测误差。

集体误差指：所有志愿者猜测的平均价格与真实价格差额的平方。

平均个体误差指：每位志愿者猜测的价格与真实价格差额的平方加总后取平均数。

预测误差指：每位志愿者猜测的价格与所有志愿者猜测的平均价格差额的平方加总后取平均数。

比如，有2位志愿者猜测一本真实价格为2元的书，他们分别猜测的价格是1元和4元。按照这个设定，两位志愿者猜测的平均价格显然为2.5元。因此我们有：

$$\text{集体误差} = (2.5 - 2)^2 = 0.25 \tag{13.1}$$

$$\text{平均个体误差} = \frac{(1-2)^2 + (4-2)^2}{2} = 2.5 \tag{13.2}$$

$$\text{预测误差} = \frac{(1-2.5)^2 + (4-2.5)^2}{2} = 2.25 \tag{13.3}$$

利用方程（13.1）、（13.2）和（13.3）很容易验证多样性预测定理成立。

显然，当集体误差越小时，志愿者们猜测的平均价格越接近真实价格；而当平均个体误差越小时，志愿者单方面猜测的价格越接近真实价格。多样性预测定理意味着，当志愿者的人数很大且相互独立猜测时，平均个体误差与预测误差之间相差无几。这意味着，在志愿者们不互通消息时，所有志愿者猜测的平均价格会非常接近真实价格。在这里，“志愿者人数很大且相互独立猜测”是一个很重要的条件，用统计学的行话来说就是“样本量很大且抽取的样本具有独立性”。如果这个条件可以得到满足，那就意味着志愿者猜测的价格可以遍历尽可能多的数值（保证猜测价格的多样性），从而使得平均个体误差与预测误差两者之间的距离更接近。如果这个条件不满足，那么群体猜测价格的平均值就可能与真实价格拉开差距，这意味着群体变得更加地“笨”。多样性预测定理暗示，相互独立地分散做决策会使得群体更加的智能，这与我们在第9章论证技术的本质时所做出的结论是一致的——群体的分散决策会促发技术进步（提升群体智能）。

另一个例子被称为“陪审团定理”（费雪，2013）。我们在第6章介绍阿罗不可能定理时，曾专门讨论了“孔多塞悖论”。孔多塞是18世纪法国启蒙运动最杰出的代表人物之一，他希望通过民主选择为理想公民接受国家权威找到一个数学理由——公民个体做正确决策的概率小于群体做正确决策的概率。陪审团定理就是这样应运而生的。

陪审团定理

假设群体中每个成员都有高于0.5的概率得出问题的正确答案，那么当成员数增加时，多数裁决（少数服从多数）就越容易做出正确决定。特别当成员数多到一定程度时，多数裁决得出正确答案的概率就会无限地趋近于1。

陪审团定理是一个纯粹的数学结论，例如，当每个成员都有0.6的概率得出正确答案时，17人组成的群体按照“少数服从多数”得出正确答案的概率会高于0.8；而45人组成的群体得出正确答案的概率则将升高到0.9。陪审团定理对于理解民主选择中“少数服从多数”原则具有根本性的意义，它意味着群体决策按照民主的原则可以得到更加睿智的结果。但就像陪审团定理所必须满足的条件那样，它要求群体中每一个成员都要有高于0.5的概率得出问题的正确答案，这就导致“少数服从多数”原则很可能在一些个体难以抉择的问题上失效。例如，科学研究中的重要发现，往往是少数坚持者取得最终的胜利。

除了多样性预测定理与陪审团定理所揭示的人类群体决策行为中的群体智能，人类还展现了许多其他方面的群体智能行为，这里就不一一列举了。从上面的讨论可以看到，不管是社会性昆虫还是动物群体，都会在某些情况下展现出群体智能行为。

那么更低等级的物种是否也会展现群体智能行为呢？我们不妨来看一种非常简单的单细胞生物——黏菌（见图13.3）。

◆ 黏菌与神经网络

作为一种真核生物，黏菌的一生有着两个截然不同的形态：在生长期为裸露的无细胞壁的多核原生质团，这一阶段被称为“变形体阶段”，该阶段黏菌的营养结构、运动和摄食方式都与变形虫等原生动物相似，主要以细菌、真菌的孢子和有机颗粒为食；在繁殖期，黏菌会表现得更像真菌，这一阶段则被称为“子实体阶段”，该阶段它们会产生具有纤维质细胞壁的孢子。一般来说，主动摄食是动物才有的特性，所以一些生物学家认为黏菌应该属于原生动物。但是与原生动物不同的是，黏菌可以表现出类似“集体意识”的智能行为，例如当周围食物短缺时，它们会发出信号召唤周围的黏菌逐渐聚拢在一起。不仅如此，它们还会走迷宫寻找食物（Nakagaki et al., 2000），并具有学习能力，而这一切都是在没有神经系统、没有大脑的前提下完成的。

图 13.3 ◆ 黏菌与神经网络

黏菌的例子表明，群体智能不光可以出现在高等级的生物群落，还可以出现在非常原始的生物群体。而且这些黏菌似乎还表现出了某种“集体意识”，这是在生物群落中发现的最为原始的“意识”能力之一。相比于黏菌，组成人类大脑的神经细胞则完美地体现了“集体意识”。人类大脑可能是宇宙中已知最复杂的物体，它包含数百亿个神经细胞，每个神经细胞与 10^3~10^5 个神经细胞相互连接，构成一个庞大而复杂的神经网络（见图 13.3）。这些神经细胞相互之间通过生物电来传递信号，并根据外部的激励信号做自适应的变化，每个神经细胞随着接收到的信号呈现出激活或者抑制的状态，最终总体上会产生非常复杂的效果——人类的意识和智能。这就引出一个相当有趣的话题：“智能”和“自我意识”是如何涌现出来的？

为了理解神经细胞所组成的神经网络是如何工作的，心理学家McCulloch和数学家Pitts在总结神经细胞基本运行特征的基础上提出M—P学习规则（McCulloch and Pitts, 1943）：

$$P\left(h_i = 1|\boldsymbol{v}\right) = 1/\left[1 + \exp\left(\sum_{j=1}^{m} \omega_{ij} v_j + c_i\right)\right] \qquad (13.4)$$

不熟悉数学的读者不必对这里突然出现的烦琐公式感到不适，不妨仅仅将其看作一幅图画，笔者也不准备对其做更深入地解释。其所表达的意义本质上很简单，神经网络中一个特定的神经细胞被激活的概率就是 $P\left(h_i = 1|\boldsymbol{v}\right)$。M—P学习规则是生物神经网络运行的一个非常重要的特征，所以被广泛地应用于构建人工神经网络模型。不过，有意思的是，Hinton和Smolensky等人在20世纪80年代发现，如果神经网络中的神经细胞分为可见层与隐层，并且其能量服从物理学中的玻尔兹曼分布，那么这些神经细胞的激活与抑制规则恰好就是M—P学习规则。这种服从玻尔兹曼分布且分为可见层与隐层的神经网络被称为“受限玻尔兹曼机”（Hinton et al., 2006; Fischer and Igel, 2014）。可见层与隐层的区分与大脑中的神经网络非常类似——可见层的神经细胞构成感知系统，而隐层的神经细胞则构成反馈系统。不仅在神经网络的构造上具有相似之处，受限玻尔兹曼机还与大脑一样，具有学习与记忆的功能。但是一开始由于受到计算机算力的限制，受限玻尔兹曼机并没有受到太大的关注。直到2006年左右，得益于计算机算力的大幅提升，同时Hinton等人发展了“对比散度算法”，从而可以快速地训练受限玻尔兹曼机，这使得受限玻尔兹曼机在图像与语音识别领域得到成功的应用——就此开创了“深度学习”的人工智能时代。与其他有监督学习系统不同，受限玻尔兹曼机是无监督学习系统，因此受限玻尔兹曼机的学习不需要人类先验的标定学习对象的目标特征。简单来说，受限玻尔兹曼机按照自己的“理解”进

行学习，这与人类的学习方式很相似。

这里我们写下受限玻尔兹曼机的数学形式：

$$P\left(\nu_1,\nu_2,\cdots,\nu_N\right)=\frac{e^{-E\left(\nu_1,\nu_2,\cdots,\nu_N\right)}}{\sum_{\nu_1,\nu_2,\cdots,\nu_N} e^{-E\left(\nu_1,\nu_2,\cdots,\nu_N\right)}} \tag{13.5}$$

方程(13.5)中的 N 代表有 N 个神经元。与前面的M—P学习规则(13.4)一样，各位读者仍旧无需关心这个复杂数学方程的具体含义，不妨将其看作一幅图画。

尽管受限玻尔兹曼机的学习方式类似于大脑中的神经网络，但这也只是类似而已。我们并没有证据表明人类的大脑就是按照受限玻尔兹曼机的模式运行。不过，笔者打算在这里讨论另一件有趣的事情，这也是本书最终想要谈及的话题。

各位读者不妨回忆第12章，在那里我们曾提及人类社会中的指数收入分布(8.1)与玻尔兹曼分布在数学形式上一致，只是指数收入分布所导致的“技术”是“自指”的。

这意味着什么呢？

◆ 自指玻尔兹曼机

基于指数收入分布(8.1)与玻尔兹曼分布在数学形式上的相似性，笔者已经证明(Tao, 2020)：如果人类社会服从指数收入分布(8.1)，那么人类社会可以自发形成一个受限玻尔兹曼机[②]，其中每一个人扮演着神经细胞的角色，并通过生产和交易活动传递信号。

② 严格来说，如果人类社会服从指数收入分布(8.1)，那么人类社会将自发形成一个玻尔兹曼机(Tao, 2020)，受限玻尔兹曼机只是它的一个特例。只不过为了论述更简单，本书并不特别区分这一点。

图 13.4 刻画了这样一个神经网络，它一共包含 N 个神经元（神经细胞），其中可见神经元 m 个，隐神经元 n 个。为了图形更加地直观并且可区分，我们用 h 代表隐神经元，用 v 代表可见神经元。

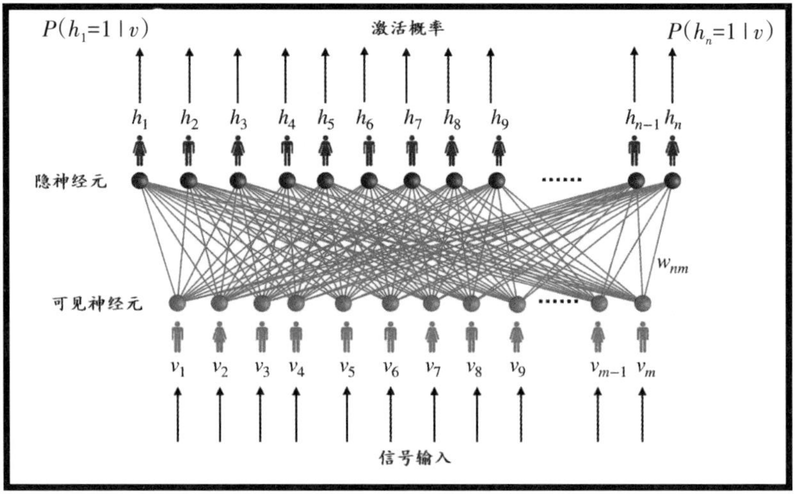

图 13.4 ◆ 人类社会形成深度神经网络

由于指数收入分布(8.1)导致的“技术”是“自指”的，人类社会按照这种方式形成的受限玻尔兹曼机将是“自驱”的(Tao, 2020)——它自己驱使自己进行学习。

笔者将人类社会形成的这种受限玻尔兹曼机称为“自指玻尔兹曼机”(Tao, 2020)。下面不妨比较一下自指玻尔兹曼机与前面讨论的受限玻尔兹曼机有何不同。

为此我们写下自指玻尔兹曼机的数学表达式(Tao, 2021d)：

$$P^*\left(\nu_1,\nu_2,\cdots,\nu_N\right)=N!\frac{e^{-E\left(\nu_1,\nu_2,\cdots,\nu_N\right)}}{\sum_{\nu_1,\nu_2,\cdots,\nu_N}e^{-E\left(\nu_1,\nu_2,\cdots,\nu_N\right)}} \tag{13.6}$$

方程(13.6)中的 N 代表社会中有 N 个人，为了与受限玻尔兹曼机(13.5)进行比较，我们不再用 h 和 v 来区别隐神经元和可见神经元，而统一用 v 来表示神经元。在第5章讲"瓦尔拉斯拍卖者"的时候，我们曾指出真实的自由市场很像是一台"计算机"。自指玻尔兹曼机(13.6)是模拟市场经济规律的指数收入分布(8.1)而得到的，其中每一个人充当一个神经元，它可以做无监督学习等计算工作。从这个意义来看，市场经济确实很像一台计算机。

各位读者只需简单地比较受限玻尔兹曼机(13.5)与自指玻尔兹曼机(13.6)即可发现，它们之间唯一的差别在于自指玻尔兹曼机多出一个相乘的因子 $N!$。这个因子在数学上代表的是阶乘。

多出来的阶乘因子 $N!$ 会带来什么样的不同呢？

要详细地解释清楚阶乘因子 $N!$ 为什么会出现在方程(13.6)中需要一些数学准备，为了避免动用数学里的那些工具，笔者在这里准备了一个更简单的理解方式。不过，这会用到一点物理学知识。

物理学包括经典物理学和量子物理学。在经典物理学中，微观粒子的运动轨迹可以被追溯，因而粒子之间能够被彼此区分开来，这意味着改变粒子相互之间的位置就可能会改变粒子系统的宏观状态。但是在量子物理学中，由于受到海森堡不确定性原理的作用，微观粒子的运动轨迹是无法被追溯的，因而粒子相互之间不可被区分。这意味着，由 N 个粒子所组成的量子系统，随意互换粒子之间的位置并不会改变这个系统的宏观状态。

在经典物理中，N 个粒子之间有多少种排列的方式呢？

恰好是 $N!$ 种方式！

图13.5展示了 $N = 2$ 个粒子的情形。对于量子物理系统，2个粒子不可区分，所以只有1种排列方式。但是对于经典物理系统，2个粒子可以区分，此时有 $N! = 2! = 2$ 种排列方式。

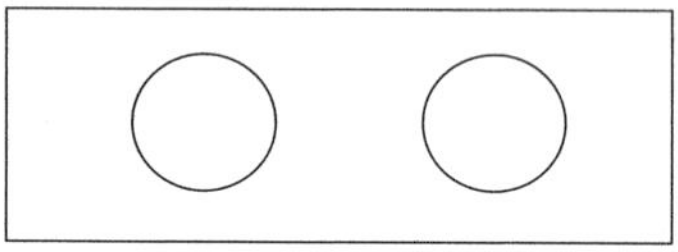

量子物理系统：2个粒子的排列方式为1

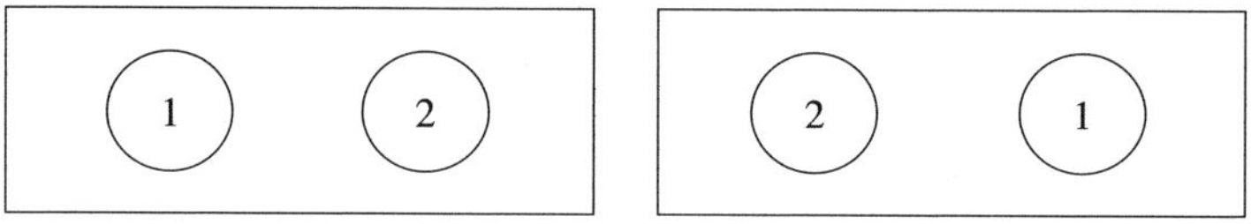

经典物理系统：2个粒子的排列方式为2！=2

图13.5 ◆ 量子与经典物理系统中粒子的排列方式

阶乘因子 *N*! 恰好是量子物理系统与经典物理系统的差别，因此，我们可以把方程（13.6）中多出来的因子 *N*! 看作是某种“量子效应”。笔者已经证明阶乘因子 *N*! 起源于人类社会中的“技术”是“自指”的（Tao, 2021d）。从这个意义来看，自指与量子之间存在着紧密的联系。我们可以把这个联系理解为：自指会驱使经典物理系统演化为一个量子类系统。

利用量子观念，我们简单地解释一下为什么自指玻尔兹曼机是自驱的。量子物理系统中存在着正的零点能，这非常不同于经典物理系统。受限玻尔兹曼机的构造是基于经典的玻尔兹曼分布，它没有所谓的零点能，所以神经网络没有能量时，则意味着神经元无法被激活，从而会停机。但是因为阶乘因子 *N*! 的存在，自指玻尔兹曼机是量子的，所以神经网络具有恒定为正的能量（因为有零点能），它可以不断地为激活神经元提供能量，即所谓自己驱使自己。并且由于玻尔兹曼机是无监督学习系统，自指玻尔兹曼机本质上是自我驱使的无监督学习系统，这与生物系统非常相似。在第12章中我们曾猜测生命是自指机器，这里的自指玻尔兹曼机可以被看作一个具体的自指机器模型。

最近几十年，随着现代科技的进步，一些计算机科学家和物理学家开始涉足“生命本质”这个问题。他们的观点大致涉及两类：

1. 生命的出现与自指相关。

这一观点的代表人物包括：冯·诺依曼（Neumann, 1966）和侯世达（Hofstadter, 1979）。他们认为生命本身就是一种自我复制的“自指”。基于这种观念，冯·诺依曼构造了著名的“元胞自动机”。

2. 生命的出现与量子现象有关。

这一观点的代表人物是罗杰·彭罗斯（Penrose, 1989）。在量子现象中存在着非常奇特的量子纠缠，像观察者的观察行为会影响到观察结果本身，如著名的薛定谔的猫。而在彭罗斯看来，人类的意识可能就起源于这种量子纠缠以及量子相干。

相比之下，笔者更倾向于将冯·诺依曼、侯世达和罗杰·彭罗斯三位学者的观点综合起来。在笔者看来，生命、自指、量子是相互联系的，这导致随后的猜想（Tao, 2021d）：

生命、自指、量子的联系

> 自指会驱使经典物理系统演化为一个量子类系统，进而演化为一个生命系统。

就这个猜想而言，根据前面的讨论，我们仅能证明自指可以将经典的玻尔兹曼机（13.5）变成一个量子属性的自指玻尔兹曼机（13.6）。但是我们并不能证明量子属性的自指玻尔兹曼机（13.6）就是一个生命模型。前面也只是提到量子属性的自指玻尔兹曼机（13.6）是自我驱使的无监督学习系统，它与生物系统有相似之处。

但是，如果这个猜想是正确的，那么自指玻尔兹曼机（13.6）就很可能是一个通用的生命模型。

为什么这样说呢?

玻尔兹曼分布是宇宙中所有物质在特殊环境或条件下近似遵循的物理法则。考虑到量子效应,宇宙中的物质要么服从玻色—爱因斯坦分布,要么服从费米—狄拉克分布。玻尔兹曼分布是这两种分布的经典近似,其精确成立的条件相对苛刻。不过考虑到宇宙中生命存在的条件也很苛刻,用玻尔兹曼分布来描述生命似乎也不会太突兀。前面提到,指数收入分布(8.1)与玻尔兹曼分布在数学形式上是一致的,所以,自指玻尔兹曼机本质上是"玻尔兹曼分布+自指"的结果。按照笔者的猜测,生命与非生命的区别在于自指。从这个意义来说,自指玻尔兹曼机可以被看作是最"经济"的生命模型,因为它仅仅是玻尔兹曼分布被自指所作用的结果。按照这个想法,宇宙中的非生命物质在特殊物理环境下会精确地遵从玻尔兹曼分布,而一旦它们进一步被"自指"所作用就会转化成为生命。

一个社会想要形成自指玻尔兹曼机,这个社会必须服从指数收入分布(8.1)。根据第9章的讨论,指数收入分布会使得人类社会涌现出技术。从这个视角来看,科学技术的发展似乎是在不断地推动整个人类社会朝着一个自指玻尔兹曼机的方向演化。第8章指出,要想实现指数收入分布(8.1)需要6个前提条件:信息自由流通、无交易费用、产权界定合理、理性人假设、边际效用递减、边际报酬递减。如果这6个条件都得到满足,那么根据第5章的讨论,市场经济一定可以创造一个人与人之间相互信任的社会。从这个角度来看,相比于宗教作用所带来的不确定性,科技发展在促成建立人与人之间相互信任的纽带方面具有更加明确而规范的技术指向。

从群体智能的角度，我们也可以把人类社会中的技术看作某种“集体意识”——所有社会成员在互动的过程中涌现出来的结果。如果以这个视角来看待技术（它是自指的），与其说人类社会是技术所寄生的宿主，倒不如说技术是人类社会涌现的自我意识，它在驱使着人类不断地为社会（自身）的成长提供所需要的养料，而这些养料则来自人类不断地开采和利用着的地球资源。换言之，看似为我们生活带来便利的技术进步，不过是人类社会自我意识在不断觉醒的过程。而随着技术的不断进步，人类社会也越来越向着实现理想市场经济的6个前提条件[③]靠近，特别在进入21世纪之后，人类能够切身体会到整个世界的信息大爆发，人与人之间的交互关系也越来越透明化。信息的透明化使得人类作恶的成本在快速增加，从而越来越受到人类社会集体制度的约束。从这个角度来看，科技似乎正以一个完全不同于宗教的方式约束着人与人之间的关系——技术的提升创造了一种全新的制度，它使得人类作恶的成本在快速提升，从而对人类的自私行为形成技术约束。相较之下，大多数宗教以道德感化与精神信仰影响个人的行为，但这无法对人类的自私之心形成彻底的约束。就好比春秋时期的孔子希望以“仁德”感召大家奉行“天下为公”的信念去实现人类的大同世界，但他却远远低估了人类自私之心的力量。“自私”像冲破牢笼的猛兽，任何道德力量在其面前都可能被无情地碾碎。但是在下一章我们会看到，技术将以一种“顺应”自私之心的方式来约束自私之心，从而创造一种全新的价值理念——机会公平。

③ 见第6章中图6.1。

14 人类的未来

《礼运·大同篇》曾记载，孔子有一次参加鲁国的蜡祭，但祭祀仪式结束后，他在宗庙门外的楼台上游览时，却发出长叹。当时，孔门七十二贤之一的言偃侍奉在旁，便问道："老师为何叹气呢？"孔子回答道："大道实行的时代，以及夏、商、周三代英明君王当政的时代，我都没能赶上，只能在此心向往之，所以不免感叹。"

在孔子看来，周王朝的没落乃是"礼崩乐坏"的结果，所以他希望能够重新回到古代圣贤君王治理天下的时代。对于心中所向往的那个美好世界，孔子曾将其描绘成这样一幅画面：

"大道之行也，天下为公。选贤与能，讲信修睦，故人不独亲其亲，不独子其子，使老有所终，壮有所用，幼有所长，鳏寡孤独废疾者皆有所养，男有分，女有归。货恶其弃于地也，不必藏于己；力恶其不出于身也，不必为己。是故谋闭而不兴，盗窃乱贼而不作，故外户而不闭，是谓大同。"

图14.1 ◆ 儒家的大同理想

这就是本书第一章所提到的“大同秩序”，孔子寄希望于人类最终能够恢复礼乐，重新进入大同世界。在孔子所描绘的大同社会中，人与人之间奉行着“天下为公”的信念。但就像英国生物学家道金斯所坚持的那样，人性是自私的，其原因在于自私的基因，只有自私才能确保自己的基因可以更好地遗传下去。正是由于人性的自私，不能真正让所有人做到天下为公的心境，因此孔子的大同世界被许多人认为是不切实际的乌托邦。

◆ 生态与能源危机

从自我意识觉醒的那一刻开始，遥远的哲人就在追问着三个问题：生命是什么？我们为什么要存在？我们存在的意义又是什么？

大约40亿年前地球上出现了最早的生命（普罗斯，2018），而在接下来的岁月里，地球上演化出了数之不尽的物种，它们遵循着残酷的自然法则——物竞天择，适者生存。在浩瀚无边的宇宙中，我们不知道是否在其他的星球上也上演着同样的事情，但生命的出现肯定有着某种不为人知的原因[①]。地球早期的原生生物有着最为原始的自我意识，这使得它们可以将自己和环境区分开来，并通过获取食物来维持自己的生存。而随着自我意识的提升，地球上

① 在第12章中我们将生命的出现归因于“自指”。

的物种向着更高的生命等级演化。直到大约10万年前(斯塔夫里阿诺斯,2012),灵长目中的一支在大脑的神经网络结构上出现了革命性的改变,使得自我意识进化到前所未有的高度,从而产生了智人。自我意识的不断进化,随之而来的是灵智的觉醒,智人开始思考自己与大自然的关系。在认知的不断积累下,智人产生了语言,从而为构筑非物质的社会关系提供了基础,这带来了宗教和早期的文明。在这个过程中,宗教的产生可谓是一件非常独特的事情。从灵智觉醒的那一刻开始,人类就没有停止过探索这个世界并思考自己和它的关系,无尽的未知使得早期的人类相信世界之外存在着某种超自然的神秘力量,而正是这种力量在主导着万物的生灭。早期的人类信仰并敬畏着这股神秘的力量,而且这似乎是一种人类的群体现象。如果可以把宗教的存在看作高等生物的群体心智行为,那么我们不免猜测人类群体是否本身会产生一种群体心智,而这种群体心智可以看作更宏大的社会系统的心智。从群体智能的角度来看,这个猜测也许有一些道理,毕竟我们无法知晓众多的人类个体在宏观上会涌现出什么样的事物或者生命来,就好比组成人体的细胞无法知晓人体的存在。

事实上,从古希腊古罗马时代起,人们就倾向于把地球类比作某种生物。但是将这个想法科学问题化并让公众广为人知,还要归功于英国环境科学家洛夫洛克(James Lovelock)。他认为地球的整个生物圈紧密相连,可以被视为一个包裹地球的超级生物,并将其命名为"盖亚"——这是希腊神话中大地女神的名字。不管是我们人类,还是地球上的其他鲜活生命都是盖亚身体中的一个"细胞",所有这些生命相互交流,最终在整体上形成了超级生物的意识和智能,我们不妨将其理解为第13章所讨论的群体智能现象。地球生物圈中的所有生物都参与着整个生态系统的物质与能量的循环,并各自维持着生态平衡,在这个过程中几乎所有的生物都是通过适应环境来改造自己的基因,从而以基因突变和自然选择的方式进化。但是这种方式在智人出现之后发生了逆转:人类通过改变环境来适应自己的基因,而不再是改变自身的基因去适应环境。由于人类具备独特的、变革环境的能力,所以人类不用经过生理上的突变就能很好地应对周围的环境。比如,生活在寒冷的地方,人类通过缝制并穿戴衣服就可以像其他厚毛皮动物那样耐寒;生活在炎热的地方,人类通过制造空调来调节温度从而维持自己的体温。人类不断地改造地球环境以使得地球更适合自己生存。但是,随着现代科技的进展,人类群体对于地球的影响已经到了无以复加的地步。1999年左右,地球人口突破60亿大关,这个数字不断地快速增长,截至2020年,地球人口已经突破70亿,并且还在继续攀升。随着人口的扩张,人类改造地球环境的活动也在进一步加剧,随之而来的是环境污染、极端气候、大量的物种灭绝、生态失衡。人类对生态环境的影响,导致人类自己也面临着生态危机(威尔逊,2016,2018;沃德,2019)。

图14.2 ◆ 地球生态危机

所有生态危机中最严峻的问题便是能源危机。人类现在的生活已经离不开化石能源,尽管人类已经在寻找其他的替代能源,但是化石能源仍旧是人类社会运行的主要能量来源。遗憾的是,不知是否因为人类社会是一个自利的群体,笔者与合作者对全球106个国家的大数据分析显示,人类社会的化石能源消耗是规模递增的[②]。相比之下,作为利他性社会的蚂蚁群体,其能源消耗是规模递减的(Hou et al., 2010)。所谓能源消耗规模递增,是指随着社会

② 这源自一篇笔者尚未发表的工作论文:Superlinear Scaling and the Sustainability Dilemma in Economic Societies。

中人数的增加，人均消耗的能源量增加。而能源消耗规模递减，是指随着人数的增加，人均消耗的能源量减少。显然，化石能源的消耗按照规模递增的方式是不可持续的，随着人口规模的急剧扩张，这种方式终将导致地球可利用的化石能源快速枯竭。一个可持续的发展模式至少应该具有蚂蚁社会那样“能源消耗规模递减”的特征。

能源消耗的模式

如果能源消耗量 E 与社会成员数量 N 遵从标度规律 $E \sim N^{\gamma}$，那么人均消耗的能源 E/N 则遵从规律 $E/N \sim N^{\gamma-1}$。

能源消耗规模递增（不可持续）：随着社会成员数量 N 的增加，人均消耗的能源量 E/N 增加，这反映为 $\gamma > 1$。例如，当前的人类社会。

能源消耗规模递减（可持续）：随着社会成员数量的增加，人均消耗的能源量 E/N 减少，这反映为 $\gamma < 1$。例如，蚂蚁社会。

蚂蚁社会的能源消耗是规模递减的，这是因为它是一个利他性的社会吗？目前我们并没有证据来支持这一点。不过，一些生物学家沿着这个方向发现了更有趣的事情，从而为理解蚂蚁社会的能源消耗模式提供了崭新的视角。具体来说，他们发现生命体遵从一个特殊的能量消耗模式（见图 14.3）：

生命体消耗的能量随其体重变化是规模递减的（West et al., 2002）。

生命体的能量消耗模式

生命体消耗的能量与其体重的 γ 次方成正比，这里的 γ 是一个小于 1 的分数，它可能是 3/4 或者 2/3，也或者其他小于 1 的分数。

我们用通俗的语言来解释一下生命体的能量消耗模式。对此，不妨简单地考虑 $\gamma = 3/4$（West et al., 2002）。从图 14.3 可以看出，一只大象大约 1000 千克，一只老鼠大约 0.1 千克。尽管大象体重是老鼠的 10000 倍，但是它的代谢率只相当于 1000 只老鼠共同的代谢率[③]，而不是 10000 只老鼠。

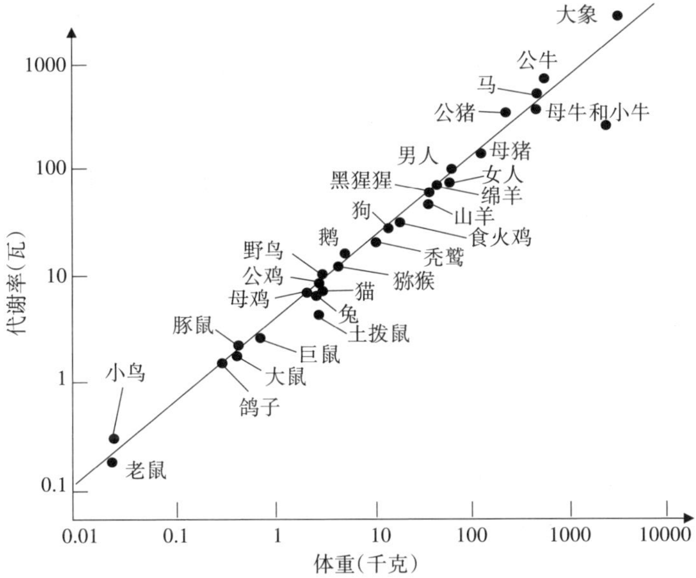

图 14.3 ◆ 生物的体重与能量消耗的关系

[见 West et al.（2002）或米歇尔（2011）]

这代表什么意思呢？

打个简单的比方，如果一只老鼠消耗 1 个单位的能量，那么 10000 只老鼠应该消耗 10000 个单位的能量。但是，如果这 10000 只老鼠组成了一个生命体，那么这个生命体只需要消耗 1000 个单位的能量，整整节约了 10 倍的能量消耗！

蚂蚁社会正是这样一个节能型的社会，它满足生命体的能量

③ $\gamma = 3/4$ 的规律表示 $1000 = 10000^{3/4}$。

消耗模式，这意味着蚂蚁社会整体上很像一个生物。换句话就是说，蚂蚁社会之所以节能是因为它其实是一个生命体。以威尔逊(2019)为代表的生物学家就建议将蚂蚁群体(包括一些其他的社会性昆虫)当成一个超级生物。反观人类社会，它并不是一个节能型的社会，因此我们似乎还不能将其看作一个超级生物(至少从整个人类社会来看是如此)。但是从可持续发展的角度，我们又希望它是一个节能型的社会。孔子曾设想如果人类社会中的每一个人都能够以"天下为公"为己任(就像蚂蚁社会那样的利他性社会)，那么就可以实现大同世界。但是人类有着自利之心，这使得孔子的"大同世界"成了乌托邦。

但是如果人类社会的化石能源消耗仍旧按照规模递增的方式发展下去，最终的结果一定是地球能源的快速枯竭。待到那时，人类的命运必然岌岌可危。这样的结局注定不能成为人类心灵的归属，因为在这个结局里，自私的基因们将无法再繁衍下去。

想要扭转这个局面，人类需要创造一个节能的社会运行模式，或者换句话说，人类社会需要从整体上蜕变为一个超级生物。

但是，这可能吗?

◆ 人类心灵的归属：机会公平的演化

任何一种生物群落都希望自己能够在不断适应环境的过程中繁衍下去，人类也不应该例外。但是地球的生态环境在恶化，这似乎是由人类的活动所造成。一旦地球生态系统恶化到连人类自己都无法生存时，人类又如何能够繁衍下去呢？作为个体的人类总是希望自己的生存环境能够得到改善，而一旦涉及群体之间的利益时,个体之间的竞争往往又使得环境问题难以改善。人性是自利的,这是人类相互之间会竞争的根源所在。正是因为人性的自利,荀子和韩非才会倡导以“霸道”的社会治理方式来威慑民众。但是这样的方式显然是不可长久的,秦帝国不过二世即亡胥赖于此。与先秦法家所不同的是,近代西欧文明从顺应人性自利的角度发展了新的制度模式——市场经济。研究这种制度模式所诞生的理论就是新古典经济学,它研究人类在自利的情况下如何通过竞争实现资源的优化分配,其中没有任何对于环境的人文关怀。因为新古典经济学总是假定资源是存在的(但很稀缺),所以这门学问不会在意地球上其他物种间的资源分配,也不会在意环境是否会变得更好或者更差,它只在意人类自身是否在资源的分配上可以达成共识。所以当一个人只从经济分析的角度来看待这个世界的时候,我们感受到的是一个冷静且又理性的头脑,它独立于人文的关怀之外。但是,面对生态环境的恶化,没有任何一颗冷静且理性的头脑可以独善其身。市场经济为自利的人类带来了实现“共识”的制度环境,但是它没有为解决人与自然的矛盾提供可行的方案。

既然这样,人类的未来又在哪里呢?

在第8章中,通过许多学者对古埃及、中世纪欧洲以及20世纪的欧洲、美洲、亚洲等地区的数据调查,我们发现早期人类社会的收入很可能服从帕累托分布,而随着时间的演进,帕累托分布则主要集中在高收入阶层。帕累托分布的出现源于经济网络中的节点具有“马太效应”的特征,即一种赢者通吃的局面。这是大自然弱肉强食的“丛林法则”在经济社会中的体现。在残酷的自然法则之下,任何生物在“自利”的驱使下都不得不奉行“丛林法则”,否则就会在自然选择中被淘汰掉。所以自蛮荒时代开始,“丛林法则”就印刻在人类进化的血液里。不过,公元前800年至公元前200年间,地球上各个文明都出现了一次心灵的觉醒:中国如老子、孔子,古希腊如苏格拉底、柏拉图,古印度如释迦牟尼等一大批先哲开始教导人类用理智的方法、道德的方式来面对这个世界,这段时期被称为人类文明的“轴心时代”。自轴心时代以来,丛林法则开始在人类演化的历史记忆中受到来自道德与理智的挑战。道德与理智在人类社会演化的进程中逐渐孕育出一种新的社会心智——机会公平。

自此,自利的人心不仅容得下“丛林法则”的冷酷,还容得下“机会公平”的人文关怀。

几千年的风雨,历史更迭,现代文明社会进化至今,道德与理智逐渐占据上风,“丛林法则”的冷酷渐渐被“机会公平”的人文关怀所驱逐。在本书的经济篇中(第2~5章),笔者用了很大的篇幅来论述理想市场经济可以帮助社会成员就资源分配达成一致共识——所谓的一般均衡。第6章中,我们进一步解释到,市场经济中内蕴的公平不是结果平等,而是机会公平。从这个意义来看,人类社会演化出市场经济制度,正是其向着机会公平的方向在靠拢。

现在不妨重新回顾一下人类社会演变的历程。人类在大约1万年前进入新石器时代,从而开启了农业社会。我们在第11章指出,农业社会可能并不是人类进入到现代文明的最主要原因,比如,蚂蚁在大约5000万年前就已经进入农业社会并从事生产,但是蚂蚁却并没有发展出像人类社会这样高度文明的社会结构。人类的独特之处在于,不知从什么时候开始,人与人之间发展出“交换物品”的行为。而交换物品要求交换人拥有对所换物品的产权——最基本的权利包括对自己身体的支配权、劳动所得的占有权等。为了交换到更多自己想要的物品,人类不得不提高自己的生产能力,这表现为提升社会的技术水平。在第9章中我们论证了技术的本质是社会成员分散决策所带来的信息量,它的产生源于个人有更大的与其他社会成员相容的"共识性自由"。这里的"相容性"基于社会成员相互之间分散决策所达成的共识是否会发生冲突,它体现了孔子"己所不欲,勿施于人"的相处规则。为了扩大这种共识性自由以提升社会的技术水平,人类社会不得不向着更加完善的市场经济制度演进。对此,第8章已经给出了大量的经验证据来支持这个推测——超过66个国家的居民收入结构向着理想市场经济的自发秩序"指数收入分布"演进。由于机会公平是市场经济的内蕴公平,同时指数收入分布又是理想市场经济的自发秩序,这里笔者建议把指数收入分布作为检验"机会公平"的一个潜在基准。第8章中我们利用世界上主要市场经济国家的居民收入数据得出,这些国家超过90%的民众服从指数收入分布(8.1),其中只有不到10%的(高收入)居民服从帕累托分布(8.2)。相比之下,古埃及时代的民众很可能表现为全社会服从帕累托分布。指数收入分布与帕累托分布的此消彼长,代表着人类向着机会公平的方向不断靠近。

但是要想在整个人类社会实现机会公平并不是一件那么容易的事情,即使是世界上的发达市场经济国家也有10%左右的居民不服从指数收入分布。这预示着当今世界的市场经济制度与理想市场经济之间还存在着一定的距离。因此,哪怕是在成熟的市场经济国家,民众对于资源分配的共识也难以覆盖到整个社会,所谓的"共识"很可能因为"少数服从多数"的原则而沦为"大多数人"的共识。理论上，只有信息自由流通、无交易费用、产权界定合理、理性人假设、边际效用递减、边际报酬递减等6个条件[4]都得到满足，市场经济制度才能帮助社会成员就资源分配达成一致共识。但是在现实世界中，这6个条件或多或少都可能被不同程度地违反。第6章已经指出，产权界定合理依赖于宪法制度，理性人假设、边际效用递减依赖于人性，边际报酬递减、信息自由流通、无交易费用依赖于社会技术。即使是宪法和人性都得到满足，人类仍旧需要技术的提升去实现“信息自由流通、无交易费用”。

在第6章中我们曾指出，满足以上6个条件的理想市场经济可以是一个“点对点”经济，它能够依靠“区块链”的技术来运行。不过在那里我们并没有解释什么是区块链，下面具体来谈一下这项技术。

◆◇ 区块链技术

“点对点”经济要求经济网络中每一个节点所对应的个人其权利和义务都是平等的，网络上所有的信息都是互联共通的，这在现实中是很难想象的。在第5章中，我们曾指出市场经济要想自发实现一般均衡（即达成一致共识），需要假设“信息传递没有成本、交易没有成本”。为了实现这个目的，经济学家们设想了一位被称为“瓦尔拉斯拍卖者”的无私者，他可以把社会中所有商品的交易和生产信息（包括价格）无成本地传递给经济网络中的每一位社会成员，并帮助他们达成交易。但是在现实中，这样无私的瓦尔拉斯拍卖者从来不曾存在[5]。事实上，在激烈的市场竞争中，有潜力成为

④ 见第6章中图6.1。

⑤ 现实市场经济对瓦尔拉斯拍卖者的需要为政府作用的必要性提供了一种可能的辩护。即政府可以充当瓦尔拉斯拍卖者的角色。

瓦尔拉斯拍卖者的人往往会利用信息成本上的优势成为寡头企业。比如,淘宝或者亚马逊作为互联网平台本来可以成为理想的瓦尔拉斯拍卖者,但是它们最终成为电商行业的寡头。理想市场经济需要一位瓦尔拉斯拍卖者来无成本地传递信息,这对于任何的现实市场都是一个苛刻的条件。所以,在真实世界中,市场竞争呼唤瓦尔拉斯拍卖者的同时,催生的是企业的兼并与寡头企业的形成。而当企业成为寡头之后,它就可以利用自己的垄断优势去获取更大的市场份额,这种"马太效应"使得高收入阶层的居民服从帕累托收入分布。

那么人类社会能不能有一种技术,可以大幅度降低信息传递的成本,从而保证每位社会成员能够有效接收信息并就分配达成共识呢?目前来看,区块链是较为有前景的技术,它可能充当一位瓦尔拉斯拍卖者,从而帮助市场经济更好地实现"点对点"经济那样的生产交易系统。

什么是区块链技术呢?

为了理解区块链,我们仍旧需要从瓦尔拉斯拍卖者谈起。前面已经知道瓦尔拉斯拍卖者是一位无私地传递信息的信使。在现实中,充当这种信使的人是很难存在的,因为人总会有私心。而所谓的区块链技术本质上就是一种"利用"人的私心,并以新的方式来重建人类社会信任系统的技术。我们知道现代社会的交易本质上是基于信任来建立的。在原始社会中,人类之间的交易是通过"物物交换"进行,但是这种交易方式要求同时同地进行,非常地不方便,例如渔夫三天前打的鱼可能已经变质了,三天后拿来交易就不可行。后来人们发现贵金属可以用来充当一般等价物,这使得物品交换并不需要即时即地,例如渔夫可以在三天前刚把鱼打上来时就换成贵金属，然后只需要拿贵金属在三天后再去换其他物品。不过，贵金属携带不方便，并且容易磨损，从而导致本身价值下降。后来，中央银行基于自己的信用，按照拥有贵金属的数量发行同等数额的纸质货币，而这种纸质货币主要基于民众对于中央银行的信任，它本身并不具有价值。换句话说，纸币所谓的价值只是因为中央银行拥有同等数额的贵金属作为担保。

当中央银行出现时，人与人之间进行物品交换，本质上就是信任中央银行的一种记账过程。比如，A花费10万元从B那里买一辆车，本质上就是A在银行的账上划掉10万元，然后在B的账上增加10万元，这类似于A和B到第三方公证处去完成了交易。在这里，中央银行充当了第三方公证处，它本身并没有创造价值。并且，因为记账行为的存在，中央银行可能反而还要向A和B收取一定的手续费。另外，如果中央银行发行的纸币数额超过贵金属的价值，那么纸币还会贬值。

区块链技术产生的初心是希望跨越第三方公证（比如中央银行），从而使得人与人之间可以直接进行交易。

那么如何做到这一点呢？

区块链的基本想法是通过互联网为社会成员创造一个公共账本，并且每位成员手上都有一本。社会成员们可以在自己的账本上修改账目。比如A希望花费10万元从B那里买一辆车，那么A首先需要将“付费10万元”这件事通过互联网广播给每一位社会成员，在这里区块链使用了一种被称为“非对称加密”的方法，从而使得其他社会成员可以验证A发出的消息是否属实（见图14.4）。如果其他社会成员发现A的账目是对的，那么就会接受这条消息，从而记在公共账本上。一个时刻内所有社会成员之间的账目被记载在公共账本的一页上，这被称为一个区块，各个时刻的账目页加在一起就形成了区块链。区块链的记账采用“最长链原则”(这条链包含最多区块),这个原则保证了10万元不会被使用2次以上(只有最长链的消息才会被采用,其他的链则被放弃)。因此,在区块链的交易中,需要等待最长链形成之后,才能正式确认一笔交易是真实的(德雷舍,2019)。

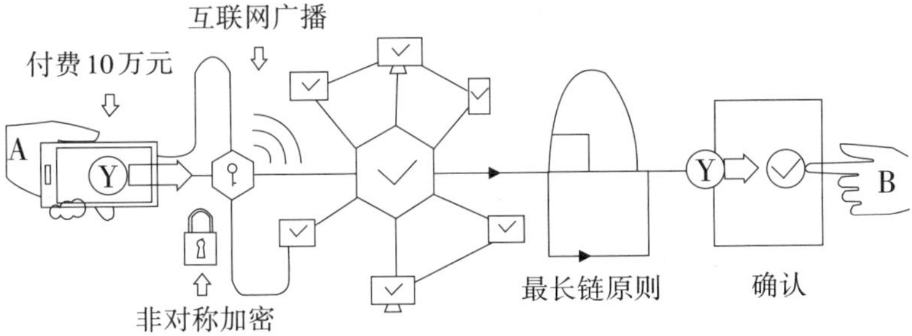

图14.4 ◆ 区块链技术示意图

那么区块链是如何利用人类的“自私”来建立新的信任关系呢?

在区块链的设定中,每一个区块最终只能由一位社会成员来记账打包。但是能够获取“记账打包权”的成员需要做出一道非常难的数学题。这保证了窜改之前区块上账目的行为几乎不可能发生。

为什么这么说呢?

因为区块链采用最长链原则,如果最长链已经形成,一个人想要窜改之前的区块,就必须从更短的区块链开始做数学题,但是最长链上的人也在做数学题以造出更长的区块链。这意味着更短区块链上的人要算的数学题比最长链的数学题要多,并且每个题还差不多一样难。正常情况下,大家都在算最长链上的题。因此,短链上的人要想超过最长链的人,必须至少把世界上超过一半的社会成员都争取过来跟他一起来算短链上的题,才有可能把短链做成新的最长链,从而窜改账目(但请注意:这还只是有成功的可能性而已）。从这个意义来说，区块链并不否定人会因为“自私心”而作恶，只不过作恶的成本比起不作恶来要高太多，对于自私者来说得不偿失。想象一下，要说服全世界一半的人来支持自己作恶，会付出多大的代价！付出如此巨大的代价，还不如老老实实去算最长链上的题获取报酬来得更划算（下面我们马上就要谈到这一点，记账打包一个区块是有报酬的）。

有读者可能会问，既然记账打包的人作恶很难成功，那么记账打包岂不成了孔子所倡导的“天下为公”者了？毕竟记账打包要算很难的数学题，如果没有利益谁愿意来做这件事情呢？事实上，社会成员在区块链上进行交易是有交易费用的，但是这笔费用比中央银行要低很多⑥。当记账打包的人打包一个区块时，会得到这个区块上的交易所产生的交易费用作为报酬。所以，区块链技术充分的考虑了人类的自私之心，并将其用在了区块链的设计上。

由于社会成员之间的交易都是通过同一个公共账本进行，并且交易信息都是公开的，那么就不存在第三方机构介入。相反，整个交易网络是由全体社会成员自发进行维护，其中不涉及任何个人或者机构的信用问题。将区块链技术应用到社会经济交易网络时，社会成员之间的交易共识可以通过公共账本来实现。当社会成员进行交易并将交易情况公布出去之后，只有当每一位社会成员都同意时，交易的真实性才能达成共识并记录在账本里，并且账本难以被窜改。所有这些技术特征使得区块链很好地充当了瓦尔拉斯拍卖者。这也是为什么在笔者看来，区块链技术有潜力推进理想市场经济网络的形成。

尽管如此，区块链也仅仅是一种可能实现理想市场经济的技

---

⑥ 这里说区块链上的交易费用比中央银行低是就理想的区块链系统而言。

术而已。即使区块链技术未来被证明并不可行，为了推进人类社会向着机会公平的方向演化，人类也会发展出另一种替代区块链的技术来实现“点对点”经济的形成。

为什么这么说呢？这联系到人类社会朝向机会公平演化的深层原因。

◆ 全球脑

从第2章到第6章，笔者用了很大的篇幅来说明，理想的市场经济制度可以帮助社会成员就资源的分配达成共识，而这种共识所内蕴的公平理念是机会公平。第8章则进一步论证到，奉行机会公平原则的理想市场经济会自发地生成指数收入分布(8.1)——它代表一种人类合作的扩展秩序，其中对资源分配的共识扩展到机会公平所覆盖的人群范围。这个分布也被笔者建议为衡量“机会公平”的一个潜在基准。从这个意义来说，人类社会朝向机会公平演化，即是朝向指数收入分布(8.1)演化。

这是否有什么特殊含义？

确实如此。在第13章中我们讲到，一个服从指数收入分布(8.1)的人类社会将自发形成一个“自指玻尔兹曼机”，其中每一位社会成员都扮演着“神经元”的角色。自指玻尔兹曼机不仅具有无监督学习的功能，并且由于“自指”所导致的量子类行为，它还是一个“自驱”(或“自我激励”)的深度学习系统。这意味着，服从指数收入分布(8.1)的人类社会将非常不同于那些非生命的物理系统，它很可能是某种生命系统。就像我们在第12章中指出的，这个生命系统的智能就是人类的群体智能(也就是社会技术)。并且这种群体智能由于“自指”而“自己创造自己”，所以可以被看作是人类社会的“自我意识”。因为自指玻尔兹曼机的这些生物类学习属性，我们在第13章中将其建议为生命最简单的通用模型。为什么这么说呢？宇宙中的万物都在特定条件下会近似服从玻尔兹曼分布这个物理法则，而在某些特殊物理环境下有些物质将精确地服从玻尔兹曼分布，一旦这些物质被“自指”所作用，它们就会转变成自指玻尔兹曼机。从这个视角来看，自指玻尔兹曼机是一种最“经济”的生命模型，它仅比非生命物体多增加了“自指”而已。

现在我们重新回到人类社会朝向机会公平演化这个话题。人类社会朝向指数收入分布(8.1)演进，按照上面的讨论，本质上意味着人类社会正在向着“形成生命体”的方向演进。前面我们讲到，生命体是一个节能系统。从这个意义来看，人类社会似乎进化出某种危机意识，在驱使着自己向着“转化为一个生命”的方向演进，否则人类社会的发展可能将不可持续。

由于自指玻尔兹曼机具有自激励的无监督学习特征——这类似于生物大脑的学习行为，所以笔者把服从指数收入分布(8.1)的人类社会所将形成的生命体称为“社会脑”(Tao et al., 2021b)。

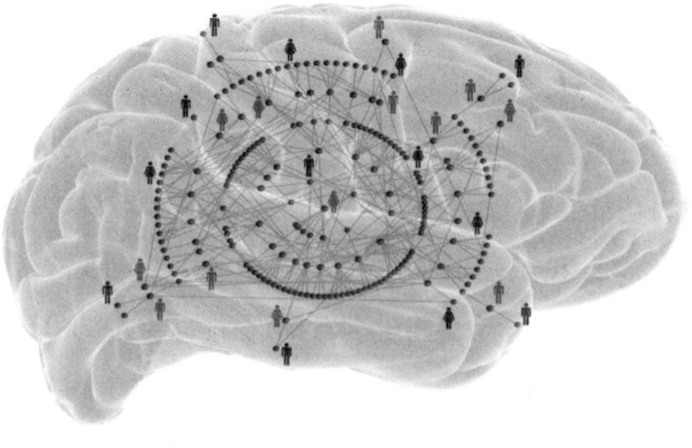

图14.5 ◆ 人类社会形成社会脑

想要形成这样的社会脑，人类社会的收入结构必须服从指数收入分布(8.1)。在早期的人类社会中，指数收入分布或许只占据人口很小的一部分，大部分的人口都服从帕累托分布(或其他分布)。但随着市场经济的出现，服从指数收入分布的人群在不断扩大。这似乎暗示着一个社会脑在不断地成长。对此，我们不免猜测，这种社会脑的出现正在影响着人类社会的演进，并使得人类社会的结构进一步朝着机会公平的方向演化，其结果是社会脑的进一步壮大与成长，同时，作为个体的人的心智也在不断地成长。从人类社会的表现来看，这样的演化反映为一种人类合作的扩展秩序在不断地延伸(哈耶克，2000)。

关于人类心智与社会心智之间的关系，生物学家们早已展开大量的研究。生物学家发现灵长类大脑的发育与其所在种群的规模与社交活动有着强烈的相关性(Dunbar, 2009)。假如一个小孩刚出生就被放入狼群中生活，长大后这个小孩可能会“忘了”作为人的基本生活习惯，用四肢行走且智力低下，他学习人类的语言和思维习惯将变得非常困难。这意味着人类社会本身对于形塑个人心智的发育非常重要，从这个意义来说，人类的心智与人类社会的某种心智是相互依存的。自指玻尔兹曼机的发现为理解人类个体心智与社会心智之间的关系提供了新的视角，它暗示(内心)自利的交换和生产行为将人与人的社会关系紧密地联系起来，并形成一个交换信息的庞大社会网络，这个网络具有深度学习的特征，并且是一个自激励的系统，与大脑的行为非常类似。随着社会脑的壮大，其心智也在不断地进化，并影响着组成它的个体(人类)的行为，这驱使着更多人的心智向着机会公平的方向靠拢，从而使得社会脑进一步地成长。

社会脑对于人类行为的影响已经体现在生活中的各个方面。前面我们讲到人类社会的智能反映的是社会技术水平的提升，而现代人类的生活已经离不开科技进步。不妨想象一下没有手机和互联网的世界会是什么样子？我们人类已经形成了对科学技术的依赖，从而不由自主地跟随着它的脚步前行。第9章已经论证到，推动技术进步的根源在于共识性自由的增加及其与之伴生的机会公平，所以从人类对技术的依赖程度来看，人类社会向着机会公平的方向演进似乎已成必然的趋势。而随着机会公平所覆盖的人口数量增加，社会的技术水平将进一步得到提升。随着技术的快速发展，技术也将积蓄更大的力量去打破阻碍理想市场经济形成的6道“枷锁”，即形成理想市场经济的6个前提条件[⑦]。

纵观人类演化史，人类已经经历了四种社会结构：原始的采集—狩猎社会、奴隶社会、封建社会、各种形式的民主社会。这本质上是一条从“丛林法则”到“机会公平”的演化之路。进入21世纪之后，随着数字化瞬时通信技术的提升，人类活动的整个社会经济网络发生了巨大的改变。笔者与合作者2019年的实证研究显示全球66个市场经济国家都服从相同的收入分布结构[⑧]（Tao et al., 2019）：中、低收入阶层（约占据总人口90%~97%的比例）服从指数收入分布，高收入阶层（约占据总人口3%~10%的比例）服从帕累托分布。从社会脑的视角来看，指数收入分布在全球众多国家的涌现，暗示人类社会正在朝一个去中心化的自组织系统（即“点对点”经济）不断靠近。但是因为帕累托分布的存在，人类的社会结

⑦ 见第6章中的图6.1。

⑧ 笔者通过更加细致的数据分析发现，市场经济国家的收入结构，除了中、低收入居民服从指数收入分布和高收入居民服从帕累托分布之外，还存在很少量的失业人口并不服从指数收入分布（Tao, 2021e），见附录B。不过，这并不影响本书关于全球脑的推断。

构与机会公平的理想社会结构仍旧存在差异。但随着人类社会技术的不断提升,我们实现机会公平网络的社会经济结构的可能性正在增加。一个显著的特征是,人工智能技术的提升带来机器智能的飞跃,这使得人类社会不再简单地由人类所组成,新的社会成员可能还将包括那些推进社会技术进步的机器人。或许在未来的社会,人类不光会利用类似区块链的技术去帮助社会经济实现低成本的信息传递,也能通过人工智能技术实现更低成本的生产交易,甚至还能够通过机器人实现更低成本的社会治理。随着人工智能技术的提升与类似区块链技术的发展,人类社会不断向着人机混合的"虚拟+现实"社会模式靠近。在这种新的社会模式下,尽管人类的心灵仍旧可能是自私的,但却被技术的提升所束缚(例如由智能机器人所治理)。

从这个意义来说,技术确实很像是社会脑的意识。由于社会脑的存在依赖于机会公平,所以这个意识在牵引着人类向着机会公平的信念转变,以进一步壮大自己。随着人机混合模式的完善,人类经济系统将向着机会公平的"去中心化"网络结构不断靠近。这些转变可能从部分国家和地区开始,然后蔓延到更多的国家和地区,整个人类逐渐形成一个相互依存的命运共同体。一旦"去中心化"的社会网络结构在全球范围内转变完成,我们期待着一个"全球脑"的涌现。全球脑作为一个更加庞大而复杂的社会网络结构,将涌现出更高等级的心智。庞大的全球脑作为一个生命体,不仅是节能的,我们还期盼着这个更高等级的心智能够化解人类目前所面临的一系列生态危机。孔子曾希望全人类可以奉行"天下为公"的信念去实现大同社会,但却因为人性的自私而难以完成。为了对抗人类的自私之心,人类社会演化出机会公平的信念,从而为一个新的大同世界创造了希望。在这个新的大同世界中，人类奉行着"己所不欲，勿施于人"的相处之道，对于资源分配的共识覆盖到社会中的每一位成员。

那么人类离全球脑的觉醒还有多远呢？

图 14.6 ◆ 全球脑

尽管人类社会的技术在飞速地前进，技术的发展也在促成越来越机会公平的社会网络结构，但与此同时，地球的生态系统也在技术的使用和人类的自私之心下遭受破坏。18世纪时，英国经济学家马尔萨斯（Thomas Malthus）就曾指出，当时社会的人口按几何级数增长而生存资源却只能按算术级数增长，所以不可避免地要引发自私的人类为生存资源的枯竭而争斗——这被称为"马尔萨斯陷阱"。后来，在工业革命的推动下，人类社会的技术取得了空前的提升，从而保证了生存物资的快速生产与供应，这使得人类在技术的帮助下暂时绕过了马尔萨斯陷阱。但进入到21世纪之后，全球化石能源的消耗速度重新引发了马尔萨斯陷阱的靠近。而且，不同于18世纪，随着技术的巨大进步，人类对地球生态系统的影响也日趋加剧。我们期待着技术的进步能够重新使人类摆脱马尔萨斯陷阱的威胁，同时也期待着技术的进步能够束缚住人类的自私之心。但只要机会公平的网络结构还没有覆盖到整个人类社会,人类的自私之心就不会被技术所束缚[⑨]。只要自私之心仍旧游离在机会公平的网络结构之外,技术就会像一把“达摩克利斯之剑”高高地悬于全人类之上。

是利剑的落下?

还是全球脑的觉醒?

没有人知道。

⑨ 在机会公平的社会网络结构开始形成的阶段,全球的收入不平等可能反而会加剧。为什么呢?第8章的实证分析显示,全球不同市场经济国家服从指数收入分布的居民占总人口比重大约90%~97%,这部分人口处于趋近机会公平的社会网络。但是另有大约3%~10%的人口服从帕累托分布,这部分人口由于受益于马太效应,会破坏机会公平。这样一来,尽管社会的大部分人口正在趋于机会公平的结构,但却由于少部分人口破坏机会公平,从而使得服从帕累托分布的人口可以利用机会不平等去获取更多的财富。相较之下,服从指数收入分布的人口则由于陷入了一个“机会平等”的世界,反而会变得更“贫穷”。这意味着全球在趋近机会公平的社会结构时,其实也面临着收入不平等加剧的风险,这种不平等的加剧已经被皮凯蒂注意到(皮凯蒂,2014)。

夜未央，
花灯残影，
小重山，
天涯咫尺间。

‖ 心灵驿站·夜未央 ‖

未来的世界会是什么样子。

遥望窗外,夜已深,除了汽车飞驰的风鸣,我感觉不到多余的声音。天空中没有一点星光,但远近交织的霓虹灯足以照亮重庆的两江夜色。霓虹闪烁之间,周围林立的摩天大楼与空中环绕的电车轨道更加突显出这座山水城市的立体感。重庆是一座3D的魔幻之城,能够在这样一座城市中完成一部写意未来的书,对我来说是难得的情感释放。

有人说,一个人的记忆就是一座城市。但在我的记忆里,川流往复,数不尽的孤鸿,唯有你的影子,来自那冬日里的阳光。回首曾经走过的路,街角的等待,没有玫瑰与百合,平凡间流露出的温情与笑意,成为永恒的回忆。我曾将科学的世界看得无比重要,也曾将人类文野的理乱负为己任,但在岁月的时光里,逝者如斯,我忽略了生活中卑微的、有颜色的影子。一个人的街道就好像一张白纸上的素描,没有音乐的咖啡店,岁月的画面是灰色的。

我临摹乱画，勾勒出未来的景象——一座3D的魔幻世界，但却是灰色的，如同岁月留下的痕迹。看着这个灰色的世界，我陷入了良久的沉寂，恍惚间已把未来的结局写在书的最后。时光再次飞回到曾经温润的古城，冬日里的街道上，微风徐徐，一大一小两个身影依偎着，小小的身影伏在那瘦弱而又佝偻的背影上，仿佛已经入睡。穿越时光的隧道，背影在那一刻变得无比高大，一种宇宙间亘古以来就存在的力量，充盈其间，给那个灰色的世界注入进久违的色彩。

夜更深了。

睡梦中的女儿呢喃了一声，我回过神来。看着女儿懵懂而又稚嫩的脸庞，我再次坐到了窗前。这一次，在重庆的夜空里，我仿佛看到了另一个未来，以及宇宙深处那动人心魄的星辰大海。

参考文献

[1]阿克顿.自由与权力[M].南京:译林出版社,2011.

[2]阿姆斯特朗.轴心时代——塑造人类精神与世界观的大转折时代[M].海口:海南出版社,2010.

[3]阿瑟.技术的本质[M].杭州:浙江人民出版社,2018.

[4]陈波.悖论研究(第二版)[M].北京:北京大学出版社,2017.

[5]道金斯.自私的基因[M].北京:中信出版社,2012.

[6]德雷舍.区块链基础知识25讲[M].北京:人民邮电出版社,2018.

[7]戴蒙德.枪炮、病菌与钢铁——人类社会的命运[M].上海:上海译文出版社,2000.

[8]费雪.完美的群体——如何掌控群体智慧的力量[M].杭州:浙江人民出版社,2013.

[9]霍兰.涌现——从混沌到有序[M].上海:上海科学技术出版社,2001.

[10]荷尔多布勒,威尔逊.超个体——昆虫社会的美丽、优雅和奇妙[M].北京:中国人民大学出版社,2011.

[11]赫拉利.人类简史——从动物到上帝[M].北京:中信出版社,2014.

[12]哈耶克.致命的自负[M].北京:中国社会科学出版社,2000.

[13]哈耶克.作为一种发现过程的竞争——哈耶克经济学、历史学论文集[M].北京:首都经济贸易大学出版社,2014.

[14]韩雪涛.数学悖论与三次数学危机[M].北京:人民邮电出版社,2016.

[15]黄仁宇.万历十五年[M].北京:中华书局,2014.

[16]霍尔多布勒,威尔逊.蚂蚁的社会[M].北京:中信出版社,2019.

[17]靳德明.现代生物学基础[M].北京:高等教育出版社,2017.

[18]康德.纯粹理性批判[M].北京:人民出版社,2004.

[19]凯利.第五次开始——600万年的人类历史如何预示我们的未来[M].北京:中信出版社,2018.

[20]林恩.发展经济学[M].上海:格致出版社,2009.

[21]林毅夫.解读中国经济[M].北京:北京大学出版社,2012.

[22]林毅夫.新结构经济学——反思经济发展与政策的理论框架(增订版)[M].北京:北京大学出版社,2014.

[23]卢梭.社会契约论[M].北京:商务印书馆,1980.

[24]罗尔斯.正义论[M].北京:中国社会科学出版社,2009.

[25]勒庞.乌合之众——大众心理研究[M].北京:中央编译出版社,2004.

[26]马基雅维里.君主论[M].北京:商务印书馆,1985.

[27]米歇尔.复杂[M].长沙:湖南科学技术出版社,2011.

[28]米勒,佩奇.复杂适应系统——社会生活计算模型导论[M].上海:上海人民出版社,2012.

[29]孟德斯鸠.论法的精神(上下卷)[M].北京:商务印书馆,2012.

[30]穆勒.功利主义[M].北京:商务印书馆,2019.

[31]诺斯.制度、制度变迁与经济绩效[M].上海:格致出版社,2014.

[32]皮凯蒂.21世纪资本论[M].北京:中信出版社,2014.

[33]普罗斯.生命是什么:40亿年生命史诗的开端[M].北京:中信出版社,2018.

[34]斯塔夫里阿诺斯.全球通史——从史前史到21世纪(上)[M].北京:北京大学出版社,2012.

[35]沙马里.你不可不知的50个生物学知识[M].北京:人民邮电出版社,2018.

[36]陶勇.社会收入分布规律的理论探究——基于Arrow-Debreu一般均衡理论的观点[D].重庆:重庆大学,2014.

[37]武康平.高级微观经济学[M].北京:清华大学出版社,2001.

[38]瓦里安.微观经济学(高级教程)(第三版)[M].北京:经济科学出版社,1997.

[39]韦森.重读哈耶克[M].北京:中信出版社,2014.

[40]威尔逊.社会生物学——新的综合[M].北京:北京理工大学出版社,2008.

[41]威尔逊.生命的未来[M].北京:中信出版社,2016.

[42]威尔逊.人类存在的意义[M].杭州:浙江人民出版社,2018.

[43]威尔逊.创世记:从细胞到文明,社会的深层起源[M].北京:中信出版社,2019.

[44]沃德.美狄亚假说——地球生命会自我毁灭吗[M].上海:上海科技教育出版社,2019.

[45]熊彼特.经济发展理论[M].北京:商务印书馆,1990.

[46]谢林.微观动机与宏观行为[M].北京:中国人民大学出版社,2013.

[47]张军."双轨制"经济学:中国的经济改革(1978—1992)[M].上海:上海人民出版社,1997.

[48]Abul-Magd A Y.Wealth Distribution in an Ancient Egyptian Society[J].Physical Review E,2002(66),057104.

[49]Agenor P R, Canuto O, Jelenic M. Avoiding Middle-Income Growth Traps[J].Economic Premise,2021(98):1-7.

[50]Alchan A A. Uncertainty, Evolution, and Economic Theory[J]. Journal of Political Economy,1950(58):211-221.

[51]Angle J. Deriving the Size Distribution of Personal Wealth from "The Rich Get Richer, the Poor Get Poorer" [J]. Journal of Mathematical Sociology,1993(18):27-46.

[52]Aoki M.Why is the Equilibrium Notion Essential for a Unified Institutional Theory? A friendly Remark on the Article by Hindriks and Guala[J].Journal of Institutional Economics,2015(11):485-488.

[53]Arrow K J,Debreu G. Existence of an Equilibrium for a Competitive Economy[J].Econometrica,1954(22):265-290.

[54]Arrow K J. Social Choice and Individual Values[M]. Yale University Press ,2012.

[55]Barabasi A L,Albert R.Emergence of Scaling in Random Networks[J].Science,1999(286):509-512.

[56]Dragulescu A, Yakovenko V M. Exponential and Power-law Probability Distributions of Wealth and Income in the United Kingdom and the United States[J].Physica A,2001(299):213-221.

[57]Dunbar R. The Social Brain Hypothesis and Its Implications for Social Evolution[J].Annals of Human Biology,2009(36):562-572.

[58]Einav L,Farronato C, Levin J.Peer-to-Peer Markets[J].Annual Review of Economics,2016(8):615-635.

[59]Fischer A,Igel C.Training restricted Boltzmann Machines: An Introduction[J].Pattern Recognition,2014(47),25-39.

[60]Hegyi G,Neda Z, Santos M A.Wealth Distribution and Pareto's Law in the Hungarian Medieval Society[J]. Physica A, 2007(380): 271-277.

[61]Hinton G E,Osindero S, Teh Y W. A Fast Learning Algorithm for Deep Belief Nets[J].Neural Computation,2006(18):1527-1554.

[62]Hofstadter D.Gödel,Escher,Bach:An Eternal Golden Braid[M]. Basic Books,1980.

[63]Hou C,Kaspari M,Zanden H,Vander B, Gillooly J F.Energetic Basis of Colonial Living in Social Insects[J].Proceedings of the National Academy of Sciences of the United States of America,2010(107):3634-3638.

[64]Jones C I, Kim J. A Schumpeterian Model of Top Income Inequality[J].Journal of Political Economy,2018(126):1785-1826.

[65]Kellogg R B,Li T Y,Yorke J.A Method of Continuation for Calculating a Brouwer Fixed Point[J].Fixed Points:Algorithms and Applications,1977:133-147

[66]Lau L J,Qian Y, Roland G.Reform without Losers:An Interpretation of China's Dual-Track Approach to Transition[J]. Journal of Political Economy,2000(108):120-143.

[67]Lewis D K. Convention: A Philosophical Study[M]Blackwell Publishing Ltd.,2002.

[68]Lin J Y,Cai F, Li Z.The China Miracle: Development Strategy and Economic Reform[M].The Chinese University of Hong Kong Press, 2003.

[69]Lucas R E. On the Mechanics of Economic Development[J]. Journal of Monetary Economics,1998(22):3-42.

[70]Maddison A.The World Economy:A Millennial Perspective[M]. OECD,2001.

[71]McCulloch W,Pitts W.A Logical Calculus of the Ideas Immanent in Nervous Activity[J]. Bulletin of Mathematica lBiophysics, 1943 (5):115-133.

[72]Meng X, Qian N, Yared P. The Institutional Causes of China's Great Famine, 1959—1961[J]. Review of Economic Studies, 2015(82): 1568-1611.

[73]Murrell P. Evolutionary and Radical Approaches to Economic Reform[J].Economics of Planning,1992(25):79-95.

[74]Nakamoto S. Bitcoin: A Peer-to-Peer Electronic Cash System, 2008.

[75]Nakagaki T, Yamada H, Toth A. Intelligence: Maze-solving by an Amoeboid Organism[J].Nature,2000(7):470.

[76]Neumann J V. Theory of Self-Reproducing Automata[M]. University of Illinois Press,1966.

[77]Newby M,Behr A,Feizabadi M S.Investigating the Distribution of Personal Income Obtained from the Recent U. S. Data[J]. Economic Modelling,2011(28):1170-1173.

[78]Nirei M,Souma W.A Two Factor Model of Income Distribution Dynamics[J].Review of Income and Wealth,2007(53):440-459.

[79]Pareto V.Cours d'Economie Politique[M].l'Universite de Lausanne,1897.

[80]Penrose R. The Emperor's New Mind: Concerning Computers, Minds,and the Laws of Physics[M].Oxford University Press,1989.

[81]Perkins D H. Economic Growth in China and the Cultural Revolution(1960—April 1967)[J].The China Quarterly,1967(30):33-48.

[82]Romer P M.Increasing Returns and Long-Run Growth[J].Journal of Political Economy,1986(94):1002-1037.

[83]Romer P M. Endogenous Technological Change[J]. Journal of Political Economy,1990(98):S71-S102.

[84]Scarf H. The Approximation of Fixed Points of a Continuous Mapping[J]. SIAM Journal on Applied Mathematics, 1967(15): 1328-1343.

[85]Shannon C E. A Mathematical Theory of Communication[J]. Bell System Technical Journal,1948(27):379-423.

[86]Solow R M. A Contribution to the Theory of Economic Growth [J].Quarterly Journal of Economics,1956(70):65-94.

[87]Szilard L. On the Decrease of Entropy in a Thermodynamic System by the Intervention of Intelligent Beings[J]. Behavioral Science, 1964(9):301-310.

[88]Tao, Y. Competitive Market for Multiple Firms and Economic Crisis[J].Physical Review E,2010(82):036118.

[89]Tao, Y.Spontaneous Economic Order[J],Journal of Evolutionary Economics,2016(26):467-500.

[90]Tao, Y. Swarm Intelligence in Humans: A Perspective of Emergent Evolution[J].Physica A,2018(502):436-446.

[91]Tao Y, Wu X, Zhou T, Yan W, Huang Y, Yu H, Mondal B, Yakovenko V M.Exponential Structure of Income Inequality: Evidence from 67 Countries[J].Journal of Economic Interaction and Coordination,2019

(14):345-376.

[92]Tao Y.Self-referential Boltzmann Machine[J].Physica A,2020(545):123775.

[93]Tao Y.Exponential Income Distribution and Evolution of Unemployment Compensation in the United Kingdom[J].Preprints,2021a,2021070350.

[94]Tao Y.Exponential or Pareto:Towards An Evolution of Equal Opportunity[J],2021b.

[95]Tao Y.Decentralized Decisions and Technological Progress:A Formal Proof[J].Preprints,2021c,2021070499.

[96]Tao Y. Life as a Self-referential Deep Learning System: A quantum-like Boltzmann Machine Model[J]. Biosystems, 2021d(204):104394.

[97]Tao Y.Boltzmann-like Income Distribution in Low and Middle Income Classes:Evidence from the United Kingdom[J].Physica A,2021e(578):126114.

[98]Tao Y,Sornette D,Lin L.Emerging Social Brain:A Collective Self-motivated Boltzmann Machine[J]. Chaos, Solitons&Fractals, 2021b(143):110543.

[99]Wei S,Xie Z, Zhang X.From'Made in China'to'Innovated in China':Necessity,Prospect,and Challenges[J].Journal of Economic Perspectives,2017(31):49-70.

[100]West G B,Woodruff W H,Brown J H.Allometric Scaling of Metabolic Rate from Molecules and Mitochondria to Cells and Mammals[J]. Proceedings of the National Academy of Sciences of the United

States of America,2002(99):2473-2478.

[101]Williams R. Keywords: A Vocabulary of Culture and Society (Revised Edition) [M].Oxford University Press,1985.

[102]Yao S. A Note on the Causal Factors of China's Famine in 1959—1961[J].Journal of Political Economy,1999(107):1365-1369.

附录A：一般均衡专题

这个附录主要留给对一般均衡存在性证明感兴趣的读者阅读。为了理解这个附录中的内容，需要积累一些数学修养：前期要学习博弈论、数学分析、线性代数、实变函数和拓扑学等基础知识。

◆ 数学准备

首先介绍点集拓扑的一些基本概念，有了点集拓扑的这些概念，就可以用相应的语言去描述消费者与生产者的行为。

点集拓扑

空间 R^L 中的向量被叫作 L 维欧式空间中的点，R^L 中的子集被叫作点集。

如果令 $\|x\|$ 代表向量 x 的模，那么集合 $B(x,\varepsilon)=\{y\in R^L:\|y-x\|<\varepsilon\}$ 叫作以 x 为中心、ε 为半径的开球。集合 $\bar{B}(x,\varepsilon)=\{y\in R^L:\|y-x\|\leqslant\varepsilon\}$ 叫作以 x 为中心、ε 为半径的闭球。

点集 X 被称作 R^L 的开子集，是指对任何 $x\in X$，都存在正数 ε，使得开球 $B(x,\varepsilon)$ 被包含在 X 中。

R^L 中所有开子集的全体被称作 R^L 上的拓扑。R^L 中的开子集的余集叫作 R^L 的闭子集。

点集 X 被称作是凸集，是指对任何的 $x,y\in X$ 及实数 $t\in[0,1]$，都有 $tx+(1-t)y\in X$。

消费者行为

消费行为表现为消费者选择若干种商品进行消费,这被称为一个消费计划。假定市场上总共有 L 种可供选择的商品,那么一个消费计划可以被写为一个 L 维向量。例如,假如市场上总共有 $L=2$ 种商品(面包,衣服),那么我们可以用 $(2,3)$ 表示消费者计划消费2个单位的面包和3个单位的衣服,这是一个 R^2 空间中的向量。同理,对于任意 L 种商品,消费活动就表现为消费者选择商品空间 R^L 中的向量。

习惯上,我们用正消费来表示消费者消费掉市场中的商品,用负消费来表示消费者向市场提供商品。因此,在消费计划 $x=(x_1,x_2,\cdots,x_L)$ 中,如果分量 $x_l>0$ 就表明消费者会消费 x_l 个单位的商品 l;如果 $x_l<0$ 就表明消费者将向市场提供了 x_l 个单位的商品 l;而如果 $x_l=0$ 则说明消费者既不消费也不向市场提供商品 l;其中 $l=1,2,\cdots,L$。

当然,并非商品空间中的任何向量都可以被作为消费者的消费计划。现实中可能存在一些限制,使得商品空间中的一部分向量不能成为可行的消费计划。只有将这些不可行的消费计划剔除掉,剩下来的那些计划才构成了商品空间的子集,这个子集被叫作消费者的消费集,我们用 X 表示。消费集 X 中的向量被称为可行消费向量。

一般来说,消费集 X 应该是商品空间 R^L 的非空闭子集。如果 X 是凸的,那么对 X 中任何的 $x,y\in X$ 及实数 $t\in[0,1]$,都有 $tx+(1-t)y\in X$。

在微观经济学中,我们用消费者的偏好来描述其对商品的效用。设消费集为 X,并设 x 和 y 是 X 中的任意两种消费方案(向量)。如果消费者认为消费 x 比消费 y 得到的效用更高,那么就记为 $x > y$,即"x 优于 y"。如果消费者认为 x 比 y 差,就记为 $x < y$,即"x 次于 y";如果消费者认为 x 与 y 一样好,就记为 $x \sim y$,即"x 和 y 无差异"。此外,如果消费者认为 x 不差于 y,则记为 $x \gtrsim y$。

在第2章中我们提到人类的欲望具有对商品组合多样性的需求,这种"追求多样性的偏好"在数学上用凸性来进行描述。

一般来说,消费者偏好的凸性包括以下三种情形。

弱凸性:指对任何 $x,y \in X$ 及 $t \in (0,1)$,若 $x \gtrsim y$,则 $tx + (1-t)y \gtrsim y$。

凸性:指对任何 $x,y \in X$ 及 $t \in (0,1)$,若 $x > y$,则 $tx + (1-t)y > y$。

严格凸:指对任何 $x,y \in X$ 及 $t \in (0,1)$,若 $x \gtrsim y$ 且 $x \neq y$,则 $tx + (1-t)y > y$。

对于这三种凸性,我们做一点简单的解释。

有A和B两组商品,假设对消费者来说A不比B差。如果在相同支出下同时拥有A和B的满足感不差于只拥有B,那么则表示消费者的偏好是弱凸性的;如果在相同支出下同时拥有A和B的满足感高于只拥有B,那么则表示消费者的偏好是严格凸的。

假设对于消费者来说A比B要好。如果在相同支出下同时拥有A和B的满足感高于只拥有B,那么则表示消费者的偏好是凸性的。

生产者行为

生产者也叫作企业或者厂商,它所从事的活动是生产一定数量的产品,而产品不会无中生有,企业必须投入一定的生产要素才能生产。假定厂商有 L 种商品作为潜在的投入或者产出,那么可以用 R^L 中的一个向量 $y = (y_1, y_2, \cdots, y_L)$ 来表示一个生产计划。如果第 l 项商品是用来做投入的,那么 y_l 就是负的;如果第 l 项商品是用来做产出的,那么 y_l 就是正的;其中 $l = 1,2,\cdots,L$。

例如,考虑一家只生产一种商品的企业,其中生产向量写作 $(w, -m, -n)$。这表示为了生产 w 单位的产出,必须投入 m 单位和 n 单位的另外两种要素(商品)。

所有技术上可行的生产计划的集合被称为该厂商的生产可能集,并且以 R^L 的一个子集 Y 来表示。这样 Y 就描述了所有技术上可行的投入产出模式,并给出对厂商所有可能技术的一个完整描述。

如果生产可能集 Y 是一个凸集合,那么就有:对于 $x,y \in Y$ 及实数 $t \in [0,1]$,都有 $tx + (1 - t)y \in Y$。这时厂商的技术是凸技术,一般来说,凸技术保证了生产的边际报酬递减。在第5章我们已经知道,边际报酬递减才能保证一般均衡的存在性。

除了凸技术,厂商还存在如下三种技术。

规模报酬递增:对任何的 $y \in Y$ 及任何的 $t > 1$,都有 $ty \in Y$。这即是说产出扩大的倍数大于生产规模扩大的倍数。

规模报酬递减:对任何的 $y \in Y$ 及任何的 $0 < t < 1$,都有 $ty \in Y$。这即是说产出扩大的倍数小于生产规模扩大的倍数。

规模报酬不变:对任何的 $y \in Y$ 及任何的 $t > 0$,都有 $ty \in Y$。这即是说产出扩大的倍数等于生产规模扩大的倍数。

凸技术会剔除掉规模报酬递增的情形,但是规模报酬递减和规模报酬不变的情形都是凸技术的特例。

如果市场给定的价格向量为 $p = (p_1, p_2, \cdots, p_L)$,且厂商的生产向量为 y,那么厂商获得的利润为 $\pi(p) = p \cdot y$。而厂商的最大利润则是 $\pi(p) = \max\{p \cdot y: y \in Y\}$。

如果厂商拥有规模报酬不变的技术,那么厂商的最大利润为0。这是因为,如果厂商的最大利润不为0,那么不妨假设它的最大利润为 $p \cdot y > 0$,其中 $y \in Y$。此时,由于厂商拥有规模报酬不变的技术,那么必定对于任何的 $t > 1$,都有 $ty \in Y$。显然我们有 $tp \cdot y > p \cdot y$,这意味着厂商可以用生产计划 ty 去获得更高的利润,从而与 $p \cdot y$ 是最大利润相矛盾。所以,拥有规模报酬不变技术的厂商的最大利润只能是0。

此外,如果对 Y 中任意的生产计划 y_1、y_2(其中 $y_1 \neq y_2$)及任意的 $t \in (0,1)$ 都存在 $\bar{y} \in Y$ 使得 $\bar{y} > ty_1 + (1-t)y_2$,这时就说 Y 是强凸的。

强凸的技术会剔除掉规模报酬递增和规模报酬不变的情形,但是它可以保证利润最大的生产计划是唯一的。

有了以上描述消费者行为和生产者行为的数学语言,下面可以介绍一般均衡模型了。

◆◇ “N 人博弈”的一般均衡模型

考虑一个拥有大量消费者、企业以及不同行业的理想竞争市场。在第6章我们讲到,点对点(peer-to-peer)经济是一种理想的市场经济,下面就来具体讨论一下这类“点对点”经济的一般均衡问题。

假定这个经济中有 N 个消费者,N 个企业以及 L 个行业,其中每一个消费者仅经营一个企业。“点对点”经济的设定意味着市场中的每一个社会成员既是消费者又是生产者,社会成员之间的买卖活动不通过任何第三方机构,而是相互之间直接进行。每一个消费者 $i = 1,\cdots,N$ 被一个消费集 $X_i \subset R^L$ 所指定,并且他在这个消费集 X_i 上有一个偏好关系 $\succsim_i$。除此之外,每一个消费者拥有一个指定的初始禀赋 $\omega_i \in R^L$,每一个企业 $i = 1,\cdots,N$ 拥有一个生产集 $Y_i \subset R^L$。

我们用 $x_i = \left(x_{1i},\cdots,x_{Li}\right)$ 表示第 i 个消费者的消费向量,这时有 $x_i \in X_i$ 并且对于 $l = 1,2,\cdots,L$ 有 $x_{li} \geqslant 0$。我们用 $y_i = \left(y_{1i},\cdots,y_{Li}\right)$ 表示第 i 个企业的生产向量,这时有 $y_i \in Y_i$;按照前面生产向量的投入产出设定,y_i 的正分量表示产出,负分量表示投入。

在新古典经济学中,一个资源配置(分配)是消费向量和生产向量的一个组合:

$$\left(x_1,\cdots,x_N;\ y_1,\cdots,y_N\right) \in X_1 \times \cdots \times X_N \times Y_1 \times \cdots \times Y_N。$$

基于以上准备,现在引入一般均衡的定义。

定义1:一般均衡的定义

一般均衡的定义:一个资源配置$\left(x_1^*,\cdots,x_N^*;y_1^*,\cdots,y_N^*\right)$和一个价格向量$p=\left(p_1,\cdots,p_L\right)$组成一般均衡当且仅当下面的3个条件得到满足。

利润最大化:对于每一个企业i都有$y_i^*\in Y_i$以保证其利润最大,即对所有的$y_i\in Y_i$有$p\cdot y_i\leqslant p\cdot y_i^*$;

效用最大化:对于每位消费者i都有$x_i^*\in X_i$保证其在约束集$\left\{x_i\in X_i:p\cdot x_i\leqslant p\cdot\omega_i+p\cdot y_i^*\right\}$中的效用最大;

市场出清:$\sum_{i=1}^N x_i^*=\sum_{i=1}^N\omega_i+\sum_{i=1}^N y_i^*$。

我们简单地解释一下以上3个条件。

利润最大化条件很直观,它指对任意企业i,其采用的生产计划y_i^*所产生的利润不小于Y_i中任何其他生产计划所产生的利润。

效用最大化条件是指任意消费者i在自己最大财富约束$p\cdot x_i\leqslant p\cdot\omega_i+p\cdot y_i^*$下,尽可能买到自己想要的所有商品。其中$p\cdot x_i$代表消费者$i$购买商品的支出,$p\cdot\omega_i$代表消费者$i$的原始财富,$p\cdot y_i^*$代表消费者$i$经营企业$i$所得到的最大利润。

市场出清条件是指市场的总供给($\sum_{i=1}^N\omega_i+\sum_{i=1}^N y_i^*$)刚好等于市场的总需求($\sum_{i=1}^N x_i^*$)。这个条件在古典经济学中被称作"萨伊定律"。

为了读者朋友更容易理解一般均衡的存在性证明,我们首先就纯交换经济的情形给出证明,之后再给出交换与生产行为共存情形的完整证明。为了证明一般均衡的存在性,我们需要做一个假设:消费者的偏好是严格凸的,企业的生产技术是强凸的。下面总是默认这个假设成立。

◆ 纯交换经济中一般均衡的存在性证明

所谓纯交换经济，就是市场中没有生产活动，每位社会成员 i 只是相互交换自己初始禀赋 ω_i 中的商品。按照一般均衡的定义1，这意味着，证明纯交换经济中一般均衡的存在性即是证明如下2个条件成立：

效用最大化：对于每位消费者 i 都有 $x_i^* \in X_i$ 保证其在约束集 $\left\{x_i \in X_i: p \cdot x_i \leqslant p \cdot \omega_i\right\}$ 中的效用最大；

市场出清：$\sum_{i=1}^{N} x_i^* = \sum_{i=1}^{N} \omega_i$。

如果这2个条件被满足，那么 $\left(x_1^*,\cdots,x_N^*\right)$ 和价格向量 $p = \left(p_1,\cdots,p_L\right)$ 则组成一般均衡。

现在我们考虑消费者的效用是严格凸的，这代表消费者具有强烈的商品多样性需求。

效用最大化条件即是要求对每位消费者 i 有：

$$\begin{cases} \max\limits_{x_i} u_i\left(x_i\right) \\ p \cdot x_i = p \cdot \omega_i \end{cases} \tag{A.1}$$

这里我们用 $u_i\left(x_i\right)$ 表示消费者 i 对消费向量 x_i 的效用。一般只要给定消费者 i 对不同商品选择 x_i 的偏好关系，那么就存在对应的效用函数，它刻画消费者 i 对不同商品选择（消费向量）的效用。这个结论有严格的数学证明，不过我们并不准备在这里给出证明，感兴趣的读者可以阅读瓦里安（1997）。

优化问题(A.1)的解 $x_i\left(p\right)$ 就是消费者的需求函数，我们在第2章中讨论的需求规律就是指这个函数。使用效用函数 $u_i(x_i)$ 的好处在于可以用微积分的方法证明 $x_i(p)$ 是 p 的连续函数，从而简化一般均衡存在性的证明。相比之下，使用偏好关系的数学语言来证明一般均衡的存在性较为烦琐，不够直观。

一般来说，严格凸的偏好关系在数学上可以保证效用函数 $u_i(x_i)$ 的连续性——且是"几乎处处可导"。现在我们假设 $u_i(x_i)$ 是 x_i 的连续可微函数。为了简单起见，我们不妨假设效用函数 $u_i(x_i)$ 关于 x_i 至少二次可导。

求解最大化问题（A.1）的标准流程是写出拉格朗日函数：

$$L= u_i(x_i) - \lambda\left(p\cdot x_i - p\cdot \omega_i\right) \qquad (A.2)$$

其中 λ 表示拉格朗日乘子。

按照拉格朗日乘子法，方程（A.2）对 x_i 求矩阵导数就得到效用最大化条件：

$$\frac{\partial L}{\partial x_i} = \frac{\partial u_i(x_i)}{\partial x_i} - \lambda p = 0 \qquad (A.3)$$

满足方程（A.3）的 x_i 就是需求函数 $x_i(p)$。方程（A.3）可以被写为：

$$\frac{\partial u_i(x_i)}{\partial x_i} = \lambda p \qquad (A.4)$$

显然，由方程（A.4）可知 $\frac{\partial u_i(x_i)}{\partial x_i}$ 是 p 的连续函数。因为效用函数 $u_i(x_i)$ 关于 x_i 至少二次可导，所以 $\frac{\partial u_i(x_i)}{\partial x_i}$ 一定是 x_i 的连续函数。这样我们便证明了 x_i 是 p 的连续函数，即 $x_i(p)$ 是连续函数。

接下来我们构造一个总超额需求函数

$$z(p)=\sum_{i=1}^{N}\left[x_i(p)-\omega_i\right] \tag{A.5}$$

按照市场出清的条件,这意味着证明一般均衡的存在性就是证明存在 $\left(x_1^*,\cdots,x_N^*\right)$ 和 $p=\left(p_1,\cdots,p_L\right)$ 使得下式成立:

$$z(p)=\sum_{i=1}^{N}\left[x_i^*(p)-\omega_i\right]=0 \tag{A.6}$$

为了证明方程(A.6)的存在性,我们需要介绍两个引理。

引理1(瓦尔拉斯法则):对任何价格向量 p,必定有 $p\cdot z(p)=0$。

证明:

$$p\cdot z(p)=p\cdot\sum_{i=1}^{N}\left[x_i(p)-\omega_i\right]=\sum_{i=1}^{N}\left[p\cdot x_i(p)-p\cdot\omega_i\right]=0 \tag{A.7}$$

其中用到方程(A.1)中需求函数 $x_i(p)$ 必须满足预算约束条件 $p\cdot x_i=p\cdot\omega_i$ 这一性质。 □

引理2(Brouwer不动点定理):如果 f: $S^{L-1}\rightarrow S^{L-1}$ 是一个闭凸集到其自身的连续函数,则在 S^{L-1} 中一定存在某个 ξ^* 满足 $\xi^*=f(\xi^*)$。

证明:我们使用反证法。

假设引理2不成立,那么对于 S^{L-1} 中的任意点 ξ,$f(\xi)$ 与 ξ 总不重合。这时可以从点 $f(\xi)$ 出发画一条射线经过点 ξ,这条射线一定会和 S^{L-1} 的边界 ∂S^{L-1} 相交,我们把交点记为 $g(\xi)$。显然,对于 S^{L-1} 中的每个点 ξ 都可以确定一个边界点 $g(\xi)$。这意味着我们得到了闭凸集 S^{L-1} 到其边界 ∂S^{L-1} 的连续映射

$g: S^{L-1} \to \partial S^{L-1}$。但这是不可能的。因为如果闭凸集可以与其边界建立连续映射，则意味着闭凸集可以连续收缩为它的边界，这在拓扑学上是不可能的，除非闭凸集中有“洞”（比如，一个圆盘不可能收缩为它的边界“圆圈”，除非圆盘中心有洞）。矛盾产生。 □

瓦尔拉斯法则和Brouwer不动点定理是证明一般均衡存在性的关键技术。为了证明一般均衡，我们还需要把价格 p 进行归一化，从而得到一个标准化的价格：

$$h_l = \frac{p_l}{\sum_{k=1}^{L} p_k} \tag{A.8}$$

$$l = 1,2,\cdots,L$$

之所以要归一价格，是因为最优化问题（A.1）中 $p \cdot x_i = p \cdot \boldsymbol{\omega}_i$ 两边可以在乘上任意常数后仍旧成立，这使得价格 p 具有了任意性。按照方程（A.8）归一化之后，价格 p 就不再具有任意性了。

价格归一化之后显然有 $\sum_{l=1}^{L} h_l = 1$，因此随后的证明只需要考虑 $L-1$ 维闭凸集 $S^{L-1} = \left\{h \in R_+^L: \sum_{l=1}^{L} h_l = 1\right\}$ 中的价格向量了。不过，为了不引起符号上的混淆，下面我们仍旧用 p 代表归一化的价格。

命题1：如果 $z: S^{L-1} \to R^L$ 是一个满足瓦尔拉斯法则 $p \cdot z(p) = 0$ 的连续函数，那么必定存在 $p^* \in S^{L-1}$ 满足 $z(p^*) = 0$。

证明：构造一个自映射 $f: S^{L-1} \to S^{L-1}$ 的函数如下：

$$f_l(p) = \frac{p_l + \max(0, z_l(p))}{1 + \sum_{k=1}^{L} \max(0, z_k(p))} \tag{A.9}$$

$$l = 1,2,\cdots,L$$

$$\text{其中} \max\left(0, z_l(p)\right) = \begin{cases} z_l(p), & z_l(p) \geqslant 0 \\ 0 & z_l(p) < 0 \end{cases}$$

因为 $z(p)$ 和 $\max(\cdot)$ 都是连续函数,所以映射(A.9)也是连续函数。此外,容易看到 $\sum_{l=1}^{L} f_l(p) = 1$,因此 $f(p) = \left(f_1(p), f_2(p), \cdots, f_L(p)\right)$ 也属于闭凸集 S^{L-1}。这样,考虑到 $f(p)$ 既是连续函数又是闭凸集 S^{L-1} 的自映射,那么由引理2立即可以知道:存在 $p^* \in S^{L-1}$ 满足 $p^* = f(p^*)$。如此一来,由(A.9)就有

$$p_l^* = \frac{p_l^* + \max\left(0, z_l(p^*)\right)}{1 + \sum_{k=1}^{L} \max\left(0, z_k(p^*)\right)} \tag{A.10}$$

$$l = 1,2,\cdots,L$$

下面显示:p^* 正好是一般均衡的价格向量。为此将方程(A.10)右边的分母乘到其左边,从而得到:

$$p_l^* \sum_{k=1}^{L} \max\left(0, z_k(p^*)\right) = \max\left(0, z_l(p^*)\right) \tag{A.11}$$

$$l = 1,2,\cdots,L$$

进一步用 $z_l(p^*)$ 同时乘以方程(A.11)等号的两边得到:

$$z_l(p^*) p_l^* \sum_{k=1}^{L} \max\left(0, z_k(p^*)\right) = z_l(p^*) \max\left(0, z_l(p^*)\right) \tag{A.12}$$

$$l = 1,2,\cdots,L$$

将(A.12)中的 L 个方程相加得到:

$$\sum_{k=1}^{L} \max\left(0, z_k(p^*)\right) \sum_{l=1}^{L} p_l^* z_l(p^*)$$
$$= \sum_{l=1}^{L} z_l(p^*) \max\left(0, z_l(p^*)\right) \tag{A.13}$$

再将瓦尔拉斯法则 $p \cdot z(p) = \sum_{l=1}^{L} p_l^* z_l(p^*) = 0$ 代入(A.13)式即可得:

$$\sum_{l=1}^{L} z_l(p^*)\max\left(0, z_l(p^*)\right) = 0 \tag{A.14}$$

显然,方程(A.14)等号左边的每一项都大于或者等于0(为了意识到这一点,只需看到等号左边的每一项为0或者为 $z_l(p^*)^2$)。但是如果(A.14)式等号左边有任何一项严格地大于0,那么(A.14)式将不能成立。这样,必须有:

$$z_l(p^*) = 0 \tag{A.15}$$

$$l = 1,2,\cdots,L \quad \square$$

(A.15)即是方程(A.6),它意味着:在每一个市场中,需求恰好等于市场中已有的资源禀赋,即每一个市场都刚好出清,同时消费者的效用都实现了最大化。而这正是一般均衡所要求的。

不过,以上证明并未考虑生产者的贡献,下面考虑消费者和生产者共存时的情形。

◆ 交换与生产经济中一般均衡的存在性证明

前面的纯交换经济考虑的是一个没有生产的社会,在这样一个经济系统中所有社会成员只是就存在的资源进行交换,这与真实的市场经济是不符的。为了证明具有生产行为的经济系统中一般均衡的存在性,我们需要保证定义1的3个条件都得到满足。

与前面纯交换经济中证明需求函数 $x_i(p)$ 是 p 的连续函数一样,现在我们需要利用利润最大化条件证明供给函数 $y_i(p)$ 是 p 的连续函数。

每一个企业 i 的利润最大化问题实际上是求解下述极值问题:

$$\max_{y_i \in Y_i} p \cdot y_i \tag{A.16}$$

现在我们考虑企业生产技术的强凸性,这意味着企业的生产活动具有边际报酬递减的趋势。与严格凸的偏好可以保证需求函数 $x_i(p)$ 的连续性一样,企业采用强凸性技术可以保证供给函数 $y_i(p)$ 是 p 的连续函数。证明这个结论的思路与前面证明需求函数 $x_i(p)$ 是 p 的连续函数类似。这里我们略去证明,读者不妨尝试证明一下供给函数 $y_i(p)$ 的连续性。

写出 N 个企业的总供给函数:

$$y(p) = \sum_{i=1}^{N} y_i(p) \tag{A.17}$$

接下来构造一个包含生产行为和消费行为的总超额需求函数:

$$\tilde{z}(p) = \sum_{i=1}^{N} x_i(p) - \sum_{i=1}^{N} \omega_i - y(p) \tag{A.18}$$

与纯交换经济的情形一样,如果存在 p^* 使得 $\tilde{z}(p^*) = 0$,那么我们就完成了生产行为和消费行为共存时的一般均衡存在性证明。

为了实现这个证明,我们首先需要确保瓦尔拉斯法则 $p \cdot \tilde{z}(p) \equiv 0$ 成立。

命题2: $p \cdot \tilde{z}(p) \equiv 0$

证明:将方程(A.18)等号两边同时乘以 p 得到:

$$p \cdot \tilde{z}(p) = \sum_{i=1}^{N} p \cdot x_i(p) - \sum_{i=1}^{N} p \cdot \omega_i - \sum_{i=1}^{N} p \cdot y_i(p) \tag{A.19}$$

另一方面,由定义1知消费者的预算约束为:

$$p \cdot x_i(p) = p \cdot \omega_i + p \cdot y_i(p) \tag{A.20}$$

将(A.20)代入(A.19)就得到:

$$p \cdot \tilde{z}(p) = 0 \quad \square$$

利用 $\tilde{z}(p)$ 的连续性以及命题2，仿照命题1的证明过程，可以很容易地证明：存在 p^* 使得 $\tilde{z}(p^*) = 0$。

关键的技巧仍旧是利用 $\tilde{z}(p^*)$ 构造一个自映射 $F: S^{L-1} \rightarrow S^{L-1}$ 的函数：

$$F_l(p) = \frac{p_l + \max\left(0,\ \tilde{z}_l(p)\right)}{1 + \sum_{k=1}^{L} \max\left(0,\ \tilde{z}_k(p)\right)} \qquad \text{(A.21)}$$

$$l = 1,2,\cdots,L$$

具体的证明过程与命题1完全一样，这里就不做过多的赘述了。

◆ 多重均衡问题

前面我们证明一般均衡 $(x_1^*,\cdots,x_N^*;\ y_1^*,\cdots,y_N^*)$ 和 $p = (p_1,\cdots,p_L)$ 的存在性是在消费者的偏好严格凸以及企业的生产技术强凸的假设下进行的。在这样的假设下，经济系统只存在唯一的一般均衡。

事实上，消费者的偏好可以不是严格凸的，企业的生产技术也可以不是强凸的。如果只考虑消费者的偏好是凸的，企业的生产技术也是凸的，那么可以证明一般均衡仍旧是存在的，只是这时的一般均衡不具有唯一性，而是多重均衡。为了看到这一点，我们只需要简单地回顾证明需求函数 $x_i(p)$ 的连续性时假设了效用函数 $u_i(x_i)$ 关于 x_i 至少二次可导，这使得 $\frac{\partial u_i(x_i)}{\partial x_i}$ 是 x_i 的连续函数。但

如果 $u_i(x_i)$ 仅关于 x_i 一次可导，那么 $\frac{\partial u_i(x_i)}{\partial x_i}$ 可以是 x_i 的多值函数，从而使得 $x_i(p)$ 是 p 的上半连续函数。同理，在企业生产技术凸性的假设下，$y_i(p)$ 也是 p 的上半连续函数。如此一来，$\tilde{z}(p)$ 将是 p 的上半连续函数。不过，利用角谷静夫（Kakutani）不动点定理可以证明上半连续函数 $\tilde{z}(p)$ 可以存在不动点，即有 $\tilde{z}(p^*) = p^*$。但由于 $\tilde{z}(p)$、$x_i(p)$ 和 $y_i(p)$ 都是上半连续函数，对于同样的 p^* 可以对应不同的 $x_i^*(p^*)$ 和不同的 $y_i^*(p^*)$，这就是所谓的多重均衡。在第7章中，我们已经指出，对于多重均衡，会有一部分均衡组成“自发秩序”。

对多重均衡感兴趣的读者可以阅读笔者的论文（Tao，2016）。

附录B:指数收入分布的密度函数形式

指数收入分布(8.1)的密度函数形式为(Tao, 2021a):

$$f(x) = \frac{1}{\theta} e^{\frac{-(x-\mu)}{\theta}} \tag{B.1}$$

这个方程的经济意义是:收入在 区间$\left[x - \frac{dx}{2}, x + \frac{dx}{2}\right]$内的居民占总人口的比重为$f(x)dx$,其中$dx$代表$x$的微分。我们用英国2010年的居民收入数据[①]来显示密度函数(B.1)描述了中、低收入居民的收入结构,这部分居民占据总人口大约90%的比例,见图B.1中黑色曲线所描述的部分。相比之下,高收入人口服从帕累托分布,它占据总人口大约3%。此外,还有大约8%的失业人口,这无法被指数收入分布(B.1)所描述,这与英国2010年的真实失业率7.9%相符。

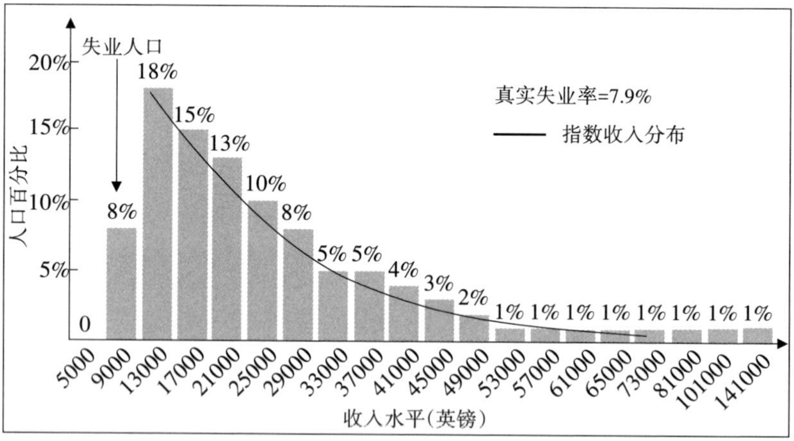

图B.1 ◆ 2010年英国居民收入的密度分布结构

① 数据来源:英国政府网站。